이순신, 지금 우리가 원하는

이 연구는 아모레퍼시픽재단의 학술연구비 지원을 받아 수행되었습니다.
This research has been supported by the AMOREPACIFIC Foundation.

이순신,
지금 우리가 원하는

초판 1쇄 찍은 날 2017년 4월 18일
초판 1쇄 펴낸 날 2017년 4월 25일

지은이   박종평
펴낸이   백종민
주간   정인희
편집   최새미나·정아름·박보영·김지현·이연선
외서기획 강형은
디자인   강찬숙·임진형·임채원
마케팅   서동진·박진용·오창희
관 리   장희정·임수정

펴낸곳   주식회사 꿈결
등 록   2016년 1월 21일(제2016-000015호)
주 소   서울시 영등포구 당산로 50길 3 꿈을담는빌딩 6층
대표전화 1544-6533
팩스   02)749-4151
홈페이지 dreamybook.co.kr
이메일   ggumgyeol@naver.com
블로그   blog.naver.com/ggumgyeol
트위터   twitter.com/ggumgyeol
페이스북 facebook.com/ggumgyeol
에듀카페 cafe.naver.com/ggumgyeoledu

ⓒ 박종평, 2017
ISBN 979-11-959700-7-0 03910

이 도서의 국립중앙도서관 출판예정도서목록(CIP)은 서지정보유통지원시스템
홈페이지(http://seoji.nl.go.kr)와 국가자료공동목록시스템(http://www.nl.go.kr/kolisnet)에서
이용하실 수 있습니다.(CIP제어번호: CIP2017008029)

이 책은 저작권법에 따라 보호받는 저작물이므로,
저작자와 출판사 양측의 허락 없이는 일부 혹은 전체를 인용하거나 옮겨 실을 수 없습니다.

책값은 뒤표지에 있습니다.
주식회사 꿈결은 (주)꿈을담는틀의 자매회사입니다.

이순신,
지금 우리가 원하는

박종평 지음

**지금 우리는
어떤 리더십을
원하는가?**

"신에게는 아직도 열두 척의
전선이 있습니다."
이순신은 어떻게 위기를 극복
하고 기적을 만들었는가?

| 일러두기 |

1. 이 글은 이순신 장군의 《난중일기》와 《임진장초》, 장군의 조카 이분의 《이충무공행록》, 유성룡의 《징비록》, 《조선왕조실록》 등 각종 사료를 바탕으로 썼습니다. 그러나 일부분은 현대 독자들을 위해 약간의 허구를 가미했습니다.
2. 본문 중 이순신의 말 가운데 한문 문장은 이순신의 기록에 있는 말입니다.
3. 이 책의 날짜 기준은 양력으로 표시한 경우를 제외하고 모두 음력입니다.

"우리 서구인은 아시아인 중에서
몽골제국의 칭기즈칸 혹은 몇몇 위대한 스승과 지도자를 알지만
일반적으로 이 위대한 바다의 영웅이 이룬 업적에는 무관심하다.
그러나 이 한국의 다윗(이순신)에게 배워야 할 리더십 교훈이 있다.
그가 어떻게 히데요시가 이끄는 골리앗 일본 해군을 패배시켰는지 배울 수 있다.
어떻게 이 무명의 바다 장수가 거대한 일본 해군에 대항하고,
그들의 거센 물결을 바꾼 뒤에 6년 동안 전쟁을 계속 이끌어 갈 수 있었을까?
어떻게 그의 삶에서 우리 시대에 적용할 리더십과
우리가 계발할 만한 리더십을 배울 수 있을까?"

- 짐 프리드먼(미국 리더십 전문가)

| 들어가는 말 |

자신이 주인공이 되는 삶을 위하여

2017년 정유년은 이순신 장군의 백의종군 420주년, 명량해전 420주년이 되는 해입니다.

1597년 정유년 2월 26일, 이순신은 바다를 건너 부산으로 진격해 오는 일본군을 막으라는 명령을 거부했습니다. 그 일로 삼도수군통제사에서 파직되고 한산도에서 체포되어 한양으로 압송되었습니다. 3월 4일, 의금부 감옥에 갇힌 이순신에게는 남도 바닷가에서 불어오는 봄바람과 전혀 다른 두 개의 바람이 불었습니다. 미친바람이었습니다. 그를 시기하는 사람들이 만든 죽음의 바람, 이 땅 조선을 멸망의 길로 이끌고자 했던 도요토미 히데요시가 일으킨 피바람이었습니다. 이순신은 짓지도 않은 죄로, 생명을 살리고 나라를 지키려는 결단이 만든 죄 아닌 죄로 추궁을 당했습니다.

결국 선조는 바람 앞의 촛불과 같던 국난 앞에서 진실과 병법가의 바른 판단을 바탕으로 굽힘 없이 당당했던 이순신에게 사형 대신 백의종군할 것을 명령했습니다. 음력 4월 1일, 양력으로는 5월 16일의 일입니다. 계절의 여왕이라는 그 계절에, 이순신은 의금부의 둥근 담장에서 나와 백의종군을 시작했습니다. 그날의 일기는 "맑았다. 감옥 문을 나왔다"로 시작합니다. 산과 들에는 온갖 꽃이 만발해 있었습니다. 하늘은 유난히 맑았습니다. 6년 동안 전쟁터를 전전하며 보았던 핏빛 산과 들 대신 생명을 잉태하고 번영하는 꽃의 바다에 서 있었습니다. 이토록 눈부시게 푸른 하늘과 꽃들을 이순신은 어떻게 느꼈을까요? 그는 누구도 원망하지 않으며, 다시 피바람이 불어닥칠 남녘 땅으로 향했습니다. 가는 도중 잠시 고향 아산에 들렀습니다.

4월 13일, 이순신은 아산 바닷가에서 하늘처럼 여긴 어머니를 살아 계신 모습이 아니라 차가운 시신으로, 어머니가 미리 준비해 놓은 관과 함께 맞아야 했습니다. 그럼에도 나라의 죄인인 이순신은 장례를 끝마치지 못한 채 다시 피눈물을 흘리고 피울음을 토해 내며 소명을 다하기 위해 백의종군 길을 떠나야 했습니다.

7월 중순, 이순신이 3년 6개월 동안 한산도에서 육성한 조선 수군은 칠천량에서 일본 수군에게 사실상 전멸당했습니다. 그러나 그는 절망하지 않았습니다. 포기하지 않았습니다. 이순신은 하늘이 자신에게 부여한 사명을 다하기 위해 다시 지친 몸을 일으켰습니다. 그가 진심으로 사랑한 부하 장수들과 군사, 백성의 마음을 모았습니다. 그를 믿고 사랑한 부하 장수들과 군사, 백성도 이순신과 하나가 되었습니다.

9월 16일, 최악의 조건에서 통제사 이순신이 앞장선 13척의 조선 전선은 133척의 일본군을 대파했습니다. 기적이라는 말밖에는 설명할 수 없는 일을 만들어 냈습니다. 그러나 기쁨도 잠깐이었습니다. 10월 14일,

그는 고향 아산의 소식이 담긴 편지를 한 장 받았습니다. 자신을 가장 많이 닮은 아들, 눈에 넣어도 아프지 않을 스무 살의 막내아들 면이 일본군의 칼에 맞아 전사했다는 소식이었습니다. 리더 이순신은 남몰래 울었습니다. 아비의 한 맺힌 가슴을 부여안고, 누구에게도 들리지 않는 곳을 찾아가 울부짖었습니다.

420년 전, 1597년 정유년은 리더 이순신, 장수 이순신, 경영자 이순신, 아들 이순신, 아버지 이순신에게 견딜 수 없는 온갖 고통이 1년 내내 밀어닥친 지옥 같은 해였습니다. 그러나 이순신은 이겨 냈고 불멸의 신화를 썼습니다. 그는 언제나 극도의 고난 속에서도 희망을 잃지 않았습니다. 끊임없이 도전했고, 무엇이든 배우려 했고, 사람들을 지독히 사랑했습니다.

저는 이순신 리더십의 핵심을 세 자字로 집약해 말하곤 합니다. '참 진眞'·'다할 진盡'·'나아갈 진進'입니다. '진眞·진盡·진進'입니다. "참된 마음으로眞, 온갖 노력을 다하며盡, 다른 사람들과 미래로 함께 나아간進 리더"라는 뜻입니다.

그러나 '진眞·진盡·진進'을 다시 한마디로 요약한다면, '애愛(사랑)' 자 말고는 없습니다. 이순신이 쓴 일기와 보고서를 살펴보면, '진眞·진盡·진進'을 만든 거대한 산이 있습니다. 그 태산이 바로 '애愛'입니다. 스스로를 사랑하지 않는 사람은 그 무엇도 할 수 없고 이룰 수도 없습니다. 이순신은 자신을 죽도록 사랑하면서 그 사랑이 넘쳐 가족과 이웃, 국가와 민족까지 녹여낸 사람입니다.

이순신은 '사랑'입니다. 그의 통곡과 비명, 환호와 분노, 따뜻함과 차가움에는 사랑이 담겨 있습니다. 가식이 아닌 진정한 사랑, 온몸을 불태울 수 있는 사랑, 모든 것을 다 던질 수 있는 사랑이 가득 차 있습니다. 그 사랑이 이순신이고, 이순신이 그런 사랑의 결정체입니다. 이순신 장군을 존경한 도산 안창호 선생은 생전에 남긴 글씨에서 "애기애타愛己愛他(자신을 사랑하고 다른 사람을 사랑하라)"를 말하고 있습니다. 이순신 장군의 생각과 안창호 선생의 말은 모두 같습니다. 자신을 사랑하는 것이 모든 삶의 시작입니다. 싸움에서 승리하는 비결입니다.

거침없이 몰려오는 일본군 배 133척 앞에서 이순신은 티끌만큼의 두려움도 없이 당당히 일어서서 "신에게는 아직도 12척의 전선이 있습니다. 죽을힘을 다하면 오히려 해낼 수 있습니다. 신, 이순신이 죽지 않은 한 적이 감히 우리 조선 수군을 무시하지 못할 것입니다"라고 포효했습니다. 이 거친 세상에서 이순신 장군의 말이 주는 깊은 울림을 함께 사색해 보았으면 합니다.

이 작은 책을 읽는 여러분이 바로 오늘 이 시대의 이순신입니다. 우리의 가슴과 뜨거운 피 속에는 이순신의 DNA가 녹아 있습니다. 이 책을 읽는 동안 우리 안에 있는 이순신을 깨우고, 자신을 사랑하면서 '진정한 삶의 주인공'으로 도약하시길 기원합니다.

더불어 이순신 장군이 거침없이 당당하게 외친 12척의 전선처럼 나를 지키고 굳건히 서게 하는 나의 12척은 무엇인지, 또 이순신 장군처럼 '나는 나를 진정으로 사랑하고 있는지'를 가슴 깊이 생각해 볼 기회를 가졌으면 합니다.

삶에서 우리는 관객이 아닙니다. 조연도 아닙니다. 각자의 삶에서 우리는 모두 주연입니다. 이순신이 그의 삶에서 주인공이었듯이 우리도 자신의 삶에서는 단 하나밖에 없는 주인공입니다. 이순신의 기적은 멀리 있지 않습니다. 우리 역시 매일매일 자신만의 기적을 만들고 있습니다. 주인공이 되는 삶과 기적을 만드는 삶은 우리 자신의 몫입니다.

    이 책을 쓰고 만드는 과정에서 도움을 주신 아모레퍼시픽재단에 감사 인사를 드립니다.

박종평

| 차례 |

● 들어가는 말_ 자신이 주인공이 되는 삶을 위하여 · 6

1부 바닷길의 만리장성

역사의 별이 된 사람 · 17
소년을 지킨 당돌함 · 20
독서와 사색으로 자라나다 · 25
천생연분의 동반자 · 30
낙마가 낙방으로 · 33
합격을 일구어 낸 공부법 · 38

2부 무인의 길 위에서

직언을 서슴지 않는 원칙주의자 · 47
중상과 모략에도 꽃피운 기백 · 53
위기를 기회로 삼은 지혜 · 58
더 알고 싶은 이야기 이순신과 유성룡은 어떤 사이였을까? · 64
어제의 경험을 오늘의 자원으로 · 66
인간의 도리와 신의를 최우선으로 · 71

3부　세상과 역사의 부름에 나서다

폭풍 앞을 막아선 사람 · 79
역사책과 병법책으로 전쟁을 준비한 장수 · 84
백성의 마음을 얻은 좌수사 · 91
전무후무한 배를 생각하다 · 98
　`더 알고 싶은 이야기`　조선 판옥선 vs 일본 안택선 · 103
거북선의 탄생 · 106
　`더 알고 싶은 이야기`　거북선은 어떤 배였을까? · 113
전쟁의 먹구름이 밀려오던 1592년 봄 · 118

 ## 4부　전란의 소용돌이

비극의 서막 · 125
　`더 알고 싶은 이야기`　조선 수군이 사용한 대포 · 134
위기에도 빛난 태산 같은 신중함 · 136
관통상에도 아랑곳없이 · 141
차별 없이 공정한 장수 · 148
　`더 알고 싶은 이야기`　이순신은 어떻게 포상했을까? · 152
유인하여 학의 날개를 펼치다 · 155
　`더 알고 싶은 이야기`　전쟁의 분수령이 된 위대한 전투 한산대첩 · 160
전략과 전술이 가져온 불패 신화 · 162

 ## 5부　낮은 자리도 마다하지 않은 영웅

사대주의를 거부한 조선 사람 · 171
현장을 읽고 함께 땀 흘리는 경영자 · 181
불충과 불효의 십자가를 지다 · 192
"이 통제사가 왔다! 이제는 살았다!" · 201
신에게는 아직도 12척의 전선이 있습니다 · 211

6부 하늘이 내린 지도력

늘 상대의 입장에서 생각하고 앞일을 예측하다 · 221
죽고자 하면 살고 살고자 하면 죽을 것이다 · 226
백발노인은 누구였을까? · 236
조선의 수호신과 함께 만든 승리 · 240
더 알고 싶은 이야기 명량대첩에 출전한 적군과 아군의 배는 몇 척이었을까? · 249
뼈까지 저미는 듯한 고통을 딛고 · 251

7부 하늘로 올라간 군신

공을 주고 실리를 얻는 길 · 259
"단 한 명의 일본군도 살려 보낼 수 없소." · 265
자존심 있는 외교가 · 270
사라진 장수별 · 276
하늘로 돌아간 지상의 별 · 281
더 알고 싶은 이야기 불멸의 명장 이순신은 어떻게 싸웠을까? · 287
더 알고 싶은 이야기 이순신의 마지막 가는 길 · 290
더 알고 싶은 이야기 이순신은 자살했다? · 292

● 연표로 보는 이순신의 불꽃같은 삶 · 293

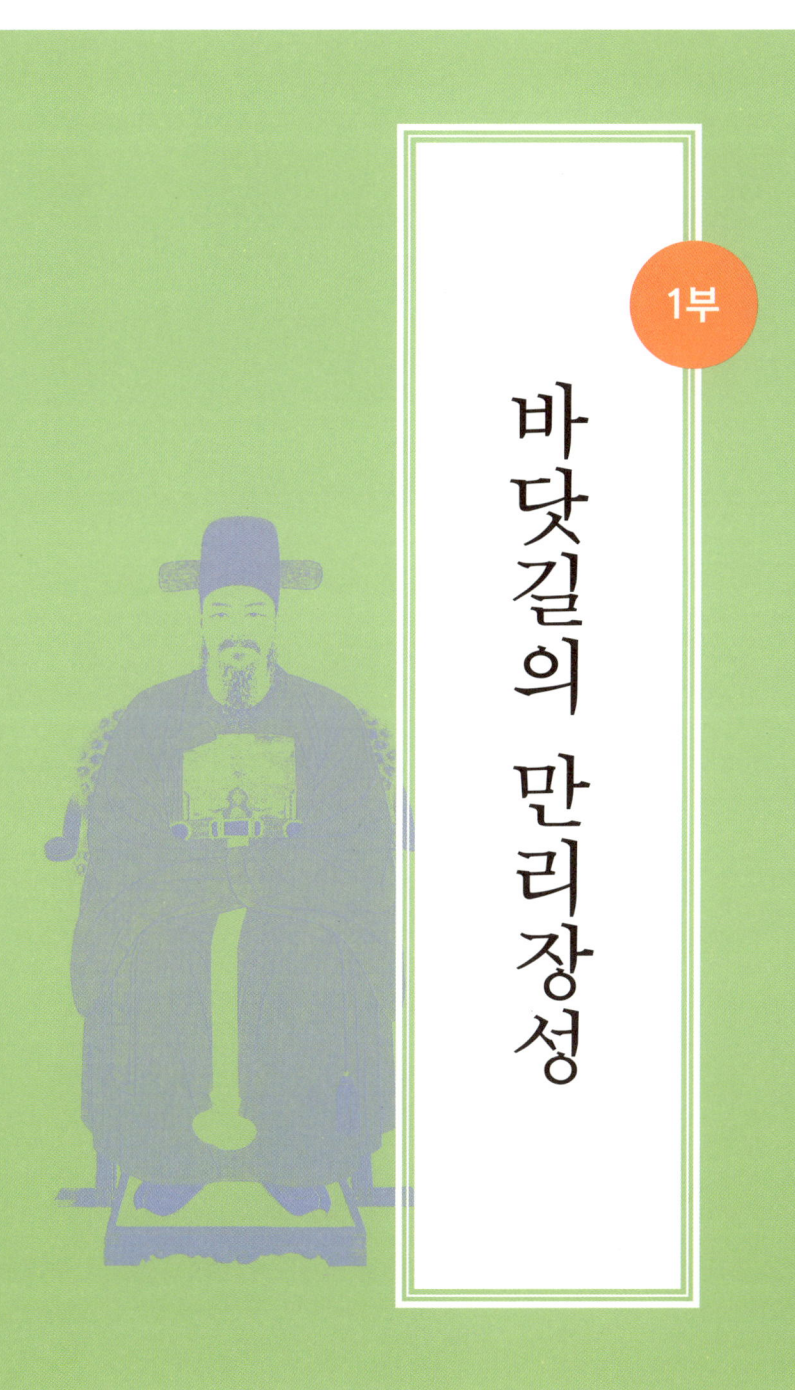

1부

바닷길의 만리장성

어릴 때 이순신은 늘 진지를 만들어 전쟁놀이를 했고, 영웅호걸처럼 당당해 어느 누구에게도 굴복하지 않았다. 다른 이들이 진지를 침범하거나 자신을 억누르면 반드시 대항했다. 게다가 자신에게 덤비는 아이들은 어떻게든 무릎 꿇게 만들었다. 그 때문에 심지어 어른들도 이순신을 두려워했다.

역사의 별이 된 사람

사람이 사람을 잡아먹는 지옥 같은 고통이 한반도의 온 땅과 하늘에 가득한 시대가 있었다. 한반도 역사상 가장 처절한 전쟁, 420여 년 전의 임진왜란 때이다. 1592년 4월 13일, 일본군의 부산 상륙과 함께 시작된 7년 동안의 전쟁은 오랜 평화에 젖어 있던 조선을 뒤흔들었다.

상륙한 일본군은 경상도와 전라도 일부 지역을 가끔씩 휘젓고 다니던 몇백 명 수준의 왜구가 아니었다. 오랜 내전을 막 끝낸 전쟁의 명수들이었다. 게다가 규모도 상상을 초월했다. 1592년 4월 13일부터 4월 19일까지 우리 땅에 상륙한 일본군은 약 17만 명에 달했다. 4월 15일, 일본군이 명나라를 침략하기 위해 길을 터 달라고 하자 동래성을 지키던 동래 부사 송상현은 "싸우다 죽기는 쉽지만 길을 비켜 주기는 어렵다"며 일본군에 맞서 싸우다 전사했다. 이 일을 시작으로 일본군은 파죽지세로 한반도를 초토화했다.

당시 명나라는 자국과 조선의 관계를 '이와 입술의 관계'로 보았다.

입술(조선)이 없으면 이(명나라)가 시리기에 명나라는 자국 땅 대신 조선 땅에서 일본군을 저지하려고 지원군을 파병했다. 이 일로 조선 땅은 당시 동아시아 최대의 국제 전쟁터가 되었다. 땅 주인인 조선인과 조선군, 지원군인 명나라군, 침략자인 일본군이 뒤엉켰다.

조선 땅은 전쟁에 의한 살육이 곳곳에서 벌어졌고, 일본군과 명나라 군대를 따라 들어온 각종 전염병이 만연했다. 한편에서는 칼과 총이 빚어낸 시체가 쌓였고, 다른 한편에서는 전염병이 가져온 시체가, 또 다른 한편에서는 굶어 죽은 시체가 또 다른 산더미를 이루었다. 조선 땅 곳곳에서 시체 썩는 냄새가 진동했고, 적과 아군, 백성의 흰 뼈가 널려 있었다. 이것이 임진왜란이었다.

당시 참상을 직접 목격한 실학자 이수광은 "굶주린 백성들이 낮에는 사람을 잡아먹기 위해 죽였다. 아버지와 아들, 부부가 서로를 잡아먹었다. 게다가 길에는 전염병으로 죽은 시체들이 서로 베고 누워 있었다. 그렇게 쌓인 시체의 높이는 성城보다 두어 길이나 더 높았다"며 전쟁의 참상을 증언했다.

1594년 2월 9일에 쓴 이순신의 《난중일기》에도 이 지옥 같은 장면이 적혀 있다. 고성현감 조응도가 찾아왔을 때 이순신이 물었다.

> 백성들이 굶주려 서로 죽여 잡아먹는 참담한 상황이다. 앞으로 그들을 어떻게 보호하고 살 수 있게 할 것인가?

전쟁과 굶주림, 전염병은 사람을 짐승만도 못한 존재로 만들었지만, 조선은 이 엄청난 시련을 극복하고 다시 일어섰다.

그 한복판에 이순신이 있다. 임진왜란 때 일본군에 포로로 붙잡혀 갔다가 돌아온 강항은 이순신을 "바닷길의 만리장성(수로장성水路長城)"이라고 불렀다. 강항의 말처럼 이순신은 7년 전쟁 내내 바다에서 일본군을 막은 만리장성이었다.

바다의 만리장성 이순신은 7년 전쟁의 끝인 1598년 11월 19일(양력 12월 16일), 노량에서 치열한 삶을 마쳤다.

동래부사 송상현이 전사하기 직전 부채에 써서 아버지에게 전한 시

외로운 성이 달무리(일본군)에 둘러싸여 있어도(고성월운孤城月暈)
다른 각 진鎭은 평안히 베개를 높이 베고 있을 뿐이니(열진고침列鎭高枕)
임금과 신하의 의리는 무겁고(군신의중君臣義重)
아버지와 아들의 은혜는 가벼워라(부자은경父子恩輕).

소년을 지킨 당돌함

"돌격하라! 전진하라! 화살을 빗발치듯 쏘아라!"
"와아!"
"멈춰라! 대열을 갖추어라! 후퇴하라!"
"이번에도 또 이겼다!"
"역시 대장은 순신이가 해야 해!"
"맞아! 순신이는 정말로 대장감이야!"
지금부터 약 460여 년 전, 한양 건천동(지금의 인현동)의 널찍한 공터에 울려 퍼진 아이들 소리이다. 이순신이 태어나 살던 건천동에서 동대문 쪽으로 내려가면 군인들이 무과를 보고 무예 연습을 하는 훈련원이 있었다. 군인들이 훈련하는 모습을 자주 봐서인지, 이 동네 아이들은 전쟁놀이를 유독 즐겼다. 그리고 이 놀이의 중심에는 늘 소년 이순신이 있었다.

이순신은 1545년 음력 3월 8일, 아버지 이정과 어머니 초계 변씨 사이에서 4남 1녀 가운데 셋째 아들로 태어났다. 《홍길동전》을 쓴 허균이 남긴 기록을 보면, 당시 건천동에는 34가구가 살고 있었다. 당대 최고의 성리학자 이황뿐만 아니라 이순신의 멘토 유성룡, 자웅을 겨루던 원균도 건천동에 살았다. 이순신을 다룬 소설이나 드라마에는 이순신과 유성룡, 원균, 허균이 모두 어릴 때부터 잘 알던 사이로 나오지만, 유성룡을 빼고는 실제 어린 시절부터 교류했는지 확실치 않다. 이순신의 작은형 이요신과 유성룡은 친구였고, 퇴계 이황의 제자였다.

1597년 1월, 유성룡은 선조에게 자신이 이순신과 한동네 출신이라 그를 잘 알고 있으며, 이순신이 '대장의 꿈'을 품은 소년이었다고 말했다. 포부가 큰 소년 이순신은 또래 아이들과 달랐다. 훗날 명장이고 영웅이 되었지만, 소년 시절 이순신은 양반집의 철부지 말썽꾸러기였다.

그가 여덟 살 때의 일이다. 참외가 먹고 싶던 이순신은 남의 참외밭에 가 주인에게 참외를 거저 달라고 떼를 썼다. 주인이 거절하자 이순신은 아무 말 없이 집으로 돌아갔다. 그리고 얼마 뒤 말을 타고 나타나 참외밭을 온통 짓밟아 놓았다. 갑작스런 일에 당황한 주인은 이 거친 꼬마를 감당할 수 없음을 알고 공짜로 참외를 주었다. 정직하고 강직한 품성을 지닌 장수가 청소년 시절에는 거침없는 성격이었음을 보여 주는 사건이다.

이순신의 짓궂은 면모를 엿볼 수 있는 또 다른 일화가 있다.

어린 이순신의 옆집에 눈먼 소년이 살고 있었다. 하루는 이 소년이 이순신을 찾아와 이웃집 지붕에 열린 동아 열매를 따 먹자고 했다.

"순신이 네가 나를 지붕에 올려 주면, 내가 열매를 따서 너에게 줄게. 그런 다음 같이 먹자."

이순신은 잠시 생각하더니, 눈먼 소년을 데리고 이 골목 저 골목을 빙빙 돌다가 다시 소년의 집으로 데리고 왔다. 그러고는 그 소년을 자기 집 지붕 위에 올려 준 뒤 말했다.

"이 집이 바로 네가 말한 그 집이야."

소년 이순신은 뒤도 돌아보지 않고 자신의 집으로 돌아갔다.

소년 이순신은 전쟁놀이에도 매우 깊이 빠져 있었다. 어느 날이었다. 나뭇가지로 만든 활을 쏘며 친구들과 놀고 있는데 한 어른이 지나갔다. 그러자 이순신은 활시위를 당기며 그 앞을 막아섰다.

"여기는 전쟁터입니다. 어른이라도 지금은 지나갈 수 없으니 다른 길로 돌아가세요!"

비록 소년이었지만 전쟁터에서 지켜야 할 원칙을 철저히 지키는 모습이 가상했던 것일까? 그 뒤로 어른들은 아이들이 전쟁놀이를 하면 길을 피해 다녔다.

이순신의 당찬 행동과 거침없는 성격은 그가 자신의 꿈을 실천하는 과정에서 나온 당연한 결과였다. 이런 뚝심은 훗날 이순신에게 많은 시련을 안겨 주었지만, 동시에 어려움을 이겨 내는 강인한 자존심의 원천이 되기도 했다.

유성룡은 《징비록》에서 어린 이순신을 이렇게 기록했다.

> 어릴 때 이순신은 늘 진지를 만들어 전쟁놀이를 했고, 영웅호걸처럼 당당해 어느 누구에게도 굴복하지 않았다. 다른 이들이 진지를 침범하거나 자신을 억누르면 반드시 대항했다. 게다가 자신에게 덤비는 아이들은 어떻게든 무릎 꿇게 만들었다. 그 때문에 심지어 어른들도 이순신을 두려워했다.

현충사에 봉안된 이순신 장군의 표준 영정.
장우성 화백의 1953년도 작품이다.

ⓒ 문화재청 현충사관리소

장성한 이순신의 모습을 기록한 자료를 보아도 소년 이순신의 모습이 아주 많이 남아 있다. 다만, 자라면서 스스로 갈고닦아 더 멋진 사람으로 변한 모습이다. 어릴 적 동네 형이었던 유성룡은 이순신을 가리켜 "말을 많이 하거나 웃지 않았다. 생김새는 단정했고 몸가짐은 수양하는 선비 같았다. 그러나 마음속에는 담력과 용기가 있었다"라고 말했다.

《농가월령가》를 지은 고상안은 무과 시험 감독관으로 이순신을 만난 뒤 그의 용모를 기록으로 남겼다.

통제사 이순신은 같은 해 과거에 합격했다. 며칠을 함께 지냈다. 그의 말

솜씨와 말하는 방법은 지혜로웠다. 참으로 난리를 평정할 만한 재능이 있었다. 그러나 살집이 없어 덕스러운 얼굴은 아니었다. 입술도 뒤집혀 나는 마음으로 '복이 있는 장수가 되지는 않을 것이구나'라고 생각했다.

이순신의 서녀(첩에서 난 딸)를 작은어머니로 둔 윤휴도 이순신의 전기를 쓰면서, 이순신 집안사람들에게 들은 이순신의 모습을 이렇게 기록했다.

체격이 컸고 용기가 뛰어났다. 수염은 붉었고, 담력과 용기가 있는 사람이었다. 보통 때에도 왜적에게 심하게 분노하고 한탄하고 있었기에 왜적을 죽이면 반드시 그들의 간을 뺄 정도였다.

소년 이순신의 이야기나 훗날 이순신의 모습은 똑같다. 차이가 있다면, 어른 이순신은 어릴 때와 달리 막무가내의 말썽쟁이가 아니라 스스로를 갈고닦아 때와 장소를 가려 행동하는 '진짜 어른'이 되었다는 점이다. 그는 자기 자신에게 언제나 자부심이 가득했고 자존심이 강한 사람이었다. 백성과 군사를 대할 때도 성실하고 열심히 노력하는 사람에게는 한없이 자애로웠으나 그렇지 않은 자에게는 지독할 정도로 엄했다.

독서와 사색으로 자라나다

이순신이 명장이 될 수 있었던 이유는 그의 굳센 성격이나 꿈 때문만이 아니다. 청소년 때의 고민과 경험이 큰 바탕이 되었다. 청년이 된 이순신은 무인이 되기를 바랐다. 그러나 명문가였던 이순신의 집안은 그가 문인으로 성공하기를 기대했다. 이순신은 자신의 꿈과 전혀 다른 길을 요구하는 집안의 기대 때문에 힘겨워했고, 스스로 원하지 않는 공부를 해야 했다.

이순신의 5대조 할아버지 이변은 서른에 문과에 급제한 뒤 중국말을 배워 명나라 외교를 맡았으며, 세종 때부터 무려 여섯 임금을 모시며 50년 동안 관료로 지냈다. 이순신의 증조할아버지 이거는 연산군이 세자였던 시절 스승이기도 했다. 할아버지 이백록도 성균관에서 공부할 만큼 뛰어난 인재였다.

이순신의 집안도 그동안 알려진 것과 달리 가난하지 않았다. 소년 이순신이 말을 타고 참외밭을 누볐다는 일화만 보아도 재력이 없었다면 어려운 일이다. 또 훗날 이순신이 무과에 급제했을 때 어머니 초계 변씨가 재산을 나누어 준 기록을 보아도 마찬가지이다. 이순신은 어머니에게 합격 기념으로 충청도 은진에 있던 집과 땅, 평안도와 황해도, 전라도에 살던 노비들을 받았다.

이순신의 집안이 얼마나 문과를 지향했는지는 이순신 형제들의 이름에서도 엿볼 수 있다. 이순신의 큰형은 희신羲臣이다. 둘째형은 요신堯臣이고, 이순신 자신은 순신舜臣이며, 동생은 우신禹臣이다.

이들 이름은 바로 고대 중국의 삼황오제三皇五帝를 뜻한다. 희신의 희는 복희씨의 희이고, 요신의 요는 요임금의 요, 순신의 순은 순임금의 순, 우신의 우는 우임금의 우이다. 이순신의 할아버지와 아버지는 이순신과 형제들이 태어날 때마다 태평성대를 이룬 중국 황제들의 이름을 따서 지었다.

이처럼 학문이 깊고 유복한 집안에서 소년 이순신이 품은 '대장의 꿈'은 쉽게 인정받을 수 없었다. 게다가 조선 시대에 무인들은 문인에 비해 천시받았다. 그래서인지 소년 이순신은 청소년이 되면서 문과 공부를 했다. 청소년 이순신에 대한 기록은 거의 없지만, 그는 청소년기에 큰형과 작은형을 따라 유학을 배웠다고 전해진다. 이순신은 학문에도 재능이 있어 책을 읽고 파악하는 능력이 탁월했으며 글씨도 아주 잘 썼다. 실제로 그의 글씨는 당시는 물론 오늘날까지도 명필로 인정받고 있다.

청소년기에 학문을 닦고 책을 읽었다는 것, 그것이 바로 명장 이순신의 탄생에 결정적 원인이라고 할 수 있다. 조선 시대 양반, 특히 문인은 어릴 때부터 많은 책을 읽어야 했다. 또 같은 책을 1백 번 이상 읽어

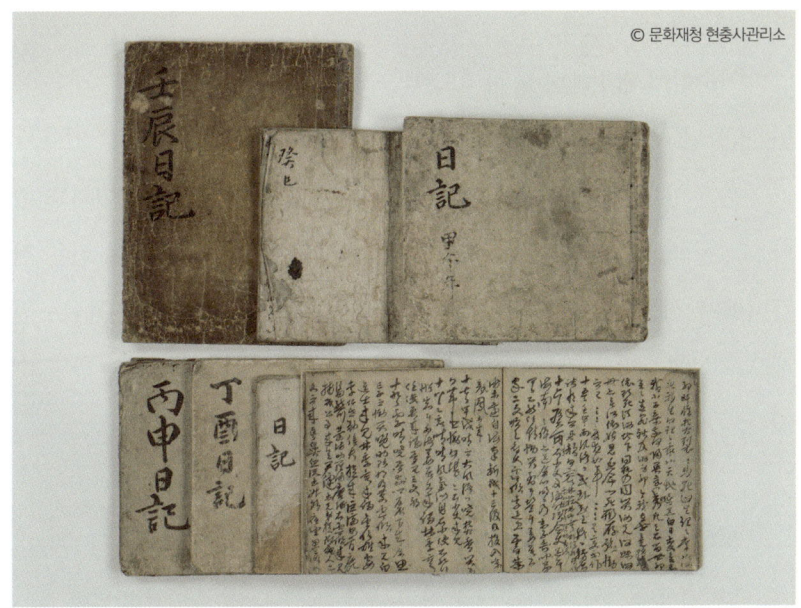
임진왜란 때 충무공 이순신이 진중에서 쓴 《난중일기》. 부록인 《서간첩》, 《임진장초》를 포함해 모두 9책이다.

완전히 외울 정도로 공부해야 했다. 조선 시대 최고 임금으로 평가받는 세종도 청소년 시절에 중요한 책은 1백 번 이상 읽고 외웠다고 한다. 명민했던 이순신도 수없이 반복해 읽고 외우는 과정에서 많은 지혜를 터득할 수 있었고, 이를 바탕으로 훗날 불패의 병법 천재가 되어 탁월한 리더십을 발휘할 수 있었다.

당시 세자나 양반들은 대개 네 살 때부터 공부를 시작했다. 아침 6시부터 《천자문》, 《동몽선습》, 《격몽요결》, 《효경》, 《소학》 등을 배우기 시작해 사서삼경인 《논어》, 《맹자》, 《대학》, 《중용》, 《시경》, 《서경》, 《역경》을 공부했고, 중국 역사서인 《십구사략》, 《자치통감》, 《사기》와 《춘추좌전》 등을 수백 번씩 읽고 외웠다. 이순신도 청소년 시절에 부모의 뜻을 따라 이렇게 공부했다.

이순신이 임진왜란 당시에도 책을 읽고 일기에 독후감을 쓴 것을 보면, 청소년 시절의 독서 습관이 얼마나 깊이 배어 있었는지 알 수 있다.

뿐만 아니라 이순신은 조선 중기를 대표하는 뛰어난 시인이기도 했다. 그는 한산도에 머물 때 시 20수를 지었다고 전해진다. 이순신은 전쟁터에서 시를 짓고 노래를 부르며 마음을 달랬다. 《난중일기》에는 전쟁으로 고통스러운 마음을 아름다운 시어로 다스린 대목을 자주 만날 수 있다.

> 1592년 2월 23일, 비가 아주 많이 쏟아졌다. 모든 일행이 꽃비에 다 젖었다.
> 1595년 10월 15일, 저녁에 달을 타고 우수사 이경수를 찾아가 만났다.
> 1596년 4월 13일, 지는 해를 타고 서로 작별했다.

이순신은 배를 타고 이동했지만 배를 타지 않았다. 달을 타고, 또 해를 타고 이동했다. 봄비가 내리는 날에는 '꽃비'를 맞았다. 그가 끊임없이 책을 읽지 않았다면, 오십 대의 나이에 삶과 죽음의 경계선을 매일처럼 넘나들면서 소년 같은 감성과 뜨거운 사랑을 지닐 수 없었을 것이다. 이순신의 시에는 그가 청소년 때 책을 읽고 사색하며 쌓은 힘이 들어 있다. 독서의 힘이 거북선을 만들 수 있는 상상력의 원천이었고, 단 한 번도 패배하지 않도록 늘 치밀하게 관찰할 수 있는 원동력이 되었다.

이순신의 시

1. 〈한산도에서 밤에 읊다(한산도야음閑山島夜吟)〉

바다 나라에 가을빛 저무는데(수국추광모水國秋光暮)
찬바람에 놀란 기러기, 외로운 수군 위에 높이 떴구나(경한안진고驚寒雁陣高).
시름에 겨워 밤새 뒤척였는데(우심전전야憂心輾轉夜)
어느덧 지는 조각 달빛이 활과 칼을 비추는구나(잔월조궁도殘月照弓刀).

— 1594년 4월, 이순신이 한산도에서 삼가현감 고상안에게 지어 준 시

2. 《난중일기》 1593년 7월 15일에 기록된 시

가을 기운 바다에 스며드니, 나그네 마음 뒤숭숭해지고(추기입해, 객회요란秋氣入海, 客懷擾亂),
배의 뜸篷 아래 홀로 앉으니, 온갖 생각에 어지럽구나(독좌봉하, 심서극번獨坐篷下, 心緖極煩).
달빛이 뱃전에 드니, 신비로운 기운이 맑고 서늘해져(월입선현, 신기청냉月入船舷, 神氣淸冷)
자려고 해도 잠들 수 없었는데, 어느새 닭이 우는구나(침불능매, 계이명의寢不能寐, 鷄已鳴矣).

천생연분의 동반자

 청소년 이순신은 어느덧 스무 살 청년이 되었다. 원하지 않았지만 문과 공부의 길을 견뎌 낸 뒤였다. 그 사이 이순신은 늠름한 청년이 되었다. 거뭇거뭇한 수염이 나고 키는 컸으며 풍채는 당당했다. 많은 책을 읽은 덕에 눈빛과 말투에서 지혜가 내비쳤고 몸은 근육으로 다져져 단단했다.
 1565년, 스물한 살이 된 이순신은 열아홉 살의 상주 방씨에게 장가갔다. 당시는 남자가 처가에 가서 사는 것이 혼례 문화였기에 이순신도 처가에 가 살았다. 현재의 현충사에 있는 이순신의 옛집도 실제로는 장인 방진이 외동딸인 방씨에게 물려준 집이다. 이순신과 같은 시대의 인물들도 똑같다. 그 때문에 성리학자 남명 조식은 경남 합천 삼가의 외가에서 태어났고, 율곡 이이는 어머니 신사임당의 집인 강릉 오죽헌에서 태어났다. 이순신의 멘토였던 유성룡도 경북 의성의 외가에서 태어났다.
 장가가기 위해 설렘을 안고 찾아간 신부 집에서 이순신의 가슴은 쉴 새 없이 두근거렸다. 피가 끓는 청년 이순신도, 세상을 짊어질 웅대한 꿈을 꾸는 이순신도 살포시 고개를 숙인 꽃같이 예쁜 신부 앞에서는 뭇 남자들과 똑같았다. 일제강점기에 김기환이 저술한 《이순신세가》에는 구전으로 전해 온 이순신의 중매 이야기가 나온다.

글공부를 해야 했던 이순신은 직접 마을에 글방을 열고 또래의 동네 아이들에게 사마광의 역사책 《자치통감》을 가르쳤다. 어느 날 이순신의 글방 앞을 지나던 영의정 이준경은 한 소년이 또래보다 조금 어린 아이들을 가르치는 장면을 보고 깜짝 놀랐다. 감탄한 이준경은 시간이 흘러 자신과 인연이 있는 방진이 사윗감을 찾는다는 이야기를 듣고는 이순신을 추천했다.

아내 상주 방씨는 아버지 방진을 닮아 여장부인 데다 지혜까지 겸비해 이순신과는 천생연분이었다. 방씨가 어릴 때 집 안에 도둑이 들었다. 방진이 명궁이라는 사실을 안 도둑들은 방씨 집안의 노비들과 미리 짜고

전남 보성 방진관에 있는 소녀 상주 방씨 그림

방진의 화살을 치워 놓도록 했다. 도둑이 들자 방진은 활을 쏘았지만 곧 화살이 떨어졌다. 그때였다.

"아버님! 화살, 여기 있어요. 던져 드릴게요."

어린 방씨가 아버지 방진에게 화살을 던져 주었다.

어린 여자아이가 아버지에게 난데없이 화살을 던지자, 도둑들은 더 이상 어쩔 수 없음을 알고는 모두 도망쳤다. 그런데 방씨가 던진 것은 화살이 아니라 베를 짜는 데 쓰는 대나무였다. 생김새나 서로 부딪칠 때 나는 소리가 화살과 비슷했기에 도둑들이 속아 넘어간 것이다.

열아홉에 이순신과 결혼한 방씨는 아들 회, 열, 면 삼 형제와 딸 하나를 낳았다. 이순신의 외딸은 훗날 임진왜란 때 이몽학의 반란을 진압한 홍가신의 아들 홍비에게 시집갔다.

낙마가 낙방으로

혼인은 삶의 대전환이다. 장가든 이순신은 진짜 어른이 된 것에 뿌듯해하면서도 가정을 책임져야 한다는 사실에 마음이 예사롭지 않았다. 그러나 결혼보다 더 그의 마음을 흔드는 일이 있었다. 자신의 운명을 바꿀 때가 왔다는 사실을 깨달은 것이다.

이순신은 장인 방진에게서 큰 영향을 받았다. 방진은 무과에 급제해 제주현감과 보성군수를 거친, 당대 최고의 명궁으로 불리는 무인 중의 무인이었다. 장인의 집안 역시 안팎으로 무인을 많이 배출했다. 임진왜란 당시 순천 예교성전투에서 선봉장으로 활약하다 전사한, 이순신의 막하 장수 황세득도 방진의 조카사위였다.

이순신에게 무인 방진의 사위가 된다는 것은 그의 부모가 이제 문과가 아니라 무과의 길을 허락한다는 의미였다. 당시는 무과를 위한 별도의 학교가 없던 시절이라 스승을 찾고 만나야 했다. 방진은 그런 이순신에게 둘도 없는 최고의 스승이 되어 줄 사람이었다.

이순신은 방진에게 말타기, 활쏘기 등 각종 무예 수업을 받았고, 병법서를 읽었다. 타고난 체력도 좋았다. 대장을 꿈꾼 그 시대의 많은 청년들이 어릴 때부터 무예 공부만 했던 것에 비하면 뒤늦게 시작한 셈이었다. 그러나 이순신은 지나온 시간을 탓하기보다 다른 사람들보다 몇 배나 더 열심히 말을 타고 활을 쏘면서 늦은 출발을 훈련으로 극복해 나갔다. 시간이 흐를수록 이순신의 무예 실력은 눈부시게 발전했다. 먼저 무예를 갈고닦았던 동료들도 그의 무예 실력 앞에서 고개를 숙였다. 그러나 이순신은 자만하지 않고 겸손하게 동료들을 이끌며 묵묵히 무인의 세계로 나아갔다. 동료들도 이런 이순신을 동료이기 전에 리더로 인정하며 존중했다.

스물두 살 때부터 시작한 무예 공부는 궤도에 올랐다. 비가 오나 눈이 오나 말을 타고 활을 쏘며 아산의 산과 들을 누빈 지 6년이 흘렀다. 스물여덟이 된 이순신은 무과에 도전할 실력이 되었다고 생각했다.

가을이 되자 한양 훈련원에서 별과를 연다는 소식이 들렸다. 별과는 3년마다 치르는 정기 시험과 달리 나라에 특별한 일이 있을 때 치르는 시험이었다. 무예 시험을 보는 날 아침, 이순신은 전쟁놀이를 하던 옛 기억을 떠올리며 전국에서 모인 무인들과 어깨를 나란히 하고 훈련원으로 들어갔다.

"20년 만에 왔구나. 죽을힘을 다해 6년을 준비했다. 시험에 붙어 보란 듯이 내 능력을 세상에 보이리라! 또 저 북녘의 오랑캐와 남쪽의 왜구들을 이 손으로 다 토벌하리라!"

자기 차례가 되자 이순신은 날렵하게 말에 올라탔다. 시험 시작을 알리는 깃발이 올라가자 비호처럼 말을 달리며 활을 쏘았다. 달려 나갔다가 출발점으로 돌아오는 찰나, 말이 움푹 꺼진 땅바닥을 딛는 바람에 그 자리에서 고꾸라지고 말았다. 이순신의 몸은 허공에 붕 떴다가 떨어졌다. 순식간에 벌어진 일에 시험관들과 다른 수험생들은 깜짝 놀랐다. 낙마하는 일은 자주 일어났지만 이번처럼 크게 사고가 난 적은 없었다.

놀란 사람들이 웅성거리는 사이 이순신이 갑자기 벌떡 일어섰다. 그러나 그는 이내 다시 쓰러졌다. 왼쪽 다리가 부러진 탓이었다. 하지만 이순신은 다시 일어서서 부러진 다리를 질질 끌며 근처 버드나무로 가더니 늘어진 가지를 잡아채 꺾었다. 부러진 다리에 가지를 칭칭 동여매고 아무 일 없었다는 듯 휘파람을 불어 말을 부르고는, 다시 올라타 번개처럼 출발점으로 되돌아왔다.

사람들은 다시 웅성거렸다. 낙마했기에 이미 떨어진 시험이었다. 게다가 다리도 부러졌다. 그런데도 이순신은 그 몸을 이끌고 출발점으로 돌아왔다. 사람들은 끝까지 최선을 다하는 이순신의 모습에 경탄하지 않을 수 없었다.

시험장을 빠져나간 이순신은 허탈한 마음을 가눌 길이 없었다. 눈물도 고였다. 오랜 꿈을 찾아 10년 만에 시작한 무예 공부였다. 비바람과 눈보라를 헤치며 6년 동안 산과 들을 누볐다. 수없이 쏜 화살 때문에 손에는 나뭇등걸 같은 굳은살이 박여 있었다. 게다가 훈련하느라 여섯 살짜리 큰아들 회와 두 살배기 작은아들 열을 제대로 안아 주지도 못했다. 그런데 단 한 번의 실수로, 그것도 자신이 아니라 말이 넘어지는 바람에 떨어지다니…….

28세가 되던 해 무과 시험을 치르다 낙마하여 다리가 골절된 이순신을 그린 〈십경도〉. 〈십경도〉는 이순신 장군 생애에서 중요한 열 장면을 묘사한 그림으로 현충사 안 벽면에 걸려 있다.

가족에 대한 미안함과 서운함이 뒤범벅되어 마음의 갈피를 잡기가 힘들었다.

'어떻게 얼굴을 들고 부모님을 뵐 수 있을까, 묵묵히 내 길을 응원해준 아내를 어떻게 볼 수 있을까, 아이들은 또 어떻게 볼까?'

'무인의 길을 잘못 선택한 것은 아닐까, 다시 문과 공부를 해야 하나, 이렇게 쉽게 시험에 떨어지다니…… 내 길이 아닌가?'

이리 생각하고 저리 생각해도 답이 나오지 않았다. 부러진 다리는 퉁퉁 붓고, 온몸이 쑤셔 댔다. 아산으로 가는 길은 유난히 멀고 험했다.

합격을 일구어 낸 공부법

무과에 낙방하여 방황하던 이순신은 해주 오씨를 만났다. 낙방한 자신을 위로해 준 여인이었다. 낙방한 지 2년 뒤인 서른, 이순신은 오씨에게서 서자 훈을 보았다.

"이제 서른이다. 늦게 시작했지만 더 늦으면 다시 시작할 기회도 없겠구나. 게다가 아내도 둘이고, 아이도 셋이다. 이제라도 정신을 차려야겠다. 다시 시작하자."

정신이 번쩍 든 이순신은 낙방 이후의 방황을 끝내고 다시 활을 잡고 말을 탔다. 그 후 2년간 온 정성을 다해 공부했다. 어느덧 서른두 살이 되었다. 1576년 2월, 3년마다 한 번씩 치르던 식년시■가 열렸다. 이순신은 1차 시험인 초시에 합격했다. 이제 2차 시험인 복시와 합격자 등

■ 조선 시대의 무과 시험은 문과 시험과 같이 초시-복시-전시의 3단계에 걸친 시험을 보아야 했다. 초시와 전시에서는 활쏘기와 창 쓰기, 말타기 등의 무예 시험을 보았고, 복시에서는 병법책이나 역사책, 《경국대전》과 같은 법률책 등을 읽고 해설하는 시험을 보았다.

수를 결정하는 최종 시험 전시가 남아 있었다.

이순신은 이날만을 기다리며 10년을 공부했다. 불운하게 떨어져 한동안 방황도 했지만 이번에는 자신이 있었다. 노력은 배신하지 않는다는 확신도 있었다. 특히 복시에서 병법책을 읽고 해석하는 이론 시험은 청소년 때 많은 책을 읽고 익혔기에 다른 어떤 준비생보다 월등히 자신이 있었다. 게다가 병법책만큼은 눈을 감고도 통째로 외울 수 있었다. 승리한 전쟁이든 패배한 전쟁이든 자신이 공부한 병법으로 전쟁의 성공과 실패의 원인을 낱낱이 설명할 수 있었다.

한문과 역사책을 제대로 학습하지 않았던 다른 수험생들은 병법책도 제대로 읽지 못해 시험 과목인 〈무경칠서〉■를 간신히 읽는 수준이었지만, 이순신은 중국의 전쟁사인 《춘추좌전》, 《역대병요》, 《자치통감》을 읽고 병법책들과 비교해 봤을 뿐만 아니라 또 우리나라 전쟁사인 《동국병감》도 훤히 알고 있었다. 또 때때로 《삼국지》도 읽으며 제갈공명의 삶을 닮으려고 노력했다.

복시를 치르는 날이 다가왔다. 시험관은 이순신 앞에 예상 밖의 책을 내놓았다. 지금까지 무과에 나온 적 없는 《황석공소서》로 진나라 말의 병법가 황석공이 한(漢) 고조 유방을 도운 전략가 장량에게 전해 준 병법책이었다. 이순신은 문과 공부를 할 때 이 책을 분명히 읽어 두었다.

■ 중국 송(宋)나라 1080년, 신종(神宗) 때 외침을 대비해 장수들을 교육하고 선발하기 위해 고대 중국에서 전해져 내려온 병법책 347종 1,956건 중에서 일곱 가지 병법책을 선택해 출간한 것이다. 병법책 중에서 최고만을 뽑아낸 책들로 《손자병법》, 《오자병법》, 《육도》, 《사마법》, 《삼략》, 《위료자》, 《이위공문대》를 말한다.

병법책과 역사책을 공부할 때 유난히 눈에 띄었던 인물이 장량이었기 때문이다. 이순신은 장량의 삶을 알고는 그를 존경해 닮으려 노력했고, 그 덕에 《자치통감》과 한나라 역사책 《한서》를 따로 공부하기도 했다.

문인이 무인을 무시했던 시대였다. 《황석공소서》는 무과 시험생 이순신을 놀리려고 주어진, 규정에 없던 책이었다. 이런 시험관의 태도가 불쾌했지만, 이순신은 태연히 책을 펼쳐 읽기 시작했다. 그가 읽은 내용은 다음과 같았다.

장량은 한韓나라를 멸망시킨 진시황에게 복수를 하려다 실패하고 강소성 하비현에 숨었다. 그곳에서 그는 자신의 능력을 알아본 황석공을 만났다. 황석공은 장량에게 책 한 권을 주면서 말했다.

"이 책을 열심히 읽으면 황제의 스승이 될 수 있다."

세월이 지나 장량은 유방의 지혜 주머니가 되어 활약했고, 유방은 천하를 통일하고 한漢나라를 세웠다. 최고의 공신이었던 장량은 어느 날 황제 유방에게 모든 권력과 재물을 내놓으며 자리에서 물러나겠다고 선언했다.

이순신은 장량이 은퇴하겠다고 말하는 장면을 힘주어 읽었다.

"우리 선조들은 본래 대대로 한나라의 재상을 지냈다. 그러나 진시황이 우리 한나라를 멸망시켰기에 나는 집안의 모든 재물을 진시황에게 복수하기 위해 썼고, 또 이제는 공부했던 지혜를 활용해 황제의 스승이 되었으며 부귀도 넘친다. 아무런 벼슬도 없던 시골 선비가 너무 출세한 것이다. 그런데도 어떻게 만족하지 않을 수 있는가. 이제는 모든 것을 버리고, 신선 적송자를 따라가 함께 놀겠다."

그때 시험관이 물었다.

"자네는 무예를 익히면서 명산을 많이 다녀 신선과 같은 기인을 많이 만났을 걸세. 자네는 어떻게 생각하는가? 장량이 신선이 되어 죽지 않고 영원히 살았을 거라고 생각하는가?"

이순신은 어이가 없었다.

'사람으로 태어나 죽지 않는 사람이 어디 있단 말인가.'

이순신은 무예를 공부하며 여러 산을 다니고 많은 사람을 만났지만 그 어디에도 신선은 없었다. 시험관은 무인인 이순신을 어리석고 무지하게 보고 엉뚱한 질문을 던진 것이다. 하지만 많은 경험과 지혜를 쌓은 서른둘의 이순신은 모욕을 받고도 거칠게 대드는 대신 침착하게 대답했다.

"삶에는 반드시 죽음이 있습니다(유생필유사 有生必有死). 사람이 태어나면 죽는 것이 당연한 이치가 아니겠습니까? 자연의 모든 것은 변하고, 생명은 태어나면 사라지는 것이 마땅합니다. 저는 공부할 때 《자치통감강목》■을 읽었습니다. 그 책에서는 '임자 壬子 6년에 유후 留侯 장량이 죽었다'라고 나옵니다. 역사책에도 장량이 죽었다고 나오는데, 어떻게 그가 신선이 되어 죽지 않았겠습니까? 장량이 신선이 되었다는 이야기는 사람들이 지어낸 말일 뿐입니다."

시험관들은 이순신의 답변에 깜짝 놀랐다. 이순신이 문과를 치르는 이들보다 더 역사에 정통했기 때문이다. 실제로 이날 이순신이 말한 것을 《자치통감강목》에서 찾아보면, 그가 말한 대로 "여름에 유문성후 장량이 죽었다"라는 기록이 딱 한 줄 나온다. 이순신이 이렇게 답할 수 있

■ 사마광이 저술한 《자치통감》을 주희가 축약한 책이다.

었던 것은 정확한 공부와 독서를 했던 덕이다. 그는 꿈을 이루기 위해 책을 읽으며 닮고 싶은 사람을 찾았고, 그들의 삶을 배우고 연구했다. 궁금한 것이 있을 때는 관련된 분야의 책을 뒤지며 끝까지 확인했다.

이순신이 치른 무과 시험에서는 보통 28명을 뽑던 것에서 한 명 더 뽑아 29명이 합격했다. 이순신은 29명 가운데 12등으로 합격했다. 중간 정도의 성적이나 같이 합격한 사람들을 살펴보면 놀라운 성적이다.

이순신을 비롯해 네 명을 뺀 25명은 승진을 위해 시험을 본 현직 군인이었다. 그들은 평소에도 늘 무예를 훈련하고 병법을 공부한 전문가들이었다. 합격자 평균 연령도 34세로 이순신보다 나이가 많은 사람이 무려 17명이나 되었다. 이는 이순신이 얼마나 열심히 노력했는지 보여 주는 증거이다.

조선 시대 사람들의 책 읽기

조선 시대 사람들은 집중하고 반복하여 책을 읽었다. 퇴계 이황이 대표적이다. 이황은 책의 내용이 몸에 밸 정도로 1백 번 이상 외워 읽은 뒤 사색하여 마음속까지 스며들도록 하라고 권했다.

창조적이었던 왕 세종도 마찬가지였다. 세종은 지나치게 책에 빠진 탓에 아버지 태종이 신하를 시켜 책을 숨길 정도였다. 그럼에도 세종은 몰래 책을 감춰 두고 읽었다. 《좌전》과 《초사》는 1백 번 이상 읽었으며, 송나라 대문장가 구양수와 소동파의 짧은 편지글을 모아 엮은 《구소수간》은 병풍 뒤에 숨겨 두고 1천 1백 번이나 읽었다. 세종은 하루에도 수십 권을 읽었고, 식사할 때에도 책을 좌우에 펼쳐 놓았다.

많이 읽는 독서법으로 가장 유명한 사람은 조선 후기 문인 김득신이다. 그는 《사기》의 〈백이전〉을 너무 좋아한 나머지 1억 1만 3천 번을 읽었고, 《사서삼경》·《사기》·《한서》·《장자》 등은 6만~7만 번씩 읽었다.

조선 선비들은 역사책도 중요시했다. 특히 다산 정약용은 시를 쓸 때조차 조선 사람의 입장에서 조선의 역사를 인용하라면서 "《삼국사기》·《고려사》·《국조보감》·《징비록》·《연려실기술》을 공부하고, 거기서 사실을 뽑아내 인용해야 후세에 전할 수 있는 좋은 시가 나오며, 세상에 명성을 떨칠 수 있을 것"이라고 했다.

연령에 따른 독서법을 강조한 것도 주목할 만하다. 조선 후기 과학자이자 저술가인 최한기는 "20대는 무엇이든 탐색하고, 30대는 버릴 것은 버리고 취할 것은 취해야 하며, 40대는 얻은 것을 자기 것으로 만들어야 하고, 50대에는 새롭게 개척하지 말고 이미 이룬 것을 집대성하라"고 했다. 독서의 깊이는 체험과 연륜에 따라서 변하기 때문이다.

서경덕은 자신이 "젊은 시절에 어진 스승을 만나지 못해 헛된 힘을 많이 썼다. 공부하는 이들은 이런 나를 본받아서는 안 될 것"이라면서 독서에서도 올바른 스승의 가르침을 받으라고 권했다. 아무 책이나 아무렇게, 무조건 외우는 기계적인 독서와 고독한 사색이 관점의 왜곡을 가져오는 것을 무엇보다 경계했다.

2부

무인의 길 위에서

이 당시 이순신이 머물던 방은 살림이 간소했다. 심지어 그가 좋아하는 책도 없었다. 참모의 역할에 충실하기 위해, 또 무관으로 책 읽는 모습을 보이면 불필요한 오해를 받을까 봐 일부러 그랬던 듯하다. 그의 방에는 입을 옷 몇 벌과 이불이 전부였다.

직언을 서슴지 않는 원칙주의자

12등으로 무과에 합격한 이순신의 계급은 종9품이었다. 1등은 종6품(대위), 2~3등은 정7품(중위), 4~8등은 정8품(소위), 9등 이하는 종9품(하사)의 계급을 받았다. 종9품에서 종6품까지 승진하는 것은 실력이나 인맥에 따라 달랐지만 5~20년 정도 차이가 났다. 이순신과 함께 합격한 사람 중에는 임진왜란 때 활약했던 박종남, 이경록, 구사직 등이 있었다.

그러나 합격 등수가 삶의 성공이나 출세까지 보장하는 것은 아니었다. 합격자 29명 가운데 뒷날 정3품(소장 혹은 준장)까지 승진한 사람은 이순신을 포함해 여섯에 불과했다. 3등까지 중에서는 한 명, 9등 이하에서는 이순신을 포함해 다섯 명이었다. 또 합격했다고 해서 모두 계급을 받고 현역 장교가 되는 것도 아니었다. 29명 중 13명은 임관하지 못했다. 과거에 합격하고도 임관하지 못한 것은 추천 제도 때문이었다. 당시는 합격했더라도 높은 사람에게 추천받지 못하면 공무원이나 장교가 될 수 없었다. 문과 급제자도 명목만 급제자였지 10년 넘게 자리를 얻지 못한 경우도 있었고, 무과는 심지어 17~18년이나 자리를 기다리다 포기하는 경우도 있었다.

    12등 이순신은 그해 겨울 함경남도 동구비보의 권관에 임명되었다. 이순신은 추천을 받기 전에 스스로 함경도 근무를 자원했기에 권관 자리를 얻을 수 있었으리라 추정된다. 당시 함경도는 만주 일대와 맞닿아 있어 국경 너머 여진족과 끊임없이 전투해야 하는 곳이었다. 언제 죽을지 몰라 다른 무관들은 대부분 근무하기를 꺼렸다. 하지만 이순신은 대장의 꿈을 위해 목숨을 걸고 최전방으로 향했기에 계급장을 달 수 있었다. 직업 군인으로는 가장 낮은 계급에서, 또 최전방에서 근무를 시작했지만 이순신은 자신이 필요한 곳과 자신이 해야 할 일을 더 중요시하며 묵묵히 실천했다. 이것이 훗날 자신의 선배와 자신보다 계급이 높았던 사람들을 뛰어넘을 수 있었던 성공 요인이다.

    1576년 12월, 이순신은 혹한의 추위가 몰아치는 동구비보에서 군 생활을 시작했다. 함경도 시절의 이순신은 무예 실력이 실전에서 처음 공인된 기회였고, 당당하게 소신을 밝히는 모습을 드러낸 시기였다.

    함경관찰사 이후백이 전방의 각 진영을 순시할 때였다. 이후백은 자주 무예 시험을 열어 합격하지 못한 군인들을 엄벌에 처했다. 언제 전투가 벌어질지 모를 최전방이었기에 군기를 더욱 심하게 잡았다. 이순신도 무예 시험을 보았다. 이후백은 이순신의 명성을 익히 들은 터라 그가 정말 유능한 인물인지 궁금했다. 무예 시험 결과는 명성대로였다. 그런데 예상치 못한 일이 벌어졌다. 이후백이 이전처럼 무예 성적이 나쁜 군사들을 벌할 때였다. 갑자기 이순신이 이후백에게 다가가더니 조용히 귀엣 말을 건넸다.

"종9품 권관 이순신, 감히 한 말씀 올리고자 합니다. 지금 사또의 처벌은 너무 지나치십니다. 이곳은 최전방입니다. 이들은 목숨을 걸고 나라를 지키려고 자원한 사람들입니다. 단 한 번의 시험으로 이토록 심하게 처벌하신다면, 누가 나라를 지키려고 하겠습니까? 지금은 그들이 무예 훈련을 더 열심히 하도록 격려하시는 것이 더 긴요하지 않겠습니까?"

잠시 당황하던 이후백은 이순신의 얼굴을 돌아보고 웃으며 말했다.

"거참, 대단히 용감하구먼. 권관에 불과한 자가 당돌하게 그리 말하다니. 하지만 듣고 보니 자네 말이 맞네. 이 먼 곳까지 와서 목숨을 걸고 사는 이들의 마음을 미처 고려하지 못했네. 앞으로는 조심하겠네."

이후백은 이처럼 유능한 젊은 장수들이 한겨울의 매서운 눈보라에도 아랑곳없이 국경을 지키고 있다는 사실에 흐뭇했다.

이순신은 그렇게 약 15개월간 함경도 근무를 마쳤다. 북방에서 고생한 결과 이순신은 종8품으로 승진해 한양 훈련원 봉사에 임명되었다. 이순신이 처음 과거를 보았던 한양 훈련원은 그가 어린 시절 전쟁놀이를 하며 군인의 꿈을 키운 바로 그 장소였다.

한양 훈련원에서 이순신은 인사 담당 실무자였다. 그가 근무 기록을 검토해 승진자와 탈락자를 보고하면, 상급자가 심사하여 결정했다.

어느 날이었다. 여느 때와 마찬가지로 이순신이 승진자 명단을 작성해 올렸다. 그런데 인사 담당 최고 책임자였던 병조정랑 서익이 갑자기 그를 불러 질책했다.

"이 봉사, 자네가 이 명단을 작성했는가?"

"예. 제가 규정에 따라 작성했습니다. 다른 상관들에게도 확인받았습니다. 잘못된 일이라도 있습니까?"

병조정랑은 승진자 명단에 특정인을 넣으라고 말했다.

"이 봉사, 이 사람을 참군 승진자 명단에 넣게. 병조의 인사 책임자로 명령하는 것이네."

그러나 이순신은 상관의 명령을 따를 수 없다고 거절했다.

"정랑님, 그렇게 할 수 없습니다. 이 사람을 승진시키면 마땅히 승진해야 할 사람이 승진할 수 없게 됩니다. 이는 공정하지 않습니다. 게다가 법을 바꿀 수는 없지 않겠습니까(시비공야 차법불가개야是非公也 且法不可改也)? 관직이 한정되어 과거에 급제하고도 자리를 얻지 못한 사람들이 넘쳐납니다. 이런 상황에 직을 얻어 근무하고 있는 사람을 규정을 무시한 채 승진시킬 수는 없습니다. 그 사람은 시간이 흐르면 당연히 승진할 사람입니다. 북방이나 남방에서 여진족과 왜구를 막느라 고생하는 군사들이 얼마나 많습니까? 그런 사람들 대신 자격 없는 사람을 승진시킨다면, 누가 목숨을 걸고 나라를 지키겠습니까? 거듭 말씀드리지만, 그 사람을 억지로 승진시키기 위해 규정을 바꿀 수는 없습니다."

병조정랑 서익은 할 말이 없었다. 그런데도 어떻게든 이순신을 설득해 마음을 바꾸고 싶었다. 그러나 이순신은 조금도 동요하지 않았다. 서익은 결국 위협까지 했다.

"내가 마음만 먹으면 자네는 끝이야! 내가 자네 인사 평가를 낮게 하면 자네는 그만두어야 하네. 이래도 계속 고집을 피울 셈인가?"

"정랑님, 안 되는 일은 안 됩니다. 규정은 규정입니다. 더 이상 괜한 말씀을 하시면 정랑님께 누만 될 뿐입니다. 정랑님의 말씀은 못 들은 것으로 하겠습니다. 소인은 이만 물러가겠습니다."

이순신은 뒤도 돌아보지 않고 서익의 방에서 나왔다. 말단 실무자인 이순신이 서익의 강권을 따른다고 해서 문제될 것은 없었다. 그런데도 이순신은 원칙과 규정을 지켰다. 이 소문을 들은 동료와 선후배들은 이순신이 언젠가는 크게 피해를 당할 것이라고 수군거렸다. 그러나 이순신은 자신의 일만 묵묵히 해 나갔다.

서익은 자존심을 크게 다쳤다. 자신은 문과 급제자였고, 문관이 비록 병조의 일을 한다 해도 무관보다 우위에 있다는 자부심이 강했다. 그런데 실무자 이순신이 꼬장꼬장 원칙을 강조하며 반대하는 바람에 뜻을 이루지 못하다니…… 서익은 하급 무관 나부랭이를 용서할 수가 없었다.

'내 언젠가는 반드시 저놈에게 본때를 보여 주리라.'

몇 년 후 서익은 끝내 이순신에게 복수할 기회를 얻었고, 그때 이순신은 첫 번째 파직을 당하게 된다.

그해 가을 이순신은 훈련원봉사에서 충청병마절도사의 군관으로 발령이 났다. 군관은 지방 각급 진영에 배속된 하급 장교로 임기가 1년이었다. 이순신은 병마절도사를 충실히 보좌하면서 상관이 그릇된 일을 할 때는 서슴없이 직언하고 앞장서서 말렸다.

어느 날, 술에 취한 병마절도사가 자신이 알고 지내던 한 군관의 집으로 가 술을 한잔 더 하자고 했다. 이순신은 상관의 손을 붙잡고 말했다.

"장군! 장군께서 아무리 그와 친하다 하더라도 이렇게 늦은 시간에 사적으로 찾아가는 것은 안 될 일입니다. 다른 사람들이 장군과 그 사람 사이를 오해할 수 있습니다."

이 당시 이순신이 머물던 방은 살림이 간소했다. 심지어 그가 좋아하는 책도 없었다. 참모의 역할에 충실하기 위해, 또 무관으로 책 읽는 모습을 보이면 불필요한 오해를 받을까 봐 일부러 그랬던 듯하다. 그의 방에는 입을 옷 몇 벌과 이불이 전부였다.

이순신은 휴가를 얻어 고향에 돌아갈 때는 평상시 식량으로 받았던 곡식도 반납했다. 근무를 하지 않는 날이니 녹봉도 받을 수 없다는 이유에서였다. 이 점만 보아도 벽창호 같은 사람에 답답하다 못해 모자란 사람처럼 보이지만 그만큼 스스로 자부심이 강했다는 증거이다.

중상과 모략에도 꽃피운 기백

1580년 7월, 서른여섯 살의 이순신은 전라남도 고흥 발포의 수군만호에 임명되었다. 충청병마절도사의 군관에서 불과 1년 만에 종4품으로 초고속 승진이었다. 발포는 훗날 이순신이 전라좌수사로 부임한 뒤 관할한 곳이기도 하다. 이때 이순신이 수군을 경험하지 않았다면, 우리 역사에 거북선이나 한산대첩, 명량대첩은 존재하지 못했을 것이다. 이순신은 함경도에서 여진족을, 전라도 해안에서 왜구를 경험하며 자신만의 위대한 역사를 만들어 갔다.

그러나 발포에서 이순신은 올곧은 성격 때문에 많은 시련을 겪어야 했다. 원칙주의자 이순신의 성격은 사람들의 시샘을 받기 쉬웠다. 게다가 이상하리만치 상관 운도 없었다. 이순신을 미워한 전라관찰사는 이순신의 인사 평가를 최하로 매기기도 했고, 전라좌수사는 이순신을 고의로 벌주기 위해 불시에 점검을 나와 그가 관할하는 발포를 일부러 낮게 평가하기도 했다.

그러나 이순신의 정직성과 성실성을 믿어 준 사람들도 있었다. 당시 전라도사였던 조헌은 이순신의 인품과 능력을 알아보고, 최하 성적을 매긴 관찰사의 평가를 지적했다.

"발포만호 이순신은 관찰사가 들으신 말과 달리 백성과 군사들을 훌륭히 이끌어 왔습니다. 사람들은 이 만호가 전라도에서 가장 뛰어난 사람이라고 칭송합니다. 그런데도 그를 헐뜯는 말만 듣고 발포를 낮게 평가하신다면, 저는 동의할 수 없습니다."

당시 도사는 관찰사 다음가는 직책이었고, 인사 평가에 도사의 서명이 필요했기에 관찰사도 어쩔 수 없이 평가서를 고쳐야 했다. 조헌은 훗날 임진왜란이 일어나자 의병을 일으켜 싸우다 금산에서 전사한 칠백의총의 주인공 중 하나이다.

또 다른 전라관찰사 손식은 이순신을 비방하는 소문을 듣고 이순신을 불러 실력을 시험하기도 했다.

"이 만호, 자네가 병법에 통달했다고 들었는데 정말 그런가? 그렇다면 이 《진서陣書(진법책)》를 읽고 한번 설명해 보게."

《진서》는 전투를 할 때 군대의 대형을 정하고 무기를 배치하는 전략 전술서였다. 기마 부대와 보병, 화살을 쏘는 사수와 대포를 쏘는 포수들을 지형이나 적군의 상황에 따라 배치하는 것이다. 이순신은 《진서》를 거침없이 읽고 설명했다. 이때의 《진서》는 문종이 저술한 《신진법》일 가능성이 높다. 이 책에 이순신의 학익진鶴翼陣과 장사진長蛇陣, 일자진一字陣■이 모두 나오기 때문이다. 특히 학익진은 다른 병법책이나 진법책에는 나오지 않는다.

전라관찰사는 이순신이 익숙하게 읽고 설명하는 것을 본 뒤 이번에는 그 내용을 기억하고 활용할 줄 아는지 시험해 보고자 했다.

"잘 읽고 잘 해설했네. 이번에는 진도陣圖(진법 그림)를 그려 보겠나?"

진도는 전략 전술에 따른 부대 배치를 그린 그림을 말했다. 당시에는 《진서》와 진도를 제대로 이해하지 못하는 장수가 많아 나라에서 따로 교육을 시킬 정도였다. 이순신은 백지를 펼치고, 망설임 없이 진도를 쓱쓱 그려 나갔다.

"이 만호, 보면 볼수록 정확하고 한눈에 보기 쉽게 그렸네. 참으로 놀라우이. 언제 이렇게 열심히 공부했는가? 내가 일찍이 자네를 알았다면 조정에 건의해 중용케 했을 텐데 아쉽구먼."

손식을 놀라게 한 이순신의 실력은 끊임없는 학습이 가져온 관찰력과 응용력의 결과물이었다. 이순신은 이 같은 준비된 실력을 바탕으로 임진왜란 3대 대첩의 하나인 한산대첩에서 학익진으로 일본군을 섬멸할 수 있었다.

또 이런 일도 있었다. 전라좌수사 이용은 이순신이 명령에 고분고분 따르지 않고 상관의 잘못을 자주 지적하자, 그를 내쫓기 위해 계략을 꾸몄다. 전라좌수사는 여수 본영과 5관·5포■■를 관할했는데, 자신이 관할하는 5포를 불시에 점검해 이순신이 관할하는 발포가 결원이 가장 많

■ 학익진과 일자진은 한산대첩과 명량대첩에서 각각 활용한 진법이다. 학익진은 학이 날개를 벌려 상대를 감싸 안듯 포위하고 공격하는 진법이다. 장사진은 뱀처럼 수직 형태의 한 줄로 서서 공격해 들어가는 진법이다. 부산대첩 때 부산 포구에 정박한 일본군 전선을 공격할 때 활용했다. 일자진은 명량해협처럼 좁은 길목에서 '一(일)'처럼 수평으로 늘어서서 길을 막고 싸우는 진법이다.

■■ 5관(官)은 순천·광양·보성·흥양·낙안이고, 5포(浦)는 방답·사도·발포·녹도·여도이다.

발포만호로 있을 때 이순신이 머물렀던 발포만호성(전라남도 고흥군)

다는 허위 보고서를 조정에 올려 보냈다. 그러나 실제로 발포의 결원자 수는 다른 곳보다 적은 세 명에 불과했다. 이 사실을 안 이순신은 다른 네 곳의 결원자 명부를 확보해 결백을 증명할 준비를 해 놓았다.

전라좌수사의 참모는 이순신이 진짜 결원자 명부를 갖고 있다는 이야기를 듣고는 깜짝 놀라 한양으로 보낸 허위 보고서를 되찾아 올 수밖에 없었다.

어려서부터 책을 많이 읽고 글공부에 매진한 이순신이었기에 기록의 중요성을 잘 알고 있었다. 사소한 것도 꼼꼼하게 기록했던 이순신은 이런 습관 덕분에 허위 보고서로 인한 위기를 헤쳐 나갈 수 있었다.

상관과 부딪친 일은 또 있었다. 이순신이 근무하는 발포 관사에는 아주 오래된 아름드리 오동나무가 있었다. 당시 웬만한 양반은 문인 무인 할 것 없이 모두 거문고를 탈 줄 알았는데, 전라좌수사 성박은 발포 관사의 오동나무로 거문고를 만들고 싶어 했다. 성박은 사람을 보내 이순신에게 오동나무를 베어 오도록 했다.

갑작스런 좌수사의 명령에 이순신은 그 까닭을 물었다.

"좌수사께서 이 오동나무로 거문고를 만들고자 하십니다. 둘레가 한 아름이 넘는 데다가 오래되었기에 소리가 아주 좋을 것이라고 생각하십니다."

이순신은 깜짝 놀랐다. 자신도 거문고 타기를 즐겼지만 관사의 오동나무로 거문고를 만들겠다는 생각은 꿈에도 해 본 적이 없었다.

"여보게, 그럴 수는 없네. 좌수사께 이 만호가 반대했다고 분명히 전하게. 이 오동나무는 관청의 물건(관가물야官家物也)이니 아무리 좌수사라도 사적으로 써서는 안 되는 법일세. 게다가 이 나무를 관청에 심어 놓은 이유가 있지 않겠나? 이토록 오래된 나무를 하루아침에 베어 내서야 되겠는가?"

좌수사는 부하 장수인 이순신의 직언에 화가 치밀었지만, 속만 끓일 수밖에 없었다. 이처럼 이순신은 전라관찰사, 전라좌수사 등의 계속된 괴롭힘 속에서도 철저하게 원칙에 따라 업무를 처리했다.

위기를 기회로 삼은 지혜

원리 원칙에 따라 업무에 충실했던 이순신은 서른여덟 살 되던 1582년 1월, 결국 모함을 받아 파직을 당하게 된다. 발포에서 1년 반이 지난 때였다. 한양 훈련원에서 봉사로 있던 때 인사 청탁을 했다가 거절당한 서익이 군기경차관이 되어 발포로 순시를 왔다. 그의 임무는 지역의 군부대를 감사하는 감사관이었다. 서익은 앙심을 품고 이순신 부대의 군기가 허술하다는 거짓 보고를 올렸다.

발포에서 끊임없는 시기와 모함에 시달리면서도 살아남은 이순신이었지만, 서익의 모략은 그를 단칼에 날려 버렸다. 이순신은 평생 세 번 파직 당했는데 첫 번째가 바로 이때였다. 계급장은 물론이고 군인의 직업까지 박탈당했다는 소식을 들은 유성룡은 이순신을 찾았다.

"여보게, 자네 율곡 대감을 잘 알지 않나? 지금 그분은 문관의 인사권을 쥔 이조판서이시네. 율곡 대감이 자네 이야기를 하신 적이 있었네. 자네가 대단히 뛰어나다는 이야기를 들었다면서 한번 만나고 싶어 하셨네. 이조판서이시니 복직에도 큰 힘이 될 텐데 어떻겠는가? 내가 중간에서 주선할 테니, 자네는 아무 소리 말고 오기만 하면 되네. 인사 청탁을 하자는 게 아니네. 율곡 대감도 원칙을 아주 중요하게 생각하시는 분이라네. 다만 실력 있는 장수가 나라를 지켜야 하지 않겠나? 자네 같은 인재가 초야에 묻혀 있는 것이 나라로선 더 큰 손해가 아니겠는가?"

어릴 때부터 그의 뛰어난 재능과 강직한 성품을 잘 알고 있던 유성룡은 이순신을 설득했다.

그러나 이순신은 말했다.

"고마운 말씀입니다. 저는 율곡 대감과 뿌리가 같은 집안이라 찾아가 뵙지 못할 까닭도 없습니다. 그러나 지금은 그렇게 할 수 없습니다. 모든 관리의 인사권을 쥐고 있는 이조판서를 파직된 몸으로 찾아간다면 그것이 바로 청탁과 무엇이 다르겠습니까? 지금 나라 곳곳에서 인사를 청탁하는 일이 비일비재합니다. 제가 파직된 것도 서익의 인사 청탁을 거절했던 원한이 만든 결과입니다. 원칙을 지키다 생긴 재앙이지만 옳은 일이었기에 조금도 후회하지 않습니다. 부디 형님만이라도 제 뜻을 잘 헤아려 주시고 임금님을 바르게 모셔 주십시오."

당시 유성룡은 선조를 보필하고 있었고 율곡 이이도 중책을 맡고 있었다. 그런데도 이순신은 자신의 억울함을 호소하거나 자리에 연연해하지 않았다. 아첨하지 않는 이순신, 아첨할 줄 모르는 이순신의 모습은 다른 일화에도 종종 등장한다.

발포만호에서 파직되고 몇 달이 지나지 않은 1582년 5월, 이순신은 한양 훈련원봉사에 복직되었다. 종4품에서 여덟 단계나 떨어진 종8품이

된 것이다. 그러나 이순신은 한마디 원망도 없이 주어진 길을 갔다.

이때도 그를 시험하는 사람이 있었다. 활쏘기 시험을 보는 날이었다. 정승 유전이 다가오더니 이순신에게 그의 화살통을 달라고 했다.

"이 봉사에게 좋은 화살통이 있다고 들었는데 그런가? 내 화살통이 낡아 새로 장만하려던 참인데, 마침 자네의 화살통이 쓸 만하다고 누가 알려 주더군. 자네야 군인이니 언제든 좋은 것으로 구할 수 있고, 또 자네가 쓰던 것이니 이미 헌것이 아닌가? 그 화살통을 내게 줌세. 반드시 보답하겠네."

이순신은 유전의 말이 무슨 뜻인지 금방 알아들었다. 자신의 화살통을 주면 그 대가로 자신의 진로를 도와주겠다는 이야기였다.

그러나 이순신은 생각조차 할 필요도 없다는 듯이 곧바로 대답했다.

"대감, 제 화살통이 비록 좋은 것이라고 해도 말씀하신 것처럼 헌것입니다. 대감의 능력이라면 더 좋은 것을 구하실 수 있는데 구태여 헌것을 찾을 필요가 있겠습니까? 저 역시 쓰던 물건을 드리면 제 손이 오히려 부끄러워질 뿐입니다. 대감께서는 지위가 있으신데, 일개 훈련원봉사에게 화살통을 얻어 쓴다고 소문나면 다른 사람들이 대감을 어찌 보시겠습니까? 별것 아닌 일로 괜한 오해가 생기고 대감의 위신이 떨어져서는 안 되지 않습니까?"

유전은 자신이 이순신을 제대로 보았다고 생각하며, 그의 대답에 깊은 깨달음을 얻었다.

다음 해인 1583년 7월, 이순신은 함경남도병마절도사 이용의 군관으로 발탁되어 다시 함경도로 갔다. 이순신이 발포만호였을 때 전라좌수사였던 이용은 이순신을 내쫓으려고 한 일도 있으나 그의 능력과 경험을 높이 사 발탁한 터였다.

몇 달 후, 이순신은 건원보의 권관에 임명되었다. 당시 율곡 이이는 병조판서로 한창 여진족 대비책을 세우고 있었다. 국경의 여진족 문제가 그만큼 심각한 때였다.

그해 10월, 이순신은 끊임없이 국경을 넘나들며 골칫거리가 되어 온 여진족 우두머리 울지내(우을기내)를 계략을 써서 유인해 사로잡았다. 함경남도병마절도사 김우서는 변방의 하급 장교가 큰 공로를 세우자 자신의 능력을 의심받을까 우려했다. 그래서 이순신이 보고도 없이 독단으로 작전을 펼쳤다고 비난했다. 이 일로 이순신은 큰 공을 세우고도 상을 받지 못했다.

11월, 임기가 끝나자 이순신은 훈련원의 참군으로 승진했다. 이순신은 1582년 종4품 만호에서 파직된 후 종8품 훈련원봉사, 1593년 군관, 권관(종9품), 참군(정7품)으로 계급이 오르락내리락했지만, 언제나 자신의 자리를 지켰다. 오직 자신이 해야 할 일에만 집중했고 출세에는 무관심했다. 계급장이 떨어져도, 계급이 낮아도, 계급이 승진해도, 다시 계급이 떨어져도, 그저 묵묵히 나라 지키는 일에만 최선을 다했다.

훈련원 참군으로 승진된 기쁨도 잠시였다. 11월 15일, 이순신의 아버지 이정이 갑작스럽게 세상을 떠났다. 조선 시대 관료들은 부모상을 당하면 무조건 일을 쉬고 삼년상을 치러야 했다. 8년간 북쪽과 남쪽을 오가며 경험을 쌓고 키워 왔던 마흔의 이순신에게는 날벼락 같은 일이었다. 게다가 여진족장 울지내를 생포해 한양까지 명성이 뻗쳐 출세를 할 기회였다. 그러나 언제나 그랬듯이 이순신은 좌절하지 않았다. 출셋길의 부침은 그간 수차례 경험해 본 터였다. 오히려 그의 큰 슬픔은 언제나 자신을 믿어 주고 가족의 울타리가 되었던 아버지의 죽음이었다.

부친의 부음이 이순신에게 전해진 것은 다음 해 1월이었다. 당시는 사람들이 직접 걸어서 소식을 전해야 했기 때문이다. 아버지의 부음을 들은 이순신은 곧바로 말에 올라탔다. 당시 재상 정언신은 이순신에게 몸이 상하지 않도록 천천히 내려가라고 만류했으나, 이순신은 시간을 늦출 수 없다며 아산으로 말을 달렸다.

이순신이 평소 자식 된 도리를 어떻게 생각했는지 알려 주는 일화는 또 있다. 그가 함경도에 근무할 때의 일이다. 잘 알지 못하는 어떤 군사가 부모상을 치르러 가려는데 말이 없다는 이야기를 듣고는 자신의 말을 선뜻 내주었다. 그가 《난중일기》에서 어머니의 안부를 걱정하며 언급한 횟수는 무려 118차례나 된다. 일기에서 이순신은 어머니가 건강하시면 기뻐했고, 아프시면 울곤 했다. 그는 어머니를 '천지天只■'라고 기록했다. 하늘이라고 표현한 것이다. 심란한 꿈을 꾼 뒤에는 "어머니 소식을 듣지 못한 지 벌써 7일이다. 몹시 애타고 걱정된다"고 썼고, 마흔아홉이 되어서도 "늙으신 어머님이 계시기 때문"이라며 자신의 머리에 난 흰 머리카락을 뽑았다. 이순신이 침략 수괴 도요토미 히데요시의 야욕을 완전히 파멸시킬 수 있었던 것도 어머니 덕분이었다. 이순신의 어머니 초계 변씨는 자식보다 나라를, 사심私心보다 공심公心을 더 귀히 여겼다. 피비

■ 어머니를 뜻하는 원문은 '天只(천지)'이다. 《시경》의 〈柏舟(잣나무배)〉에 나오는 표현이다. 天只는 '하늘'이란 뜻이다. 《난중일기》 원문에서는 몇 차례를 제외하고 거의 대부분 '天只(천지)'라고 표현하고 있다. 그 시대의 다른 인물들은 이순신과 달리 '母(모)'로 썼다. 이순신의 어머니는 임진왜란이 일어났을 때 78세였다.

린 전쟁 중에 잠시 찾아온 아들과 헤어지면서도 아들 걱정 대신 "잘 가서 나라의 치욕을 크게 씻어라"라고 "두 번 세 번 거듭 깨우치고 타이를" 정도였다.

  이순신은 아산에서 3년 동안 시묘를 살면서 돌아가신 아버지의 은혜를 되새겼다. 그리고 이 시기를 자신의 몸과 마음을 갈고닦는 시간으로 삼았다. 이순신은 시련의 시간에 좋아하는 책을 읽으며 지혜를 키웠다. 《난중일기》에는 이 시기 그의 곁을 채웠던 책들이 고스란히 드러나 있다. 이후 이순신의 삶에서 미루어 보자면, 이 3년이 아니었다면 이토록 많은 책을 다시 읽고 정리하며 되새김질하는 시간을 가질 수 없었을 것이다. 이순신은 위기의 순간을 기회로 바꾸었다. 출세가 멈춘 것을 원망하기보다 아버지의 은혜에 감사했고, 아버지를 그리워하며 지내는 시간을 자기 발전을 위한 도약대를 만드는 시간으로 바꾸었다.

  맹자孟子는 "하늘이 곧 어떤 사람에게 큰일을 맡기려 할 때는(천장강대임어시인야天將降大任於是人也) 반드시 먼저 그 사람의 마음과 뜻을 고통스럽게 하고(필선고기심지必先苦其心志), 근육과 뼈를 지치게 하고(노기근골勞其筋骨), 배를 굶주리게 하고(아기체부餓其體膚), 몸을 궁핍하게 하여(공핍기신空乏其身), 하는 일마다 어긋나고 어지럽게 만든다(행불란기소위行拂亂其所爲). 마음을 움직여 본성에서도 견딜 수 있게 해(소이동심인성所以動心忍性) 그가 할 수 없는 일까지도 더욱더 잘 해낼 수 있게 만들려는 까닭이다(증익기소불능增益其所不能)"라고 말했다. 이순신이 겪은 시련은 맹자가 말한 것처럼 하늘이 큰 일을 맡기기 위한 시험 과정이었고, 이순신은 그 시험을 돌파하면서 이겨 나갔다.

> 더 알고 싶은 이야기

이순신과 유성룡은 어떤 사이였을까?

이순신과 유성룡이 언제 만났는지는 정확히 알 수 없다. 두 사람의 관계를 다룬 이야기는 《징비록》과 《선조실록》, 《이충무공행록》을 비롯하여 허균의 기록 등에 나오지만 두 사람이 만난 시점은 언급되어 있지 않다.

허균의 기록에 따르면 유성룡, 이순신, 원균, 허균의 형 허봉은 모두 서울 건천동 출신이다. 실제로 이순신과 유성룡의 인맥 관계도 매우 밀접하다. 유성룡은 이순신의 작은 형 이요신과 친구였고, 이순신의 6촌 형인 이여옥과도 친한 사이였다.

이순신의 조카 이분이 쓴 《이충무공행록》에는 이순신과 유성룡이 어려서부터 친구였다고 기록되어 있다.

> (이순신은) 성격이 원래 권력과 힘이 있는 사람들을 만나는 것을 좋아하지 않았다. 그

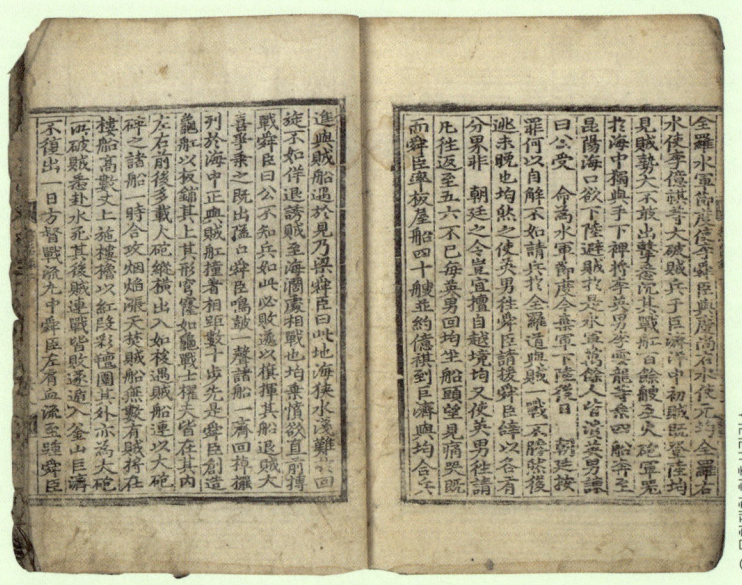

유성룡은 《징비록》에 임진왜란의 원인과 전황, 참상 등을 기록했다.

래서 한양에서 태어나고 자랐지만, 알아보는 사람이 거의 없었다. 그러나 서애 유 정승이 한 동네에서 살았던 어릴 적 친구였기에 장수 재목임을 알아보았다.

유성룡의 가장 큰 업적은 이순신과 권율을 알아보고 추천한 것이다. 유성룡은 변방의 이순신을 지속적으로 후원했고, 임진왜란이 나기 직전에는 전라좌수사로 발탁했다. 전쟁 중에는 수시로 편지를 주고받으며 이순신을 도왔다. 이순신의 사위인 홍비의 아버지 홍가신도 유성룡과 친구였다. 홍가신은 1596년 홍주목사로 이몽학의 난을 진압해 공신이 된 인물이며, 유성룡은 홍가신과 함께 과거 공부를 한 적도 있다.

이순신이 임진왜란 전에 읽고 감탄한 《증손전수방략》은 유성룡이 편집한 책이다. 또 이순신은 1585년 유성룡이 왕명으로 편찬한 송나라 명장 악비의 전기인 《정충록》의 일부 문장을 《난중일기》에 옮겨 써 놓기도 했다.

《선조실록》에는 선조가 이순신을 삼도수군통제사에서 파직시킬 때, 선조와 유성룡이 주고받은 대화가 나온다. 선조가 이순신을 의심하며 용서할 수 없다고 말하자 유성룡은 "이순신은 신과 한동네 사람이라 어려서부터 알았습니다. 수사의 직책을 잘 수행할 사람이라 여겼습니다. 그는 어릴 때 대장이 되기를 꿈꿨습니다"라고 했다.

어떤 사람과 만나느냐는 누군가를 만나려는 사람의 자세와 마음가짐, 노력이 결정한다. 이순신과 유성룡의 만남은 조선의 역사를 바꾼 위대한 만남으로 기록될 만하다.

어제의 경험을 오늘의 자원으로

1586년 1월, 마흔두 살의 이순신은 삼년상을 마쳤다. 이순신은 관직에 무관심했지만 조정에서는 다시 등용하기 위해 그가 상복을 벗을 날만 기다렸다. 상복을 벗은 이순신은 임금의 가마와 외양간, 목장을 관장하는 사복시주부(종6품)에 임명되었다가, 열흘 만에 종4품 관직인 함경도 조산보만호로 승진했다. 조산보는 두만강 위쪽의 여진족이 바다를 넘어 공격하는 것을 방어하는 수군 중심의 전진 기지였는데, 함경도에서 근무한 풍부한 경험과 여진족장 울지내를 생포한 경력이 있는 이순신만큼 여진족을 잘 알고 대응할 수 있는 인물이 없었기에 적극 발탁된 터였다.

　조산보만호 이순신의 역할은 국경 방어를 책임지는 것만이 아니었다. 두만강 하구에 자리 잡은 녹둔도에는 군량미를 자급자족하기 위한 둔전이 있었는데, 이를 감독하는 둔전관도 겸직했다. 이순신은 한편으로는 활을 메고 말을 타고 두만강 건너 여진족을 감시했고, 다른 한편으로는 군량을 경작하는 농부가 되었다.

여진족이 호시탐탐 침략을 노리고 있음을 예측한 이순신은 함경북도병마절도사 이일에게 군사를 늘려 줄 것을 요청했다. 이순신은 계속 보고서를 올려 상황을 알렸으나 이일은 끝까지 요청을 들어 주지 않았다.

1587년 9월, 여진족이 녹둔도를 기습했다. 둔전을 지키기 위해 소수의 군사들이 경비를 섰지만 역부족이었다. 농사를 짓던 백성과 군사들이 포로로 붙잡혀 갔다. 목책 안에서 여진족 장수들을 겨냥해 화살을 쏘던 이순신은 부하 장수들과 함께 말을 타고 달려 나가 여진족을 뒤쫓았다. 이순신은 이미 왼쪽 다리에 화살을 맞은 상태였으나 맹렬히 따라잡아 여진족을 격퇴하고 60여 명의 포로를 구출해 냈다. 부하들은 이순신이 화살을 맞은 사실을 뒤늦게야 알았다. 이순신이 다리에 박힌 화살을 그 자리에서 뽑아 버렸기 때문이다.

그런데 함경북도병마절도사 이일은 패전한 장수라는 죄목을 씌워 이순신을 사형시키려 했다. 여진족의 침입에 대한 책임을 피하기 위해 이순신에게 모든 죄를 덮어씌우려는 속셈이었다. 부상당한 몸으로 감옥에 갇힌 이순신은 죽음을 눈앞에 두게 되었다. 그때 이일의 군관 선거이가 감옥을 찾았다. 평소 이순신과 가깝게 지냈던 그는 안타까운 마음에 눈물을 흘렸다.

"이 만호! 병마절도사가 만호에게 책임을 물으려 하니 답답한 노릇이오. 내 말도 듣지 않으니 어쩌면 좋소. 술이라도 한잔 마시고 나가시오."

하지만 이순신은 흐느끼고 있는 선거이를 바라보며 담담히 말했다.

"이보시오 선 군관, 죽고 사는 것은 모두 하늘이 결정하는 일이오. 그런데 술을 마신들 무엇 하겠소. 나는 다만 하늘의 명을 따를 뿐이오."

© 고려대학교 박물관

함경도 지역에서 무공을 세운 인물들의 행적이나 일화를 모아 그린 화첩 《북관유적도첩》에 실린 〈수책거적도〉.
녹둔도 둔전에서 여진족을 무찌르는 이순신을 그렸다.

선거이는 이순신의 표정과 말투에 더욱더 서러웠다. 말도 안 되는 누명을 씌운 상관 이일이 원망스러웠다. 그는 다시 말했다.

"이 만호! 내가 해 줄 것이 아무 것도 없구려. 물이라도 한잔 마시고 나가시오."

"선 군관, 목도 마르지 않소. 난 괜찮소. 죽고 사는 것은 하늘의 명령에 달렸기 때문이오(사생유명死生有命)."

이일은 이순신을 감옥에서 끌어내 심문하며, 패전을 해명하는 사유서를 쓰도록 강요했다. 그러자 이순신은 단호하게 말했다.

"저는 패전한 장수가 아닙니다. 기습해 온 적을 격퇴했습니다. 오히려 적은 숫자로 대군을 물리쳤습니다. 그런데 어찌 패전이라고 하십니까? 여진족의 동향이 이상하니 군사를 늘려 달라고 요청하지 않았습니까? 제가 영감께 올려 보낸 보고서의 사본이 있습니다. 만일 조정에 이일이 알려진다면 어떻게 되겠습니까?"

이일은 이순신이 보고서 이야기를 하자 할 말을 잊었다. 결국 그는 처형 계획을 미루고, 조정에 상황만을 보고했다. 여진족의 침입 사건은 선조에게도 전해졌다. 이때 선조는 이순신의 이름을 처음으로 들었.

선조는 그동안의 경위를 듣고 말했다.

"이순신은 패배한 장수가 아니다. 그러나 조금의 책임도 없다고는 할 수 없다. 백의종군하게 하고, 공로를 세우게 하라!"

이순신은 여진족의 침입을 격퇴하고도 억울하게 사형의 위기를 맞았고, 벼슬도 없이 군 복무를 해야 하는 신세로 떨어지고 말았다.

조정에서는 여진족 기습 사건 이후 대규모 토벌 작전을 계획했다.

다음 해인 1588년 1월, 이일을 사령관으로 한 여진족 토벌 작전에서 이순신은 우측 총포 부대 지휘관으로 참전했다. 시전부락 전투였던 이 싸움에는 당시 종성부사였던 원균도 참전했다.

당시 말을 타고 공격해 오는 여진족에 맞설 가장 강력한 무기는 승자총통과 같은 무기였다. 여진족을 상대하면서 경험하고 익힌 이때의 화포술은 훗날 임진왜란 때 일본군의 해적 전술을 총통으로 격파하는 지혜의 원천이 되었다. 일본 해군은 상대방의 배에 기어올라 칼로 싸우는 전술을 썼다. 이들을 총통으로 물리칠 수 있었던 것은 어제의 경험을 어제의 것으로 흘려보내지 않고 오늘과 내일의 새로운 자원으로 삼은 이순신의 지혜와 슬기에 힘입은 바 크다.

시전부락 전투에서 조선군은 크게 이겼다. 이순신도 이 공로를 인정받아 백의종군에서 풀려났지만 복직되지는 않았다. 그는 조용히 함경도를 떠나 어머니와 가족이 있는 아산으로 내려갔다. 같은 해 윤6월, 조정에서는 국방 강화를 위해 인재를 찾았다. 그때 이순신이 천거되었지만 최종 임용은 되지 못했다.

인간의 도리와 신의를 최우선으로

아산에서 이순신은 몸과 마음을 가다듬었다.

그는 일찍이 말했다.

"대장부로 세상에 태어나 세상에 쓰인다면 죽을힘을 다해 충직하게 살고(장부생세 용즉효사이충丈夫生世 用則效死以忠), 쓰이지 않아 농사를 짓게 되어도 만족할 일이다(불용즉경야족의不用則耕野足矣). 내가 부끄러워하는 것은 권력자에게 알랑거려 뜬구름 같은 영화를 훔치는 것이다(약미요인절부영 오치야若媚要人竊浮榮 吾恥也)."

그러나 유능한 인재는 언제든 눈에 띌 수밖에 없다. 마흔다섯이 된 1589년 2월, 이순신은 전라관찰사 이광의 조방장으로 발탁되었다. 조방장은 지휘관을 도와서 적의 침입을 방어하는 장수로, 주로 군사적 재능을 갖춘 사람이 맡았다.

그 뒤 11월에 이순신은 임금의 호위 장교인 선전관, 정읍현감 겸 태인현감에 임명되고, 이듬해 7월 평안도 고사리진병마첨절제사, 8월에는

2부 무인의 길 위에서

평안도 만포진수군첨절제사로 임명되었으나 급격한 승진에 대한 비판이 일어 취소되었다. 1591년, 마흔일곱이 된 이순신은 전라좌수사에 임명되어 여수에 있던 전라좌수영으로 부임했다.

이순신이 1589년부터 1591년에 이르기까지 다양하게 맡았던 관직은 모두 어릴 때 동네 형이었던 유성룡과 관계 깊다. 유성룡은 1589년에 대사헌·병조판서였고, 1590년에는 우의정 겸 이조판서 혹은 좌의정 겸 이조판서, 1591년에는 좌의정이었다. 유성룡은 지금의 국방부장관, 행정자치부장관, 부총리 등의 자리에 있으면서 후원자가 없어 늘 변방을 전전해야 했던 이순신을 직간접으로 도왔다. 그는 임진왜란이 일어날 것을 예측하고 국방을 강화하기 위해서, 유능하나 인맥이 없어 추천되지 못한 자들과 추천이 되었으나 실제 임용되지 못한 장수들을 적극적으로 발탁하고 요직에 임명했다. 이런 유성룡에게 이순신의 발탁은 '신의 한 수'가 되었다. 유성룡이 발탁한 인물 중 최고봉이 바로 이순신과 행주대첩의 영웅 권율이었다. 권율은 본래 문과에 급제했으나 임진왜란 직후 전라도 광주목사로 전투에 참전하고 전라순찰사에 임명되었다.

이순신은 마흔다섯 살부터 전라도를 중심으로 활약했기에 이름이 널리 알려졌으나 겸손한 자세만은 잃지 않았다. 조방장 시절, 이순신이 순천부사 권준을 처음 만났을 때의 일이다. 문신 출신에 이순신보다 네 살이 많고 계급도 높았던 권준은 이순신을 보자 거만하게 말했다.

"이 조방장 실력이 그리 뛰어나다는데, 이 순천 고을도 잘 다스릴 수 있지 않겠소? 내가 잠시 자리를 비워 줄 테니 한번 맡아 보는 게 어떻겠소?"

권준의 속셈은 무식한 무인이라고 조롱하는 것이었다. 그러나 이순신은 빙그레 웃는 것으로 대답을 대신했다. 오만한 사람에게 대꾸할 필요조차 느끼지 않았기 때문이다.

같은 해, 이순신은 선전관에서 곧바로 정읍현감에 임명되었다. 현감직은 본래 문신 관료의 자리였다. 그러나 이순신은 군인뿐 아니라 문인의 관료 능력까지 갖추었기에 임명될 수 있었다.

정읍에서 보낸 2년은 행정가와 법률가 이순신의 능력을 아주 잘 드러낸 시기였다. 그는 관할 정읍뿐만 아니라 수령 자리가 비어 있던 태인까지 관할했다. 태인 백성들은 이순신의 합리적이고 공정한 행정 처리를 경험하고는 이순신을 태인의 수령으로 보내 달라고 조정에 탄원서를 올리기도 했다.

그런데 바로 이때 큰 사건이 일어난다. 조선 역사에서 가장 많은 희생자를 낸 '기축옥사'가 세상을 뒤흔들기 시작했다. 기축년인 1589년, 정여립은 모반을 꾀했다는 혐의를 받고 역적으로 몰렸다. 그 뒤 그와 관련된 1천여 명의 선비들이 억울하게 죽어 갔다. 정여립이 실제로 역모를 꾀했다는 물증이 없었기에, 사실 이는 동인을 탄압하기 위한 서인의 책략이었다는 주장이 당시에도 있었다. 그러나 이후 3년간 벌어진 피비린내 나는 당쟁은 역사의 소용돌이에서 멈출 줄 몰랐다.

무고한 이들이 정여립과 조금의 관련만 있어도 끌려가 온갖 고초를 겪고 죽임을 당했다. 호남의 대유학자였던 정개청은 이웃에 살던 정여립이 그의 집터를 봐 주고 편지를 보냈다는 이유로 유배당해 죽었다. 유학자 최영경은 소문에 들리는 정여립의 부하와 닮았다고 해서 고문을 받다가 죽었다.

이순신도 이 사건으로 자칫 위험에 빠질 뻔했다. 전라도사 조대중은 부안의 기생과 헤어질 때 슬퍼하며 눈물을 흘렸는데, 이 일이 "조대중이 정여립의 죽음을 듣고는 방에 들어가 울었다"라고 엉뚱하게 소문났다. 이 소문으로 조대중은 정여립 일당으로 몰려 한양으로 붙들려 갔다.

의금부에 압수된 조대중의 물건 가운데 조대중이 이순신과 주고받은 편지가 있었다. 당시 이순신과 알고 지내던 의금부도사는 조방장으로 있던 이순신이 업무를 보러 한양으로 상경하던 길에 자신을 만나러 들르자 주의를 주었다.

"이 조방장, 내가 자네와 조대중이 주고받은 편지를 읽어 보았지만 특별한 내용이 없었소. 그러나 정여립 사건으로 나라가 온통 시끄러우니 괜한 오해를 받을까 두렵구려. 내가 이 편지를 없애 버리겠으니 그리 아시오."

이순신은 깜짝 놀랐지만, 의금부도사의 제안을 거절했다.

"당신 말대로 그 편지는 안부를 묻고 답한 것밖에 없소. 그러나 이유가 무엇이었든 조 도사는 지금 의심을 받고 있고 그의 물건도 나라의 법에 따라 압수된 것이오. 그런데 나와 친하다는 이유로 내 편지를 없앤다면 법을 거스르는 일 아니겠소? 내 편지도 가져가시오. 그것이 나랏일을 하는 우리들이 지켜야 할 의무가 아니겠소?"

이순신은 이 말을 마치고 다시 길을 떠났다. 그런데 그 사이 놀라운 소식이 들려왔다. 우의정 정언신이 정여립 사건에 연루되어 감옥에 갇혔다는 이야기였다. 정언신은 이순신과 오랜 인연을 맺은 사람이었다. 이순신이 함경남도병마절도사 이용의 군관 겸 건원보권관으로 있을 때 정언신은 함경순찰사였다. 그 뒤 녹둔도에 둔전 설치를 제안한 사람이 정언신이었고, 이순신을 둔전관으로 추천한 사람도 그였다. 시전부락 전투로 백의종군에서 풀려난 이순신을 다시 관직에 추천한 사람도 정언신이었다. 이순신에게 관심을 주고, 끊임없이 기회를 준 고마운 인연이었다.

이순신이 의금부 감옥으로 달려갔을 때 의금부 관리들은 술을 마시며 노래를 부르고 있었다. 불과 며칠 전까지 한 나라의 우의정을 지낸 사람이 감옥에 있는데, 흥청망청 술판을 벌이고 있는 관리들의 모습에 이순신은 기가 찼다.

이순신이 그들에게 다가가 말했다.

"의금부 나리들, 저는 전라관찰사의 조방장 이순신입니다. 지금 무엇을 하고 계신 겁니까? 지금 이 나라의 우의정이 감옥에 갇혀 있는데 술을 마시고 노래를 부르다니요. 이것이 관리들이 할 일입니까?"

지방의 한직에 있는 이름도 없는 자가 또렷하게 입바른 소리를 하자, 의금부 관리들은 변명조차 하지 못하고 이순신에게 사과했다.

정언신은 이미 위태로운 상황이었다. 그는 정여립의 9촌 친족이었고 같은 전주 출신이었다. 편지와 선물도 자주 주고받은 가까운 관계였다. 정언신은 결국 유배되었다가 다시 돌아오지 못하고 죽었다. 조대중은 매를 맞다가 죽었다.

이순신은 피바람이 몰아치던 정여립 사건에서도 조금도 움츠리거나 도망가지 않았다. 처음부터 끝까지 법과 원칙을 따랐고 인간의 도리와 신의를 지켰다. 1591년, 이순신은 전라좌수사에 임명되어 역사의 한 장을 열어젖힐 준비를 마쳤다. 이순신 자신의 출세욕 때문이 아니라 세상과 역사의 부름에 나선 길이었다.

3부 세상과 역사의 부름에 나서다

공(이순신)이 전라좌수사에 임명되었을 때 공의 친구가 꿈을 꾸었는데 하늘을 찌를 만큼 키가 큰 나무가 나왔다. 그런데 그 가지에 기어올라 몸을 기대고 있는 사람이 몇천만 명이나 되는지 알 수 없었다. 갑자기 그 뿌리가 뽑혀 나무가 넘어지려고 했다. 그때 어떤 사람이 자신의 몸으로 나무를 받들어 세우고 있었다. 살펴보니, 바로 공이었다.

폭풍 앞을 막아선 사람

"이 수사! 내가 얼마 전에 이상한 꿈을 꾸었소."
어느 날 한 친구가 전라좌수영으로 이순신을 찾아와 말했다. 그는 탁월한 재주와 미래를 내다볼 줄 아는 능력까지 갖춘 이였다. 과거에 단번에 급제할 실력자라고 명성이 자자한 이였으나 숨어 사는 도인처럼 책에 파묻혀 몸과 마음을 닦는 일에만 열중하는 인물이었다.

이순신은 무예 공부를 할 때 그 친구와 자주 만나 세상사와 옛사람들의 지혜를 두고 이야기를 나누곤 했다. 마음속으로 존경했고 또 그의 지혜를 배우려고 노력했기에 그 누구보다도 가까이한 벗이었다. 그러나 이순신은 때때로 은둔하려고만 하는 친구의 태도가 못마땅했다. 세상에 태어났으면 마땅히 해야 할 일이 있는데 피하는 친구가 비겁해 보였고, 제갈공명보다 뛰어난 재주를 발휘하지 않는 친구가 못내 안타까웠다.

이순신은 이즈음 관직에 임명되었다가 취소되기를 반복하고 있었다. 1590년 7월, 평안도 고사리진병마첨절제사에 임명되었다가 취소되었고, 8월에는 만포진수군첨절제사에 임명되었다가 취소되었다.

이순신은 시전부락 전투가 끝나고 아산으로 내려와 있을 때 겐소라는 일본 승려가 한양을 오가며 일본이 조선을 침략하려 한다는 소식을 전했다는 소문을 들은 바 있었다. 1589년에는 도요토미 히데요시가 승려 겐소와 대마도도주 소 요시토시를 조선 조정에 보내 명나라를 침략하기 위해 길을 터 달라는 엉뚱한 소리를 했다는 사실도 들어 알고 있었다.

조정에서는 통신사 황윤길, 김성일, 허성 등을 일본에 보내 사정을 알아보게 했다. 그러나 이미 돌아왔어야 할 통신사들은 감감무소식이었다. 이순신은 일본에 큰 변화가 생겼고, 소문처럼 일본이 조선을 침략할 가능성이 아주 높다고 생각했다. 조정에서도 일본의 움직임을 의심하고 전쟁을 대비하기 위해 장수들을 발탁해 전국에 배치하고 있었다. 이순신은 자신의 관직이 계속 바뀌는 것도 이런 대외 상황 때문이리라 짐작했다.

1591년 2월 13일, 한양에서 선전관이 교지를 갖고 내려왔다. 교지는 이순신을 전라좌수사에 임명한다는 내용이었다. 조선 시대는 관리가 관직을 받으면 한양으로 가 임금에게 인사를 올리는 관례가 있었다. 그러나 선조는 즉시 부임지인 전라좌수영으로 떠날 것을 명했다. 그만큼 위기가 임박했기 때문이다.

좌수사로 임명받은 이순신은 깜짝 놀랐다. 그간 임명이 취소된 적은 많았지만 이번에는 무려 일곱 단계가 올라간 승진이었다. 일본의 침략 가능성이 높아진 상황에서 전라좌수영은 최전선이라고 할 수 있었다.

일이 이렇게 된 데에는 일본에서 돌아온 조선통신사들의 보고가 엇갈린 탓이 컸다.

1591년 2월 초 사신단을 이끈 정사 황윤길은 부산에 도착하자마자 '반드시 전쟁이 일어날 것'이라는 내용의 파발을 한양으로 보냈다. 한양에 도착한 황윤길은 파발의 내용이 맞다고 재차 대답했다. 그런데 같이 다녀온 부사 김성일의 의견이 전혀 달랐다. 그는 일본에서 전쟁을 일으킬 정황을 발견하지 못했다면서 황윤길이 과장되게 말씀을 올려 민심을 흔든다고 보고했다.

서로 다른 보고가 나오자 조정은 논란만 거듭했다. 이러한 일이 있어 조정에서는 이순신을 전라좌수영으로 급히 내려보낸 것이다. 10년 만에 남쪽 바다로 내려온 이순신은 말을 달려 좌수영이 있는 여수로 갔다.

통신사가 전한 소식은 이순신을 조급하게 만들었다. 김성일의 말이 맞더라도 황윤길의 경고를 무시할 수는 없었다. 최전선의 군인이라면 만에 하나 발생할 수 있는 일도 대비해야 마땅했다. 그러나 이순신은 서두르지 않았다. 다가올 먹구름을 손바닥으로 막을 수 없다는 것을 알고 있었기 때문이다.

이 같은 때 고향에서 친구가 찾아온 것이다. 친구는 말을 이었다.

"섬나라 왜구가 쳐들어온다는 소식에 온 나라가 뒤숭숭하오. 일본 사신들의 이야기를 들어 보면, 이번 왜구들은 이전과는 다르오. 기껏 도적질이나 해 가는 무리가 아니오. 일본은 히데요시라는 자가 1백 년 가까운 내전을 끝내고 나라를 통일했소. 이런 변화를 맞은 일본이 조선을 침략해 온다면 무슨 일이 벌어질지 상상이나 할 수 있겠소? 조선은 2백 년 동안이나 평화에 젖어 살았소. 함경도에서 여진족과 싸워 본 이 수사는 알 거요. 우리 군대에는 장수다운 장수가 없소. 일본이 쳐들어온다면 나라를 지키기 힘들 것이오. 나는 누구보다 이 수사를 잘 알고 있소. 이 전쟁에서 나라를 지키고 백성을 구할 수 있는 인물은 이 수사요. 아산에서 예까지 달려온 것도 바로 이 때문이오."

이순신은 친구의 말에 비로소 안개같이 뿌옇던 마음이 걷히는 듯했다. 그간 한양에서 들려오던 소식과 일본을 둘러싼 소문이 마침내 윤곽을 드러낸 순간이었다.

이순신은 친구의 말을 진지하게 듣고는, 이어 이상한 꿈 이야기와 이 일이 무슨 관계가 있는지 물었다.

친구는 이순신의 눈을 바라보며 무겁게 입을 떼었다.

"그동안 이 수사의 관직이 몇 번이나 취소되지 않았소. 중심을 잡지 못하는 조정에 한숨밖에 나오지 않았소. 그래서 우리가 늘 말을 타고 같이 올라갔던 어라산에 올라 천지신명께 기도를 하고 내려왔소. 그날 밤 꿈속에 하늘을 찌를 듯한 어마어마한 나무가 나왔는데, 그 나뭇가지에 얼마나 많은 사람이 매달려 있었는지 모르오. 그런데 갑자기 나무가 우지끈거리는 소리를 내더니 뿌리째 뽑혀 쓰러지는 게 아니겠소? 매달려 버티는 사람들과 아래로 떨어지는 사람들의 비명이 뒤섞여 지옥이 따로 없었소. 나무뿌리는 거의 뽑혀 절반 넘게 기울어졌고 사람들도 반이나 떨어져 죽었소.

그런데 갑자기 한 사람이 나타나 나무 몸통을 어깨로 떠받치더니 두 팔로 나무를 힘껏 밀어 세우는 게 아니겠소? 조금 뒤 나무는 똑바로 섰소. 나는 안도의 숨을 내쉬며 그 사람을 유심히 살펴보았소. 그런데 그게 누구였는지 아시오?"

친구는 눈앞의 이순신을 똑바로 바라보며 말했다.

"바로 이 수사였소! 그 많은 백성이 매달린 나무를 다시 세운 사람은 분명히 당신이었소."

이순신은 흠칫 놀랐다. 그리고 이내 깨달았다.

'아! 정말로 큰 폭풍이 다가오는구나. 어쩌면 내가 앞장서서 이 폭풍에 맞서야 할지도 모르겠다.'

이순신의 특별한 벗

이순신의 조카 이분이 쓴 《이충무공행록》에는 이에 대한 이야기가 나온다.

> 공(이순신)이 전라좌수사에 임명되었을 때 공의 친구가 꿈을 꾸었는데 하늘을 찌를 만큼 키가 큰 나무가 나왔다. 그런데 그 가지에 기어올라 몸을 기대고 있는 사람이 몇천만 명이나 되는지 알 수 없었다. 갑자기 그 뿌리가 뽑혀 나무가 넘어지려고 했다. 그때 어떤 사람이 자신의 몸으로 나무를 받들어 세우고 있었다. 살펴보니, 바로 공이었다.

조선 후기 문인 성대중의 《청성잡기》에는 다음과 같은 특별한 벗이 등장한다.

> 이순신에게는 도를 닦는 친구가 있었는데 숨어 살았다. 이순신만이 홀로 그의 인물됨을 알아보았고, 큰일이 있을 때는 언제나 찾아가 상의했다. 임진왜란이 일어났을 때 이순신이 나라를 위해 함께 일하고자 했으나 늙으신 부모를 봉양해야 한다며 거절했다. 그 대신 나관중의 《삼국지연의》를 보내며 '이 책을 열심히 읽고 깊이 사색하면, 일을 충분히 성취할 수 있다'라는 내용의 편지를 보냈다. 이순신 역시 그 책을 통해 많은 것을 배웠고, 일하는 데 도움을 받았다.

꿈을 꾼 친구와 《청성잡기》에 나오는 친구는 홍군우(본명 홍익현)로 추정된다. 실제 홍군우는 유성룡, 이순신과 사돈인 홍가신과도 친구였다.

역사책과 병법책으로 전쟁을 준비한 장수

사실 이순신의 친구가 한달음에 달려온 이유는 따로 있었다. 그는 《사서삼경》을 비롯한 고금의 역사를 두루 섭렵했을 뿐만 아니라 제갈공명처럼 출중하고 최고 전략가 장량처럼 뛰어난 인물이었다. 그러나 그는 자신이 이런 지혜를 행동으로 옮길 그릇이 되지 못한다는 사실을 잘 알고 있었다. 사람들과 소통하고 다양한 경험을 쌓으며 마음을 얻는 능력이 자신에게는 없었다.

그는 이순신의 신의와 능력을 익히 알았다. 이순신은 무예를 공부하면서도 손에서 책을 놓는 법이 없었고, 관직에 올라서도 티끌만 한 사심이 없었다. 무슨 일이 닥치더라도 원칙과 신념을 바꾸지 않을 사람임을 잘 알고 있었다. 이와 더불어 이순신의 고민도 알고 있었다. 외로운 섬처럼 늘 홀로 고군분투하는 벗을 돕고 싶었다. 이순신을 만나러 오는 내내 그의 가슴 한편에는 여러 갈래의 생각이 가득했다.

'혹시 출세에 눈이 어두워 백성들을 수탈하고 있지는 않을까? 머리

털이 세었다고 나약해지지는 않았을까?'

친구는 이순신을 만나기 전 주막을 몇 군데 들렀다. 그러고는 주모와 백성들에게 이순신에 대해 물었다. 만난 이들의 대답은 한결같았다. 그들은 이순신이 어질고 현명하며, 백성을 아끼는 관리라고 입을 모아 말했다. 친구는 자신의 꿈이 맞았음을 확신하고는 기쁜 마음으로 한달음에 달려왔다.

"이 수사! 곧 조선 역사에서 한 번도 없던 전란이 일어날 것 같소. 이 수사도 내가 불길한 미래를 준비해 온 사실을 잘 알 것이오. 하지만 나는 큰일을 맡을 재목이 못 되오. 내가 여기까지 달려온 것은 고작 꿈 이야기를 전하려는 것이 아니오. 이 수사가 지금 당장 공부하고 준비해야 할 일을 조언하고자 함이오."

친구는 마른 입술을 적시며 말을 이었다.

"혹시 조총이라는 일본 무기를 들어 보았소?"

조총 이야기는 이순신도 유성룡의 편지에서 본 적이 있었다.

유성룡은 편지에서 일본 사신들이 바친 창칼과 조총을 상세히 설명했다. 날아가는 새도 쏘아 맞힌다는 이름이 붙을 정도로 명중률이 높은 조총은 조선의 승자총통과는 비교할 수 없을 만큼 성능이 뛰어나다고 했다. 일본군의 칼도 웬만한 아름드리나무를 단칼에 벨 수 있을 정도로 날카로울 뿐 아니라 단단하기가 이를 데 없어, 조선의 칼은 상대가 되지 않는다고 했다. 그러나 선조와 조정 대신들은 이를 보고도 조총을 눈에 띄지 않도록 밀봉해 무기 제조를 맡은 군기시 창고에 넣어 두라고 지시했다. 유성룡은 앞날을 걱정하며 편지에서 이렇게 말했다.

"《손자병법》에서 나를 알고 적을 알면 백 번 싸워도 백 번 위태롭지 않다(지기지피 백전불태 知己知彼 百戰不殆)고 하였거늘 지금 우리 조정은……. 이보게, 자네만이라도 정신 똑바로 차려 만에 하나 있을지 모를 전란을 대비해 주게."

이순신은 친구의 이야기를 듣고 목소리를 낮추어 말했다.
"그 이야기는 크게 떠들며 할 이야기가 아니오. 그렇지 않아도 백성들이 불안해하고 있소. 경상도에서 들려오는 노랫소리를 듣지 못했소? '높이 쌓은 성, 높이 쌓은 성, 누가 잘 지킬 수 있나? 피땀으로 쌓은 성은 성이 아니네. 백성들의 뼈와 살로 쌓은 성은 성이 아니라네. 나라 지킬 성은 뼈의 성, 살의 성이 아니라네. 나라 지킬 성은 백성이라네'■라는 노래를 부르고 있소. 그들 눈에도 전쟁 준비가 부실할 뿐만 아니라 전쟁을 준비한답시고 백성들만 고단하게 하니 민심은 오히려 달아나는 형국이오. 일부 깨어 있는 선비들과 힘깨나 쓰는 장사들은 스스로 대비를 서두르고 있소. 조헌 선생, 곽재우 같은 이들처럼 말이오."

담담하고 부드럽지만 단호한 결의가 담겨 있는 이순신의 이야기를 듣자, 친구의 가슴속에 뜨거운 감동이 밀려왔다.
"내겐 자네의 지혜가 필요하오. 당장 내가 무엇을 해야 하는지 말해 주시오. 뒷날의 일보다 지금 당장 할 수 있고, 해야 할 일이 무엇인지부터 말이오."

■ 오희문의 《쇄미록》에 나오는 노래. "휘어져 굽은 성을 높게 쌓더라도 누가 그 성을 지킬 것인가. 성이 성이 아니고, 백성이 진짜 성이라네(곡성고축 수능수적 성비성야 백성위성, 曲城高築 誰能守敵 城非城也 百姓爲城)"를 저자가 변형한 것이다.

친구의 눈이 번뜩였다. 친구는 속으로 되뇌었다.

'이 사람은 정말로 꿈속의 그 사람, 조선이라는 이 거대한 나무를 홀로 짊어지고 갈 사람이 맞구나!'

"조정에서 이토록 인사 문제를 번복하는 상황에서는 어떤 일도 벌일 수 없고 또 해서도 안 되오. 지금은 그저 앞날을 준비하는 지혜를 키우고 우리의 현실과 비교하여 대비할 때요. 내가 역사와 병법책을 공부하며 이 수사에게 필요한 것을 찾아보았소. 《삼국지》와 《역대병요》, 《송사宋史》와 《동국병감》이 좋겠소. 이 수사도 늘 읽어 알고 있겠지만 《삼국지》는 역사책이자 소설책이오. 《역대병요》와 《동국병감》은 각각 중국의 전쟁사, 우리나라를 침략한 외적들과 치른 전쟁에 관한 역사책이오. 《송사》도 송나라를 침략했던 거란, 여진, 몽골과의 전쟁사가 나오니 이 책들을 다시 읽어 보는 것이 좋겠소.

이 책들의 내용 가운데 내가 이 수사에게 권하는 부분은 《삼국지》에서는 제갈공명■의 전략 전술과 적벽대전 전술, 《역대병요》에서는 한나라의 조충국■■, 당나라의 곽자의■■■, 춘추전국시대의 위대한 사상가였던 순자荀子, 진나라의 왕준王濬 장군에 관한 부분이오. 이 책들에서는 장수가 해야 할 일과 하지 말아야 할 일, 각종 병법, 군대 경영 방법들을 살펴볼 수 있소. 또 왕준의 이야기에는 커다란 배를 건조하는 모습과 적군의 배를 막기 위해 강에 쇠사슬을 설치하는 이야기도 소개되어 있소.

■ 제갈공명(諸葛孔明)은 《삼국지》의 주인공 중 한 명이다. 이순신의 일화에도 제갈공명이 나온다. 시호는 이순신처럼 충무이다.
■■ 조충국(趙充國, BC137~BC52)은 한나라의 명장이다. 이순신의 장계에도 언급된 인물이다.
■■■ 곽자의(郭子儀, 697~781)는 당나라의 명장이다. 시호는 이순신처럼 충무이다.

《삼국지연의》에 실린 제갈공명. 중국 삼국시대 촉한의 정치가 제갈공명은 중국 역사상 지략과 충의의 전략가로 추앙받는다.

《동국병감》으로 수나라와 당나라가 고구려를 어떻게 침략했는지 살펴보고, 송나라 장수 악비■와 명장 유기■■의 일화에서 앞날의 계획과 책략을 얻기 바라오. 춘추전국시대 제나라를 구한 전단■■■의 이야기가 있으니 《사기》도 당연히 빼놓을 수 없소. 이 수사가 말했듯, '바다에서 오는 적은 바다에서 막아야' 하오. 그러려면 강이나 바다에서의 전투를 자세

■ 악비(岳飛, 1103~1141)는 중국 남송 때 금나라의 침략을 막은 명장이다. 강화를 주장하던 진회의 책동에 말려들어 독살되었다. 첫 시호는 이순신처럼 '충무(忠武)'였다. 사후에 죄목이 벗겨져 무목(武穆) 시호를 받았고, 왕으로 추존되었다. 《난중일기》에는 악비와 관련된 기록이 자주 나온다. 악비의 삶이 이순신과 비슷해 우리나라 일부 전문가들은 악비를 '중국의 이순신'이라고 부르기도 한다.
■■ 유기(劉錡, 1098~1162)는 남송 때 문신 겸 명장이다. 《난중일기》에는 유기가 한 말이 쓰여 있다.
■■■ 전단(田單)은 중국 춘추전국시대 제(齊)나라의 지장(智將)이다. 연나라의 침략을 즉묵이라는 곳을 점거하고 방어하다가 물리쳤다. 《난중일기》에는 전단이 점거했던 즉묵이 언급된다.

히 살펴보아야 하오."

이순신은 막혔던 속이 뻥 뚫리는 듯했다. 서른여섯 살에 이미 전라도 발포에서 바다를 경험했고, 함경도 조산보에서도 두만강과 동해를 바라보며 언젠가 바다를 호령할 때가 오리라 상상했기 때문이다. 그 길이 책 속에서 열리고 있었다.

이순신은 그 즉시 부하를 향교의 서고로 보내 친구가 말한 책들을 가져오게 했다. 이순신은 그날부터 이 책들을 독파하기 시작했다. 문제의식을 갖고 읽을수록 책은 보석처럼 빛났다. 이순신은 꼼꼼히 기록해 가며 한 권 한 권 머릿속에 새겨 넣었다.

《난중일기》에 담긴 이순신의 독후감

이순신은 임진왜란 당시에도 책을 읽고 독후감을 썼다. 다음은 《송사》를 읽고 쓴 이순신의 독후감이다.

〈송나라 역사를 읽고 讀宋史〉 ■
아, 슬프다! 때가 어느 때인데, 이강 ■■ 은 가려고 했는가? 간다면 또 어디로 갈 수 있겠는가? 무릇 신하인 사람이 임금을 섬길 때에는 죽음만이 있을 뿐, 다른 선택은

- ■ 〈송나라 역사를 읽고(讀宋史)〉는 《이충무공전서》를 편집할 때 만든 제목이다. 이순신이 중국 《송사(宋史)》를 읽고 쓴 독후감이다. 친필본에는 제목이 없이 1597년 10월 8일 일기 이후에 메모 형식으로 기록되어 있다. 《난중일기》에 기록된 이순신의 유일한 독후감이다. 《송사》는 중국 송나라의 역사를 기록한 정사(正史)의 하나이다. 《조선왕조실록》 등에도 《송사》를 인용한 기록이 많이 나오고, 왕과 사대부 등도 많이 읽었다. 이순신이 읽고 독후감을 쓴 부분은 송나라를 금나라가 침략했을 때를 배경으로 하고 있다. 《송사》에 대해 유성룡도 《독사여측》이라는 저술을 남겼다. 특히 이순신의 〈송나라 역사를 읽고〉의 주제인 이강과 관련해서 〈이강・장준(李綱張浚)〉이라는 제목의 글도 썼다.

없다.▪▪▪▪ 그때는 종묘사직의 위태로움이 마치 머리카락 한 올에 천 균(삼만 근)을 매달고 있는 것과 같다. 이에 바른 신하라면 정의를 위해 몸을 던져 나라에 보답할 때이다.

떠나간다는 말은 마음에서 싹트게 해서도 안 되는데, 하물며 어떻게 감히 입 밖으로 낼 수 있는가? 그러면 이강을 위한 계책은 무엇일까? 몸을 상하게 하고 피눈물을 흘리며, 간肝을 꺼내고 담膽을 쪼개 보이며, 일의 상황이 이렇게까지 되었기에 화친을 할 수 없는 이유를 분명히 밝혀 말할 것이다.

말해도 따라 주지 않으면 죽음으로 이어 가야 했다. 또 그렇게도 할 수 없다면 잠시라도 그들의 계책(화친)을 따르고, 몸을 그들 사이에 두어 억지로라도 틈새를 메워 가야 했다. 죽음 속에서 삶을 구했다면, 만에 하나라도 혹 성취할 수 있는 이치가 있었을 것이다.▪▪▪▪

강綱은 이런 계책을 내지 않고 가려고만 했으니, 이 어찌 신하로서 몸을 바쳐 임금을 섬기는 정의라고 할 수 있겠나?

▪▪ 이강(李綱, 1083~1140)은 중국 남송 고종 때의 명재상 겸 무신이다. 금나라가 침략해 왔을 때 병부시랑에 임명되어 주전론을 주장했다가 주화파에 의해 귀양 갔다. 고종이 즉위한 뒤 재상에 임명되어 내치를 정비하고 국방을 강화했으나, 주화파 간신 황잠선 등이 방해해 재상이 된 지 70여 일 만에 파면되었다. 파면되기 전에 그는 강경한 주전론을 펼치나 흠종과 강화파는 이강의 주장에 동의하지 않았다. 그러자 이강은 실망해 벼슬을 버리고 물러나겠다고 했다. 이순신은 이 독후감에서 그런 이강의 태도를 비판하고 있다. 또 이 독후감은 임진왜란 때 강화론으로 시끄러웠던 조정에서의 논란에 대해 강화를 반대한 이순신의 생각을 보여 준다.

▪▪▪▪ 원문 "夫人臣事君, 有死無貳(무릇 신하인 사람이 임금을 섬길 때에는 죽음만이 있을 뿐, 다른 선택은 없다)"는 《송사》〈충신1〉과 《역대병요》에 나오는 이약수의 말을 변형한 것이다.

▪▪▪▪ 원문 "死中求生(죽음 속에서 삶을 구하다)"는 《송사》〈유기전〉, 《역대병요》, 《동국병감》, 유성룡의 〈진시무차 임진십일월(陳時務箚 壬辰十一月)〉에도 모두 나온다.

백성의 마음을 얻은 좌수사

고향 친구를 만난 뒤로 이순신은 먹고 자는 것도 잊을 정도로 책 속에 파묻혔다.

"전쟁은 군대와 군사들만 치르는 것이 아니오. 백성들도 전쟁과 무관할 수 없소. 그러니 군대만 책임질 것을 고민해서는 안 되오. 백성들과 함께하지 않으면 그 어떤 승리도 결코 오래갈 수 없소. 전쟁에서는 군사뿐만 아니라 백성까지 함께 살려야 하오. 승리했던 장수들은 각자 승리의 방법이 다르오. 환경과 안목이 다르고, 지도력이 다르기 때문이오. 책은 죽은 글자가 아니오. 부디 그 안에서 살아 있는 지혜를 만나기 바라오."

이순신은 친구가 해 준 이 말을 되새기며 정신을 집중했다.

이순신은 함께 전쟁을 준비할 인재를 모으기로 했다. 곳곳에 사람을 보내 인재를 찾고 지난 전투 기록뿐 아니라 전쟁사와 병법을 다룬 책을 밤새워 읽으며 좌수영에서 준비해야 할 일을 하나하나 챙겼다. 가장 중

© 문화재청 현충사관리소

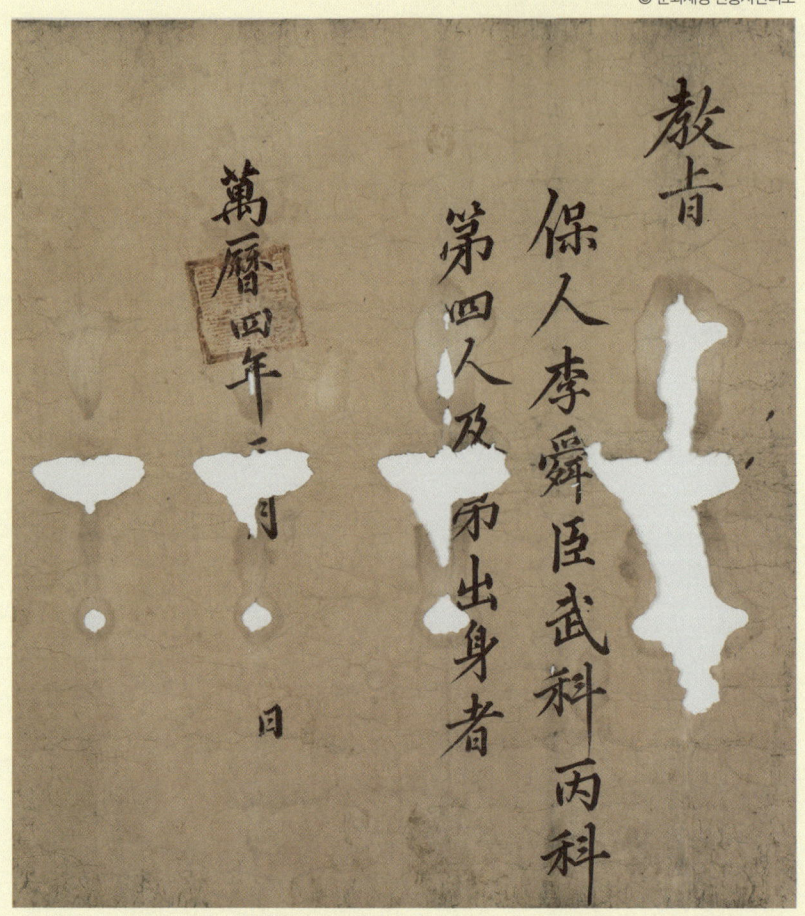

이순신을 무인의 길로 들어서게 한 무과 급제 교지(합격증)

요한 일은 바다를 아는 것이었다. 바다에서 싸워야 했기에 물 밑과 물때를 알고 물길을 가늠하고 있어야 했다.

이순신은 여수에 있던 좌수영 인근 포구에 사는 백성들을 남녀노소 할 것 없이 불러들여 잔치를 열었다. 백성들은 관에서 술과 음식을 잔뜩 차려 내놓자 적잖이 놀랐다. 지금껏 어떤 좌수사도 백성에게 이런 대접을 한 사람이 없었다. 백성에게 베풀기는커녕 조정에 진상할 물건, 높은 벼슬아치들에게 뇌물로 보낼 물건을 상납받기 위해 당장 저녁에 먹을 쌀까지 빼앗아 가곤 했다.

사실 이순신이 부임했을 때 여수 백성들은 이순신을 곱게 보지 않았다. 발포만호였던 시절, 그는 부하들에게 엄하긴 했어도 백성들에게만큼은 마음을 썼던 이였다. 그러나 파직을 당한 이였고, 지금은 정읍현감에서 전라좌수사로 갑작스레 출세한 터였다. 두 계급 차이가 하늘과 땅만큼 컸기에 백성들은 그의 승진을 의심의 눈초리로 보고 있었다. 누구는 뒷돈을 바쳤다고 쑥덕였고, 누구는 좌의정 유성룡이 뒤를 봐주었다고 쑥덕였다.

그러나 의심과 소문은 오래가지 않았다. 며칠 지나지 않아 동네 아이들부터 이순신을 대하는 태도가 달라졌다. 어린아이들에게조차 자상하고 진심으로 대하는 좌수사를 보면서 사람들은 예전의 인품 좋은 발포만호 이순신을 떠올리기 시작했다.

좌수사가 벌이는 잔치는 계속되었다. 며칠이 지나자 백성들은 좌수사가 이러는 이유를 궁금해서 견딜 수 없었다. 잔치가 무르익었을 때 한 노인이 앞으로 나섰다.

"좌수사 영감님, 몇 날 며칠을 밤마다 먹고 마시고 놀게 해 주셔서 고맙습니다. 그런데 나라의 곡식과 술을 마음대로 써서는 안 될 것 같습니다. 혹시 나중에 우리가 먹은 음식을 배로 받아 내려는 것은 아니십니까? 소인들은 그것이 걱정입니다."

이순신은 노인의 말에 껄껄 웃으며 답했다.

"노인장, 그리고 이 자리에 있는 군사들과 백성들은 모두 들으시오. 10년 전에 나는 이곳 전라도 발포에서 일했소. 10년이면 강산도 변하는 세월이오. 나는 예전에 알던 사실을 대부분 잊었소. 그러니 어찌 바다를 알 수 있겠소? 게다가 지금은 발포뿐 아니라 좌수영 전체를 관할하고 있소. 이런 상황에서 아무것도 모른 채 일하면 일을 그르치거나 괜한 혼란만 일으킬 거요. 그래서 교지를 받고 내려오는 내내 어떻게 하면 좌수영을 잘 다스리고 나라를 지킬 수 있을지 생각했소. 그러다 보니 '한 사람의 지혜보다 열 사람의 지혜가, 열 사람의 지혜보다 백 사람의 지혜가 더 뛰어나다'는 생각이 스쳐 지나갔소. 그래서 이런 자리를 열어 여러분의 생각과 지혜를 듣고자 한 것이오. 여러분은 잔칫상에서 참으로 많은 이야기를 해 주었소. 계절에 따른 밀물과 썰물, 엄청난 바람이 불어올 때와 가뭄의 때 같은 것들 말이오. 먹고살기 위해 바다를 돌아다니며 듣고 보고 경험한 여러분의 이야기들은 앞으로 내가 이 좌수영을 이끌어 나갈 때 중요한 밑거름이 될 것이오."

이순신이 매일 저녁 잔치를 연 이유를 들려주자 백성들은 감탄할 수밖에 없었다. 그는 백성들이 자연스레 떠드는 이야기를 꼼꼼히 들어 두었다가 잔치가 끝나면 모두 기록해 두었다. 그 안에는 여수 앞바다에 대한 이야기가 빼곡하게 들어 있었다. 백성을 괴롭히는 진상품과 군역과 부역에 관한 이야기도 있었으며, 왜구가 쳐들어올 때를 대비해 물길과 바다 지형을 어떻게 이용해야 하는지도 기록되어 있었다.

"백성이 없으면 군사가 어디 있고 군사가 없으면 나라가 어디 있겠소? 백성이 없으면 나라도 없는 법이오. 이 자리에 있는 우리는 모두 똑같은 이 나라 백성이오. 좌수사인 나도 백성의 한 사람일 뿐이란 말이오. 나와 여러분이 힘을 합한다면 나라를 지킬 수 있소!"

이순신의 말에 장수와 군관, 백성들은 놀라지 않을 수 없었다. 처음 장수와 군관 등은 백성을 귀히 여기는 이순신의 이 같은 태도를 탐탁지 않게 여겼다. 양반 신분이었던 터라 백성을 무시하는 마음이 그들에게 있었던 것이다. 그러나 이순신이 깊은 속뜻을 비치자 좌수사의 인품에 고개를 숙였다.

그러는 동안 진짜 변화가 찾아왔다. 장수나 군관, 향리가 백성과 함께 술 마시고 놀면서 친해졌고, 백성의 삶을 몸으로 겪으며 양반과 평민이라는 신분 대신 사람과 사람이 맺는 관계의 소중함을 느끼게 되었다. 백성들도 군림하지 않는 관리들의 모습에 마음을 열고 가족처럼 서로를 위해 주었다. 이순신의 전라좌수영은 그렇게 시시각각 변해 갔다. 이순신을 비롯해 5관(순천·광양·보성·흥양·낙안)·5포(방답·사도·발포·녹도·여도)의 수령과 장수, 군관과 아전, 백성이 매일 동고동락하며 아버지와 아들, 형제와 친구처럼 하나가 되어 갔다.

날이 갈수록 이순신의 일기장에는 전라도와 경상도 바다에 대한 정보가 빼곡히 채워졌다. 청어를 많이 잡을 수 있는 곳, 전복을 캐는 곳, 미역을 따는 곳, 소용돌이가 쳐 배가 다니기 힘든 곳, 암초가 많아 배가 부서지는 곳, 밀물과 썰물 때를 잘못 알면 배가 얹히는 곳 등등.

이순신은 백성의 이야기를 듣고 기록하는 데에만 그치지 않았다. 이야기를 들은 다음 날 아침에는 늘 영민하고 재빠른 부하 장수나 군관을 해당 장소로 보내 어제 들은 이야기가 사실인지 확인하고, 전쟁하는 장수와 군관의 입장에서 유리한 것과 불리한 것을 살펴 오게 했다.

그 역할을 앞장서서 한 장수가 광양현감 어영담이었다. 경상도 함안 출신의 무인 어영담은 임진왜란 때 이순신 휘하에서 크게 활약했다. 그는 영남의 여러 진에서 오랫동안 근무했기에 남해안 바닷길의 중요한 장소를 아주 잘 알았다. 나이는 이순신보다 열세 살 위였지만, 원균이 '이순신의 다섯 아들' 중 하나로 지목할 정도로 최측근이었다.

이순신도 어영담을 믿고 의지해, 1593년 어영담이 암행어사의 오해로 파직되자 그를 돕기 위해 조정에 탄원서를 보내기도 했다. 그러나 조정에서 복직을 허락하지 않자 조정에 요청해 자신의 조방장으로 삼고 그의 능력을 활용했다.

이순신이 조선 수군의 불패 역사를 쓸 수 있었던 것은 모두 그가 낮은 곳으로 몸을 숙여 백성의 이야기에 귀 기울이고, 백성에게서 진실한 존경을 받은 덕분이었다. 백성의 마음을 얻지 못했다면 이순신은 해전을 승리로 이끌 수 없었을 것이다.

조선 수군이 주로 잡은 물고기는 청어

최대 몸길이 46센티미터인 청어는 우리나라 연근해에서 많이 잡히는 어종이다. 정약전의 《자산어보》에도 "정월이 되면 알을 낳기 위해 해안을 따라 떼를 지어 회유해 오는데, 이때의 청어 떼는 수억 마리가 대열을 이루어 오므로 바다를 덮을 지경"이라고 했고, 조선 후기에 쓰인 《명물기략》에는 값싸고 맛이 있어 가난한 선비들이 잘 사 먹는 물고기라고 해서 선비들을 살찌게 하는 물고기라는 뜻의 '비유어 肥儒魚'로 기록되기도 했다. 겨울에 잡은 청어를 그대로 그늘에 말린 것을 과메기라고 한다.

전무후무한 배를 생각하다

신임 전라좌수사 이순신의 하루는 정신없이 바빴다. 남쪽 바다의 일은 북쪽 함경도와는 전혀 달랐다. 이순신은 배나 말을 타고 좌수영의 관할 지역을 순시했다. 처음에는 뱃멀미도 심했다. 판옥선은 큰 배였지만 배를 탄 지 10년도 넘은 데다 익숙하지도 않았다.

판옥선을 타고 흥양현 손죽도를 지날 때였다. 문득 4년 전 이곳에서 전사한 녹도만호 이대원의 이야기가 떠올랐다. 이대원은 배를 끌고 나가 노략질하던 왜구의 배 20여 척을 격파했다. 그러다가 다시 쳐들어온 왜구와 바다에서 싸우던 중 포로로 잡혀가 살해당했다. 특히 이순신은 이대원이 바다 위에서 사로잡혀 끌려갔다는 점에 주목했다.

'일본 수군과 우리 수군의 전투 방식에 무슨 차이가 있을까? 판옥선은 일본 배보다 크기도 크고 높다. 그들 배에 비하면 비교도 되지 않는데, 어째서 이대원은 왜구의 포로가 되었을까?'

이순신은 이 궁금증을 풀지 않는다면, 이 같은 일이 다시 반복되리라고 생각했다. 머지않아 비밀이 풀렸다. 일본 수군은 약탈하려는 배에 갈고리를 던져 배를 갖다 붙인 뒤 상대 배에 기어올라 칼로 공격했다. 반면 조선 수군은 사정거리를 유지하면서 판옥선에 설치된 대포로 적의 배를 부서뜨리는 전술을 썼다.

만약 이대원처럼 판옥선 한 척으로 많은 적선과 맞붙게 되면 얼마든지 왜구에게 사로잡힐 위험이 있었다. 게다가 칼싸움에 익숙하지 않은 조선 수군은 칼을 든 일본 수군 앞에서 상대가 되지 않았다. 상대 진영과 거리를 둔 채 공격하는 방식은 조선군의 특징이었다. 여진족과 맞붙은 시전부락 전투 때도 조선군은 멀리서 대포로 공격해 승리를 얻었다. 조선군은 멀리서 쏘아 공격하는 활을 주로 썼고, 칼은 잘 쓰지 않았다.

이순신은 이런 약점을 보완하지 않는다면 앞으로 닥칠 일본군과의 전투에서도 고전하리라 짐작했다. 이때 이순신의 머릿속에 아산 친구가 추천한 《송사》가 떠올랐다. 송나라 장군 악비가 강에서 전투한 내용이 있었는데 특별한 배들이 나온 기억이 났다. 이순신은 곧바로 《송사》를 구하러 순천 향교로 사람을 보냈다.

그런데 마침 그때 좌의정 유성룡이 편지와 책을 한 권 보내왔다.

"이 수사, 건강은 어떠신가? 괜한 나의 추천으로 자네를 남쪽 바다까지 가서 고생하게 만들었구려. 그러나 나라가 바람 앞의 촛불처럼 위태로운 이때 자네가 아니면 누가 왜구를 막아 낼 수 있겠는가? 자네는 분명 내 추천을 탐탁지 않게 여겼겠지만 나라의 부름만큼은 외면하지 않을 것을 나는 알고 있었네. 남해에 조선의 운명이 걸렸네. 자네가 곧 이 나라라는 생각으로 밤이나 낮이나 바다를 잘 지켜 주게."

유성룡은 편지와 함께 악비의 전기 《정충록》을 보내왔다. 1585년, 선조의 명을 받아 영의정 이산해와 같이 편찬한 《정충록》에 유성룡은 직접 발문을 쓰기도 했다. 그는 "한 글자도 허투루 읽지 말게"라고 덧붙이면서 이 책을 공부하고 익혀 도움을 받으라고 했다.

이순신은 폭넓은 독서를 해 오면서 태공망, 전단, 제갈공명, 장량, 조충국 등의 인물을 존경하고 있었다. 그러나 그들의 시대는 지금과 너무 멀리 떨어져 있었다. 악비는 불과 4백 년 전 사람인 데다 육지와 강 모두에서 백전백승한 무장이었다. 《정충록》을 꼼꼼히 읽다 보니 유독 눈에 띄는 그림이 있었다. 악비가 반란군 장수 양요를 공격하는 장면을 그린 그림이었는데 전투에 쓰인 배가 특이했다. 저명한 수군 장수 양요의 배는 바퀴가 달려 있어 달려 나가듯 빨랐고, 배 옆으로는 대나무 창이 꽂혀 있어 송나라 수군의 배를 부수는 데 적합했다. 악비는 상류에서 썩은 나무와 풀을 흘려보내 양요의 배 바퀴에 걸려 배가 움직이지 못하도록 했다. 그런 뒤 특별한 뗏목을 띄워 양요의 배 대나무 창에 찔리지 않도록 떨어진 채 공격했다.

쇠가죽을 덮어 화살과 날아오는 돌을 막을 수 있도록 고안된 악비의 뗏목과 대나무 창이 꽂혀 있는 양요의 배 그림을 본 이순신의 머릿속에는 그동안 책에서 읽은 이상한 배들이 떠올랐다. 특히 《고려사》에서 읽은 김방경 장군의 돌격선 몽충과 적군이 올라타기 어렵게 배 옆에 창칼을 꽂아 놓은 과선■이 떠올랐다.

악비의 전투를 그린 그림은 이들 배의 특징을 한꺼번에 묶어 보여 주었다.

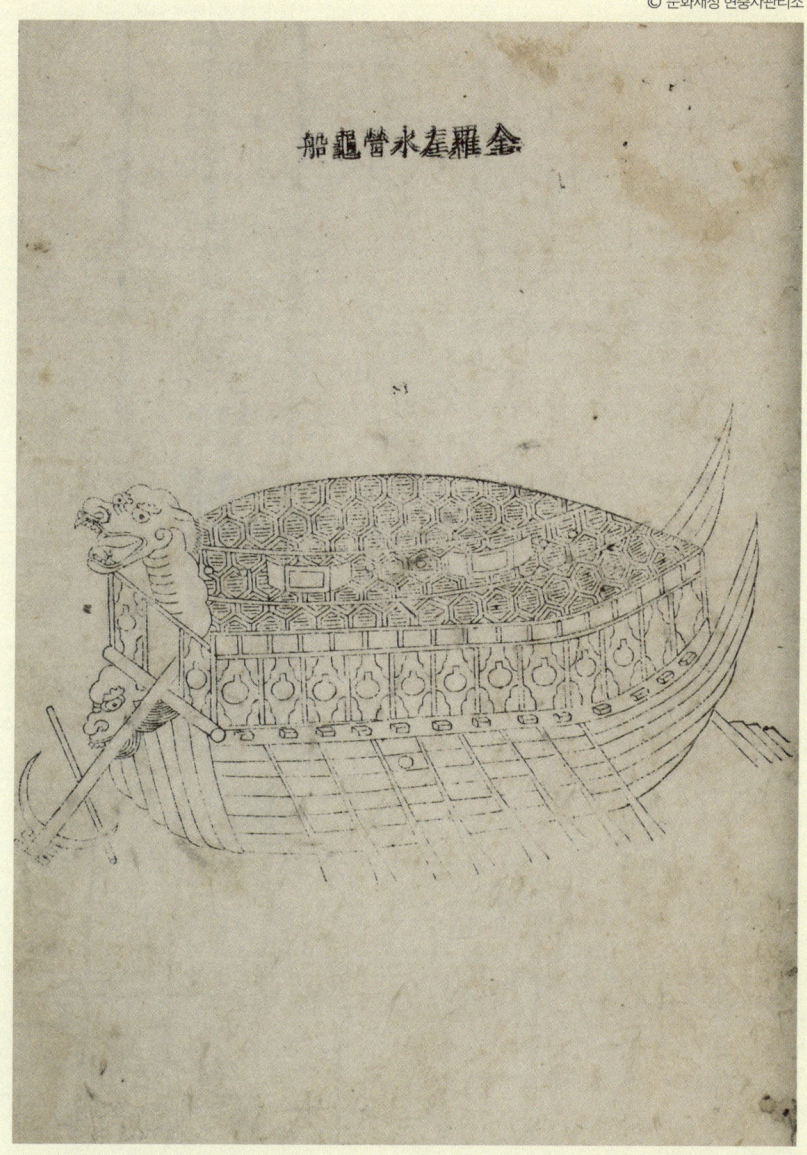

《이충무공전서》에 실린 전라좌수영의 거북선 모습

'적선과 부딪쳤을 때 부서지지 않고 오히려 적선을 깨부술 수 있는 단단한 배를 만들자! 창칼을 꽂은 과선, 얼마 전까지 있었다던 칼날을 꽂은 검선■■처럼 배 옆에 무기를 달아 적이 접근하게 어렵게 하자. 악비의 뗏목처럼 뚜껑을 덮어 적이 기어올라도 어쩌지 못할 특별한 배를 만들면 어떨까? 태종 때 한강에서 이 같은 배를 만들어 시험한 적 있었지. 그래, 이 배를 거북선이라고 부르자! 거북선이야!'

■ 함경도 지방의 여진족 해적을 막기 위해 사용한 군선.《고려사》에 따르면 현종 1년(1010년) 3월에 동북의 해적을 막기 위해 75척을 건조했다는 기록이 나온다.
■■《고려사절요》에 나온다. 왜구가 배 안에 뛰어드는 것을 방비하기 위해 고안된 배로 선현에 짧은 창검을 빈틈없이 꽂아 놓았다고 한다.

> 더 알고 싶은 이야기

조선 판옥선 vs 일본 안택선

판옥선은 1555년, 남해안을 노략질하던 왜구를 격퇴하기 위해 정걸이 발명한 조선 수군의 전선이다. 정걸은 임진왜란 때 이순신의 조방장으로 활약하기도 했다. 판옥선은 임진왜란 때 조선 수군의 주력 함선이었다. 임진왜란 때 탑승 인원은 125~140명 정도였다. 노를 젓는 격군은 1백여 명, 활과 포를 쏘는 사수가 20~30명 정도였고, 격군과 사수는 각각 분리된 공간에서 활동했다.

특히 격군은 갑판 아래 은폐된 곳에 있었기에 안전하고 자유롭게 활동할 수 있었다. 판옥선은 일본 수군의 배에 비해 훨씬 더 컸기에 상대의 배를 기어 올라가 전투하는 것이 아주 어려웠다. 또 일본 수군의 배에 비해 높은 곳에서 활과 포를 쏘았기에 명중률도 높았다.

임진왜란 때 영의정을 지낸 이산해는 "판옥선이 바다에 떠 있으면 파도도 배를 흔들 수 없어 마치 움직이지 않는 산과 같았기에 적의 크고 작은 배가 대적할 수 없었고, 배에는 여러 가지 대포를 싣고 다니며, 멀리서 포를 쏘아 적선을 부수었다"라고 기록하고 있다.

임진왜란에 출전한 조선 함선은 거북선, 판옥선, 협선이었고 일본 함선은 안택선(아타케부네), 관선(세키부네), 소조(고바야)였다.

안택선은 한두 명이 젓는 노가 80개 있는 배였다. 관선은 빠른 속력을 얻기 위해 뾰족한 선수와 날렵한 선형이 특징인 군선이었으며, 40~80개의 노를 갖추었다. 소조는 노가 14~30개인 작은 군선으로 전투보다는 주로 척후나 연락을 위해 사용되었다.

임진왜란 직전 판옥선은 원균의 경상우수영에 74척, 이순신의 전라좌수영에 24척, 이억기의 전라우수영에 54척이 있었을 것으로 추정된다.

판옥선과 안택선의 특징을 표로 나타내면 다음과 같다.

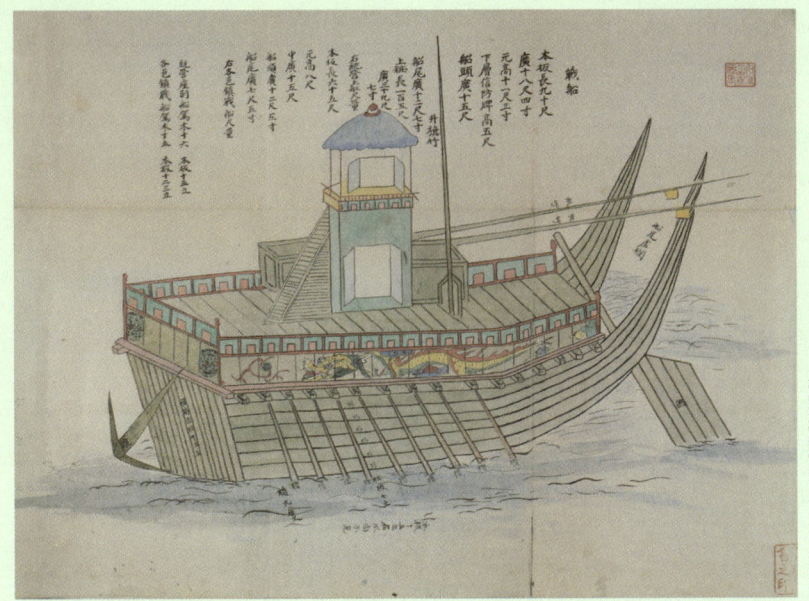

조선 판옥선(위)과 일본 안택선(아래)

구분	판옥선	안택선(아타케부네)
선체와 화포 적재	튼튼하고 두꺼운 판자로 만들었으며 바닥이 평평했다. 선회가 자유롭고 안택선보다 컸다. 선체가 커서 많은 군사와 대형 화포, 군수품을 실을 수 있다. 또 선체가 높아 적이 기어오르기 어려웠다. 당시 화포는 사정거리가 길지 않아 선체가 높을수록 명중률도 높았다.	얇은 판자로 만들었으며 바닥이 뾰족했다. 속력은 빠르나 판옥선에 비해 선회 반경이 컸다. 선체가 약하고 화포의 반동을 흡수하기 어려워 화포를 많이 싣기 어려웠다.
크기	길이 52.4미터, 폭 7.6미터	길이 38미터, 폭 12미터
승조원	125~140여 명	90여 명
노	16~20개	80개 이상[이보다 작은 관선(세키부네)은 40~80개]
속력	3노트	3노트 이상
주요 무기	천자·지자·현자·승자총통(대장군전·장군전·피령전·철환 발사), 대완구(비격진천뢰 발사), 활(장·편전, 화전 발사)	조총, 활
무기 사정거리	유성룡의 보고에 따르면 "활과 화살은 참으로 편리한 무기이나 1백 보 밖에서는 조총 탄환을 당할 수 없다." 총통 발사 거리는 총통에 따라 크게 차이가 났으나, 《병학지남》에 따르면, 발사 거리가 200보(약 240미터) 정도였다.	일본군의 화살은 길이 1.5미터로 한 명이 24~36개 화살을 지녔다. 사정거리는 1백 미터이나 유효 사정거리는 20~30미터였다. 일본군은 조총을 장전할 때 활을 보조로 사용했다. 조총은 철포(鐵砲)라고 불렀는데, 총의 구경보다 탄환의 무게에 따라 종류가 달랐다. 사정거리는 1백~2백 미터였으나 야전에서는 50미터 내외로 접근해서 사용하는 것이 일반적이었다. 《선조실록》에 따르면, 세 발 이상 연속으로 쏠 수 없었다.
공격술	1단계: 총통(선체 파괴, 인명 살상) 2단계: 화살(인명 살상) 3단계: 화공(선체 소각) *1592년 5월 29일 사천해전 이후부터는 거북선이 선봉으로 출전해 적의 대장선을 공격하고 다음 단계로 판옥선이 공격했다.	1단계: 조총(인명 살상) 2단계: 화살(인명 살상) 3단계: 선체 접근, 선체 점령

《주요 자료 출처》
- 정진술, 〈임진왜란 해전에서 조선 수군의 승리의 원인과 역사적 의의〉, 《학예지》 19집, 육군사관학교 육군박물관, 2012, 24~25쪽.
- 정진술, 〈한산도해전 연구〉, 《임란수군활동연구논총》, 해군군사연구실, 1993, 191~193쪽.
- 박재광, 〈조선 중기의 화약병기에 대한 소고〉, 《학예지》 19집, 육군사관학교 육군박물관, 2012, 38~39쪽.
- 김일상, 〈명량해전의 전술적 고찰〉, 《임란수군활동연구논총》, 해군군사연구실, 1993, 214쪽.
- 舊參謀本部 編纂, 《日本の戦史 -朝鮮の役-》, 德間文庫-, 1995.

거북선의 탄생

이순신은 거북선이야말로 왜구들이 배 위로 기어올라도 아군을 공격할 방법이 없고, 적들의 배 한복판으로 거침없이 돌진해 들어가도 안전한 배라고 생각했다. 게다가 왜구의 배는 먼 바다를 다녀야 하기에 바닥이 뾰족하게 설계되어 대포를 싣고 다니지 않았으니, 남해에서 거북선은 왜구에게 저승사자나 다름없을 것이라고 생각했다.

그러나 이순신은 배를 만드는 기술자가 아니었다. 자신의 생각과 상상 속에 있는 거북선을 실제로 만들어 낼 전문가를 찾아야 했다. 이순신은 사방으로 배를 만들 기술자를 수소문했다. 수소문 끝에 나주의 나대용▪이라는 전직 훈련원봉사가 배를 잘 만든다는 소식을 들었다.

이순신은 부하 장수를 급히 나대용에게 보냈다. 나대용은 이미 새로

▪ 나대용(1556~1612)은 1591년 이순신 막하에서 군관으로 활동하면서 거북선을 건조했다. 임진왜란 때는 여러 해전에 참전해 공을 세웠고 전쟁 후 거북선을 대체할 창선을 만들었다. 광해군 때는 해추선이라는 쾌속선을 고안하여 건조했다.

부임한 전라좌수사가 군사와 백성들에게 신망이 높으며 다양한 인재를 찾고 있다는 소식을 듣고 있었다. 그러나 자신을 부르는 이유는 알 수 없었다.

조선 시대에는 양민들조차 기술을 천시했다. 그래서 양반인 데다 무과에 급제까지 한 이가 훈련원 생활을 그만두고 고작 배 만드는 일에 빠져 있자, 동료와 가족들은 나대용을 이상한 사람으로 취급했다. 사실 무인이었던 그는 싸우기 좋은 배, 전투에서 이길 수 있는 튼튼한 군선을 하나 만들고 싶은 마음뿐이었다. 하지만 그 누구도 자신의 진심을 알아주지 않았다.

사람들의 손가락질에 익숙해진 나대용은 이순신을 만나러 가면서도 별다른 기대를 하지 않았다.

'전라좌수사가 아무리 뛰어나다고 해도 그저 함경도에서 무식하게 활만 쏘아 댔을 게 뻔하지. 좌수사가 바다를 알겠나 아니면 배를 알겠나?'

나대용이 좌수영에 도착하자 이순신은 곧바로 달려 나왔다. 이순신은 나대용을 '나 봉사'로 부르며 인사를 전했다. 오랜만에 '나 봉사'라는 소리를 들은 나대용은 잠시 옛 생각에 젖어 들었다. 배 만드는 일만 한다는 소문이 퍼진 뒤로는 '나 뱃꾼! 나 뱃꾼!'이라고 불리며 지내 온 것이다.

나대용은 고개를 들어 이순신을 바라보았다.

'시골구석에서 종일 배만 만들고 있는 나 같은 자에게 좌수사가 무슨 할 말이 있을까······.'

이순신은 지체하지 않고 물었다.

"나 봉사! 자네는 몽충을 아는가? 과선과 검선을 아는가? 양요의 배와 악비의 뗏목은 어떤가? 알고 있는가?"

나대용은 입이 떡 벌어졌다. 이전 어느 곳에서도 들어 본 적 없는 질문이었다. 왜구가 자주 침략했던 지역을 관할하는 경상우수영이나 왜인들이 많이 사는 곳과 인접한 경상좌수영에서도 전선戰船이 어떻다는 이야기는 들은 적이 없었다. 심지어 명종 때 만든 조선의 주력 전선 판옥선이 다 썩었는데도 누구 하나 나서서 수리하거나 새로 만들 생각조차 하지 않았다. 대부분의 수사와 장수는 포구 한쪽에 넘어져 방치된 대맹선■과 판옥선을 분간하지도 못했다.

이들에게 판옥선은 그저 전부터 전해 내려온 배일 뿐이었다. 몇 년에 한 번 있는 훈련에 판옥선을 타고 나가 가라앉지 않으면 다행이라고 여기는 사람들이 태반인 현실이었다. 이런 자들이 그간 조선 수군의 지휘부 자리를 차지하고 있었다.

'이 사람은 도대체 누구이며, 이 많은 배의 종류를 어떻게 안단 말인가? 또 왜 이런 이야기를 나에게 하는 걸까?'

나대용은 갑자기 다리에 힘이 풀려 그 자리에 주저앉았다. 그가 더 듬거리며 말했다.

"좌, 좌, 좌수사, 영감."

이순신은 누구보다 나대용의 마음을 잘 이해했다. 아무도 알아주지 않는 현실에서 자신이 좋아하는 일, 또 해야 한다고 생각한 일을 묵묵히 견디며 해내는 외로움과 어려움을 이순신 자신도 잘 알고 있었기 때문이다.

■ 조선 전기, 전투에 사용하던 배로 규모에 따라 대맹선(大猛船)·중맹선(中猛船)·소맹선(小猛船)으로 나누었다. 판옥선이 도입되기 전까지 조선 수군의 주력 함선이었다.

이순신은 나대용을 일으켜 내동헌으로 들어갔다. 그러고는 나대용에게 거북선에 대한 계획과 이야기를 상세히 들려주었다. 나대용은 그제야 정신이 바짝 들었다. 그리고 자신의 이야기를 이순신에게 털어놓았다. 그는 배를 만들고 싶어 훈련원을 그만두었고, 그 후 10여 년 동안 많은 배를 만들어 왔다. 최근에는 이순신이 생각하는 거북선과 유사한 배를 만들어 시험에 성공했지만, 생업을 도외시한 탓에 결국 모든 재산을 날려 배 만드는 일을 더 진행할 수 없었다.

나대용은 이순신에게 종이와 붓을 달라고 하더니 쓱쓱 배를 그려 나갔다.

이순신은 나대용의 그림을 보고 깜짝 놀랐다. 자신이 머릿속에서 그리던 바로 그 거북선이었던 것이다. 나대용의 그림은 순식간에 그린 그림이라고는 생각할 수 없을 만큼 정밀했다. 또 그림을 그리며 전체 크기와 높이, 길이, 선두와 선미의 모습, 대포를 설치할 위치, 노 젓는 격군이 있을 위치까지 자세히 설명했다. 배 안의 모습까지 별도로 상세히 묘사한 그 그림은 설계도 자체였다.

이순신은 붓을 든 나대용의 손을 슬며시 움켜쥐었다.

"이제 그만하면 되었네. 이제부터 자네는 이 전라좌수사의 거북선 건조 군관이네. 한시가 바쁘니 지금 즉시 나주로 달려가 그동안 공들인 설계도와 견본을 모두 가지고 오게. 군관 이언량■과 급제 이기남■■, 자

■ 이언량(?~1598)은 나대용 등과 함께 거북선을 만들었다. 1592년 5월 7일 옥포해전에서는 돌격장, 5월 29일 사천해전과 6월 2일 당포해전에서는 거북선 돌격장으로 활약했다.

■■ 이기남(1553~1613)은 1591년에 무과 별시에 급제했다. 임진왜란 때는 급제 신분으로 이순신 막하에서 출전했다. 한산대첩의 공로로 훈련원판관에 임명되었다. 1592년 5월 29일 거북선이 처음 출전한 사천해전에서 거북선 돌격장으로 활약했다.

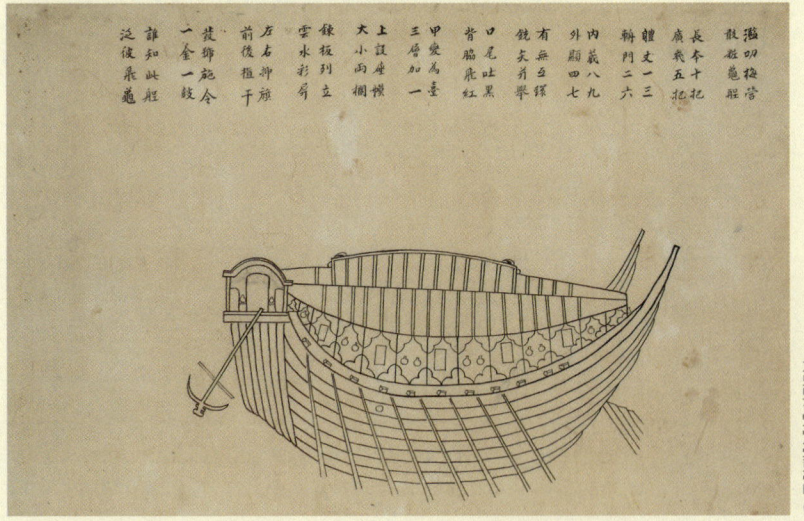

滋叩梅音
敵敗龜艇
長本十把
廣丈五把
體丈一三
輀門二六
內藏八九
外關四七
鋳文有五
有無五銀
鉄火青擎
骨脇飛黑
口見吐
甲覺爲臺
三層加一
大小兩棚
上誰母慢
鍊板列
雲板剡
水彩骨
前後榧
左右柙
一金一
挺鄉起令
誰知此
泛俊飛舟亀

이순신 종가에 전해 내려오는 거북선 그림. 배의 구조가 매우 상세히 그려져 있다.

네 집안에서 쓸 노비들을 딸려 보내겠네. 이기남은 나주에 남아 자네가 해야 할 일들을 대신 맡아 처리하도록 하고, 자네는 이언량과 함께 설계도와 견본만 챙겨 밤을 새워서라도 달려오게."

이렇게 거북선 건조는 나대용이 나주에 다녀온 즉시 착수되었다. 거북선은 일본과의 전쟁을 대비하고자 고심한 결과물이며, 세계 역사에서 전례를 찾아볼 수 없는 전무후무한 건조 과제였다.

또 이순신은 건축 기술이 뛰어나고 과학기술에 탁월했던 군관 이봉수를 시켜 좌수영과 돌산도 사이에 쇠사슬을 설치했다. 좌수영 포구로 들어오는 일본 전선을 바다에서부터 가로막기 위한 계획이었다.

사실 우리나라 역사에서 포구에 쇠사슬을 설치한 사례는 거의 없었다. 단 한 차례 《조선왕조실록》에 이에 관한 기록이 나오는데, 임진왜란이 일어나기 82년 전인 1510년의 일이다. 1510년 삼포왜란을 평정한 도원수 유순정이 왜구의 배가 다시 영등포·안골포·부산포·다대포 등에 침입할 것을 대비해 포구 앞에 큰 나무를 박아 세우고 쇠사슬을 연결해 적선이 걸리게 하자고 건의했다는 사실이 기록되어 있다.

이순신의 쇠사슬 전술은 어디에서 온 것일까? 발포만호 시절의 경험에서 비롯했거나 구전으로 전해진 전술일 수도 있다. 그러나 그가 거북선을 창제하는 과정에서 참조했던 많은 전쟁사책과 이순신의 타고난 상상력이 결합된 작품이라고 보아도 무방할 것이다. 실제 이순신이 즐겨 읽었던 《역대병요》와 《자치통감》에도 오나라 장수 오언의 쇠사슬 방어 전술 기록이 나온다.

같은 책을 읽어도 관심과 관점이 얼마나 중요한지를 이순신의 거북선과 쇠사슬 사례가 잘 보여 준다. 거북선은 신화가 되었지만, 쇠사슬 전술은 실제 효력을 발휘할 기회가 없었다. 이순신이 1593년 7월 경상도인 한산도로 진영을 옮겼기에 여수에서 전투가 없었던 것이다. 그러나 바다에 쇠사슬을 설치할 만큼 철저한 대비책을 고민했던 이순신이었기에 왜구에게 기습을 당하지 않고 늘 승리를 이어 갈 수 있었다.

> **더 알고 싶은 이야기**

거북선은 어떤 배였을까?

《난중일기》에는 거북선에 대한 기록이 모두 네 차례 나온다. 한문으로는 '귀선龜船'으로 썼으며 우리말로는 '거북선'이라 불렀다. 일기에 따르면 거북선은 전쟁이 일어나기 하루 전인 1592년 4월 13일에 완성했다.

> 1592년 2월 8일, 이날 거북선의 돛으로 쓸 베 29필을 받았다.
> 1592년 3월 27일, 거북선에서 대포를 쏘는 것을 시험했다.
> 1592년 4월 11일, 이제야 베로 거북선의 돛을 만들었다.
> 1592년 4월 12일, 거북선에서 지자총통과 현자총통을 쏘았다.

■ 거북선은 어떻게 생겼을까?

거북선에 대한 기록은 이순신의 《난중일기》, 조카 이분의 《이충무공행록》, 유성룡의 《징비록》 등에 나와 있다. 이분은 《이충무공행록》에 다음과 같이 기록했다.

경상남도 통영시에 보관된 거북선 모형

3부 세상과 역사의 부름에 나서다

이순신이 거북선을 건조한 선소 유적지(전라남도 여수시)

이순신은 여수좌수영에 계실 때 왜적이 쳐들어올 것이라며 여수 본영과 소속 진에 있는 무기와 각종 기계를 모두 보완하고 수선했다. 적선을 막기 위해 본영 앞바다에 쇠사슬을 설치했으며 새로운 배도 만들었다. 새로 만든 전선의 크기는 판옥선과 같았는데 나무판자로 지붕을 만들어 덮었다. 나무판자 위에는 십十자 형태로 좁은 길을 내 사람들이 지나다닐 수 있게 했지만, 나머지 부분은 칼과 송곳을 꽂아 발 디딜 틈이 없게 했다. 용머리에는 총구멍이 있었고 거북이의 꼬리 쪽에도 총구멍이 있었다. 좌우편에도 각각 여섯 개의 구멍이 있었다. 대체로 배의 모양이 거북이 같았기에 거북선이라고 불렀다.

전투에 나설 때, 수군은 칼과 송곳이 보이지 않도록 배의 지붕을 짚단 등으로 덮어 놓았다. 거북선이 적선의 한가운데로 쳐들어가 맨 앞에서 싸울 때 왜적들은 거북선 위로 올랐다가 숨겨진 칼과 송곳에 찔려 죽었다. 또 아무리 많은 왜적의 배가 거북선을 포위해 공격해도 거북선의 앞뒤, 왼쪽과 오른쪽에서 한꺼번에 발사되는 대포에 맞아 부서졌기에 거북선이 지나갈 때마다 왜구들이 흩어져 달아나지 않는 곳이 없었다. 크고 작은 싸움에서 거북선은 언제나 승리할 수 있었다.

유성룡은 《징비록》에 이렇게 썼다.

> 순신이 거북선을 창조했다. 그 위에는 판자를 펼쳐 놓아 그 모습이 활등처럼 휘어져 거북이 같았다. 싸우는 군사와 노를 젓는 사람이 무릇 모두 그 안에 있었다. 전후 좌우에 화포를 많이 실었다. 종횡으로 드나드는 것이 북梭 같았다. 적선을 만나면 잇달아 대포로 부수었다.

■ 거북선은 어떻게 전투를 치렀을까?

거북선은 선봉 돌격선으로 함대의 맨 앞에서 활약했다. 거북선은 이순신의 2차 출동인 1592년 5월 29일 사천해전을 시작으로 7월 8일의 한산대첩, 9월 1일의 부산해전에 참전했다.

이긍익의 《연려실기술》에는 다음과 같은 기록이 있다.

> 원균의 전선은 작았지만 돌격을 잘했고, 이순신의 전선은 모양이 거북이처럼 생겼는데, 위에 나무판자로 뚜껑을 만들어 덮고 쇠못을 곳곳에 뾰족하게 꽂아 적이 침범할 수 없었다. 또 아주 단단하고 빨랐고, 어영담의 길 안내를 받아 많은 공을 세웠다.

이순신이 조정에 보고한 장계에도 당시 거북선이 어떻게 전투를 치렀는지 나타나 있다. 1592년 6월 14일, 이순신은 당포에서 왜적을 쳐부순 일을 조정에 보고하는 장계를 올렸다. 이 보고서에서 이순신은 거북선을 이끌고 첫 출전한 5월 29일의 사천해전을 보고하면서 거북선의 특징을 이야기했다.

> 일찍이 섬나라 오랑캐가 쳐들어올 것을 대비해 신이 거북선을 만들었습니다. 배 앞에는 용의 머리를 만들어 올리고 입에서 대포를 쏠 수 있게 했습니다. 등에는 쇠못을 꽂았고, 안에서는 쉽게 밖을 내다볼 수 있지만 밖에서는 안을 들여다볼 수 없게 만들었습니다. 그랬기에 적선이 수백 척일지라도 그 한가운데로 돌진해 대포를 쏠 수 있었습니다. 이번에 출동할 때 돌격장이 타고 지휘했습니다. 먼저 거북선이 적선 안으로 돌진하게 해 천자총통·지자총통·현자총통·황자총통 등 여러 총통을 쏘게 했습니다.

3부 세상과 역사의 부름에 나서다

1593년 9월에 쓴 〈바다와 육지 전투 일을 조목별로 임금님께 보고하는 장계〉에는 전투 장면이 좀 더 상세히 묘사되어 있다.

> 거북선이 먼저 돌격하고 판옥선이 다음에 나아가며, 연이어 지자총통·현자총통을 쏘고 또 포환과 화살과 돌이 뒤따라 빗발치듯 하면, 왜적은 기운이 떨어져 죽기 바쁩니다. 이것이 바다에서 싸울 때 이길 수 있는 쉬운 방법입니다.

■ **거북선은 이순신이 처음 만들었을까?**

우리 역사에 거북선이 처음 등장한 것은 태종 때이다. 《태종실록》에 따르면 1413년(태종 13년) 2월 5일, 태종이 임진도를 지나다가 거북선과 왜선이 싸우는 장면을 목격했다. 1415년 7월 16일에는 "좌대언 탁신이 거북선은 많은 적과 충돌해도 적이 해치지 못해 싸워 이기는 데 좋은 계책이라며 이것을 다시 견고하고 교묘하게 만들자고 건의"했다.

그러나 태종 이후, 거북선은 사라졌다가 180년이 지난 뒤에 이순신의 손에서 다시 태어났다. 태종 시대의 거북선과 이순신의 거북선이 얼마나 비슷한지는 알 수 없다. 그러나 180년 동안 거북선과 같은 배가 출현한 적이 없었기에 이순신이 나대용 등의 힘을 빌려 창제했다고 볼 수 있다.

■ **거북선은 몇 척이었을까?**

《난중일기》와 이순신의 보고서, 기타 자료 등을 살펴보면 임진왜란 전체 기간 중에는 2~5척 정도였던 듯하다. 다만 1594년 초까지는 2척으로 추정된다. 이순신 자신이 직접 관할했던 전라좌수영의 거북선과 방답 소속 거북선이 그것이다. 이순신의 보고서에 언급된 거북선장(돌격장)을 살펴보아도 2척으로 보인다.

그러나 일반적으로는 3척으로 알려져 있다. 이긍익의 《연려실기술》에서 《기재잡기》를 인용해 한산대첩 때 이순신이 거북선 3척에 군사들을 나눠 싣고 적의 대장선을 공격하게 했다는 이야기가 나온다. 《나주읍지》에도 나대용이 거북선 3척을 건조했다고 나온다. 안골포해전에 참전했던 일본군 도노오카 진자에몬이 쓴 《고려선전기》에는 "적의 큰 배 58척과 작은 배 약 50척이 공격했다. 큰 배 중 3척은 눈이 먼 배(맹선)였는데 철로 방어 장치가 되어 있었다"고 나와 있다. '눈이 먼 배(맹선)'가 바로 거북선이다.

1594년 봄 이후로는 거북선이 추가로 건조된 것으로 보인다. 이순신 연구가 겸 독도박물관장이었던 이종학이 1976년 발굴해 소개한 《사대문궤》 속에 "삼도수군통제사 이순신이 경상우수사 배설과 전라우수사 이억기 등을 지휘했으며 궁포수, 초수(배의 키잡이), 수수(선원) 등 모두 6,838명과 전선 60척, 거북선 5척, 초탐선 65척 등을 거제현 서쪽 바다에 있는 한산도에서 거느리고 있다"라고 쓰인 것으로 미루어 볼 때 1595년 3월경에는 5척의 거북선이 있었다. 결국 임진왜란 초기에는 최소 2척, 후에 추가 건조해 1595년경에는 5척이 있었던 것으로 볼 수 있다.

■ 거북선은 얼마나 컸을까?

전 서울대학교 조선공학과 김재근 교수에 따르면, 임진왜란 때 거북선의 선체 길이는 약 21.5미터, 선체 너비는 7.36미터, 정조대 높이는 약 6미터로 추정된다. 승선 인원은 130명 정도로 노 젓는 격군 90여 명(노 14자루), 포수 30여 명, 사수 10여 명이었다.

전쟁의 먹구름이 밀려오던 1592년 봄

1592년 1월, 이순신은 마흔여덟 살의 설을 맞았다. 다른 이들은 가족과 만나 차례를 지내며 명절다운 날을 보냈지만 이순신은 "어머님과 떨어져 남쪽에서 두 번이나 설을 쇠니 가슴에 맺힌 큰 응어리가 풀리지 않았다"고 하면서도 전쟁 준비에 몰두했다. 부대를 점검하고, 관할 고을과 포에 공문을 내려보냈으며, 전선을 제대로 관리하지 않거나 보수하지 않은 책임자들을 불러들여 처벌했다. 그즈음 석수장이 병졸 박몽세가 마을 주민의 개를 잡아먹은 일이 벌어졌는데 이순신은 그에게 매 80대를 내렸다. 80대는 군령으로 치면 사형에 해당하는 중벌이었다.

    이순신은 백성 없이는 아무것도 할 수 없다고 생각했다. 군량도 백성에게 얻는 것이고, 무기와 배도 모두 백성의 도움이 없이는 할 수 없다고 여겼다. 그래서 부하들에게 늘 백성의 재산을 소중히 여기고 절대 함부로 손대지 말라고 신신당부했으며, 이를 어기는 자를 매우 엄하게 다스렸다.

이순신은 최측근인 부하 장수 어영담, 배흥립, 권준 등과는 온갖 일을 함께 상의했으며, 이들과 군관들의 활쏘기 실력을 확인하면서 자신도 활쏘기 훈련을 게을리하지 않았다.

2월에도 마찬가지였다. 이봉수를 시켜 본영 앞바다에 쇠사슬을 설치하고, 산에 봉수대■를 쌓게 했다. 당시 나대용에게 지시해 만들던 거북선도 완성 직전에 이르러 배에 쓸 돛을 제작하기 시작했다. 성벽을 새로 쌓았고, 해자도 새로 팠다. 새로 복무할 군사들과 근무 기간이 끝난 군사들을 점검해 입대시키고 돌려보냈다.

이후 이순신은 백야곶의 말 목장을 시작으로 관할 지역의 관과 포를 시찰하면서 새로 만든 전선과 무기뿐 아니라 기존의 장비까지 꼼꼼하게 점검하여 전쟁 준비 상태를 확인했다. 관리를 잘한 곳은 격려했고, 관리가 부족한 곳은 엄격하게 처벌하면서 독려했다. 비가 오는 날에도 이순신은 시찰을 계속했다.

이순신이 바다와 육지를 오가며 전선과 무기, 군사를 점검하고 다닐 때, 선조는 신립■■과 이일에게 각각 경기도와 황해도, 충청도와 전라도의 전쟁 준비 상황을 점검하도록 했다.

3월 초 한양으로 돌아온 신립은 선조에게 "경상도와 전라도, 충청도의 수군을 없애고 이들을 육지로 보내 방어하게 하자"고 건의했다. 일본군은 섬나라 출신이기에 해전에는 강하나 육지 전투에는 약할 것이라고

■ 변경의 위급한 상황을 알리기 위해 설치한 봉수대는 10킬로미터 간격으로 설치했으며, 밤에는 횃불로 낮에는 연기로 알렸다. 평시에는 횃불 한 개, 적이 나타나면 두 개, 국경선에 접근했을 때는 세 개, 국경을 침범했을 때는 네 개, 접전 시에는 다섯 개로 불이나 연기를 피웠다.
■ 신립(1546~1592)은 임진왜란 때 삼도도순변사에 임명되어 충주 달천강 탄금대에서 배수진을 치고 전투하다가 패배해 부하 장수 김여물과 함께 강물에 투신 자결했다.

판단한 것이다. 조정에서는 조선 최고 장수라는 신립의 건의를 듣고는 이에 따르기로 했다.

수군에게 육지로 올라가 방어 준비를 하라는 명령이 내려오자 이순신은 기가 막혔다.

'아니, 바다를 건너오는 적을 상륙시켜 육지에서 막으라니! 그렇게 되면 우리 백성들이 적의 칼날 앞에 그대로 놓일 텐데.'

이순신은 다급하게 장계를 써 조정에 올렸다.

바다를 건너오는 적은 바다에서 맞아 싸워야 합니다. 또 육지에 상륙한 적은 육지에서 맞서 싸워야 합니다. 바다와 육지, 어느 한쪽도 무시하거나 없애서는 안 될 일입니다. 이는 역사에도 있던 일입니다. 《동국병감》에 나왔듯, 수나라가 고구려를 침략할 때와 당나라가 백제와 고구려를 침략할 때를 보십시오. 당나라 군대는 한편으로는 육지로, 다른 한편으로는 바다를 건너와 양쪽에서 공격했습니다. 백제와 고구려가 당나라 군대에 멸망한 것은 양쪽 어느 하나도 제대로 막지 못했기 때문이 아닙니까? 바다를 건너 침략하는 일본군을 바다에서 막지 않는다면, 적들은 동으로 서로 마음 놓고 바닷길을 다닐 수 있게 됩니다. 그리 되면 적들은 여러 부대로 갈라져 경상도와 전라도의 바다는 물론이고 서해를 거쳐 충청도, 심지어는 한강까지 곧바로 올라갈 수 있습니다. 그러니 이들을 수군이 바다에서 미리 막아야 합니다. 왜적은 대마도를 거쳐 올 수밖에 없습니다. 부산과 인근에서 바다를 예의 주시하면서 이들에 대비한다면 바다에서도 또 육지에서도 싸울 수 있습니다. 수군을 폐지해서는 안 됩니다. 다시 한 번 깊이 생각해 주십시오.

조정은 이순신의 청을 받아들여 전라도 수군은 폐지하지 않았지만, 경상도 수군은 사실상 해체하고 육군을 지원하게 했다. 이순신의 마음은 더욱 바빠졌다. 이제 바다에서 조선을 지킬 수군 부대가 전라도밖에 남지 않았기 때문이다.

전쟁 준비로 바쁜 3월 5일, 좌의정 유성룡의 편지와 함께 책 한 권이 도착했다. 선조가 전쟁에 대비해 내려 준 병법책인 《전수도》를 유성룡이 수정하고 보완해 편찬한 《증손전수방략》이었다. 바다 싸움과 육지 전투, 불로 공격하는 법 등 병법에 관해서라면 어느 책보다도 탁월한 책이었다. 이순신은 틈이 날 때마다 이 책을 읽고 또 읽었다.

이렇게 전선과 무기, 방어 시설을 점검하고 관할 지역 섬들을 시찰하면서 이순신은 전쟁에 철저히 대비했다. 이런 나날은 4월 15일, 전쟁이 일어났다는 소식이 전해질 때까지 계속되었다.

이순신은 활을 얼마나 잘 쏘았나?

《난중일기》 1592년 3월 28일 기록에는 이순신의 활쏘기 실력을 보여 주는 대목이 나온다.

> 활 10순(50발)을 쏘았다. 5순은 연달아 맞고 2순은 네 번 맞고, 3순은 세 번 맞았다.

1순(巡)은 5발이다. 이순신은 5발씩 모두 10회를 쏘았다. 그 가운데 5회(25발)는 연달아 명중시켰고 2회(10발)는 8발 명중시켰다. 3회(15발)는 9발을 명중시켰다. 전체 50발 중 42발을 명중시켰으니 명중률이 매우 높은 실력이다.

4부

전란의 소용돌이

"교만하면 질 수밖에 없다. 우리는 자주 승리하고 있기에 긴장이 풀어지고, 또 교만한 마음이 생겨나고 있다. 교만은 반드시 패배를 부른다. 교만한 마음을 버리고 우리가 처음 적을 만났을 때 조심했던 것처럼 늘 신중히 해야 한다."

비극의 서막

4월(양력으로는 5월)은 맑고 화창했다. 두어 번 흐린 날도 있었지만, 계절의 여왕이라고 불러도 손색이 없었다. 꽃구경이 어울리는 계절이었지만 일본의 동향이 심상치 않다는 소식이 계속 전해지고 있었다.

이순신은 부하 장수와 관리들에게 전쟁에 대비하라고 지시했지만, 여전히 부족한 것이 너무 많았다. 열심히 따르는 자들도 있었으나 거짓으로 보고하거나 미루는 자들도 있었다. 이순신은 열심히 하는 자들은 격려했고, 그렇지 않은 자들은 엄벌했다. 좌수영 앞바다에는 쇠사슬이 다 설치되었고, 마침내 4월 11일 거북선도 돛을 달았다. 다음 날에는 거북선에 설치한 천자총통과 지자총통, 현자총통을 시험 발사했다. 결과는 아주 좋았다.

'이 거북선이라면, 적선이 아무리 많아도 뚫고 들어가 모두 요절을 낼 수 있겠구나.'

1592년 4월 13일 아침, 이순신은 다른 날과 같이 하루 할 일을 챙기

임진왜란 때 일본군이 사용한 조총. 날아가는 새도 쏘아 맞힐 정도로 명중률이 높아 '조총(鳥銃)'이라는 이름이 붙었다.

며 기록하고 있었다.

그 사이 대마도는 들썩였다. 일본 장수 고니시 유키나가가 이끄는 일본군 1만 8천 명이 7백 척의 배에 오르며 출전을 알리는 조총 소리를 기다리고 있었다.

"탕! 탕! 탕!"

조총 소리가 세 번 연속으로 허공을 가르자 포구를 가득 메운 배들이 함성과 함께 바다를 빠져나갔다. 몇 시간 지나지 않은 오후 3시, 부산 응봉 봉수대 책임자 이등과 서건의 눈에 바다를 가득 채우며 밀려오는 거대한 먹구름이 보였다. 자세히 보니 먹구름은 바로 배였다. 이제껏 보지 못한 엄청난 규모였다.

이등과 서건은 각기 양쪽 끝부터 배의 숫자를 헤아렸지만, 90척에 이르자 그만두고 말았다. 적선의 수가 셀 수 없을 지경이었던 것이다. 이등은 산 아래로 달려 내려갔다.

일본군 소식은 곧 경상관찰사를 비롯한 수군 지휘관들에게 전해졌다. 경상우수사 원균은 공문을 받자마자 이웃 지역인 전라좌수사 이순신에게 소식을 전했다.

4월 14일 동틀 무렵, 일본군은 부산진수군첨절제사 정발이 지키던 부산진성을 공격해 함락시켰고, 첨사 윤흥신이 방어하던 다대포진도 함락시켰다. 일본군은 저항하는 조선의 군사와 백성을 모두 죽였다. 15일에는 동래부사 송상현이 지키던 동래성이 함락되었다.

거제도 가배량에 머물던 원균은 급히 비상을 소집해 부하 장수와 군사를 모았다. 그러나 일부 장수들은 도망쳤고 군사들도 숨기 바빴다. 그나마 옥포만호 이운룡을 비롯한 몇몇 장수만이 모였다. 전투에 나설 수 있는 배도 판옥선 4척, 협선 2척에 불과했다. 그 사이 거제현령 김준민은 성 인근까지 몰려온 일본군을 격퇴하느라 바빴다.

부하 장수와 군사를 이끌고 부산으로 출동한 원균은 얼마 가지 않아 일본 전선 10여 척과 맞닥뜨렸다. 북방에서 여진족과 싸웠듯이 원균은 부하들과 거침없이 돌격해 일본군을 격파했다. 그러나 조총이라는 새로운 무기로 공격해 오는 일본군에게 큰 피해를 입었다.

4월 15일, 이순신은 이 소식을 전라관찰사 이광과 전라병마절도사 최원, 전라우수사 이억기■■에게 알리고 곧바로 판옥선과 소형 군용선인

■ 고니시 유키나가(?~1600)는 부산에 상륙한 뒤 한양을 거쳐 평양까지 함락시켰으나, 조선·명나라 연합군에 패배당하고 퇴각했다. 명나라와 강화 협상을 주도했으며 정유재란 때 다시 침입했다가 노량해전에서 간신히 살아 돌아갔다.

■■ 이억기(1561~1597)는 이순신이 조산보만호 시절 패전 장수라는 누명을 쓰고 사형의 위기에 처하자 적극 나서서 이순신을 변호했다. 이순신이 삼도수군통제사에서 파직되었을 때도 구명 운동을 했다. 정유재란 때 칠천량해전에서 전사했다.

협선, 어부들의 배 포작선까지 전라좌수영에 집결하도록 명령을 내려보냈다.

그 후 이순신은 새로 입대한 군사 7백 명을 점검하며 이들의 훈련을 지켜보았고, 일본군의 동향을 정찰할 군관을 정해 내보냈다. 관할 지역의 수령과 장수들을 불러 모아 일본의 침략 상황을 전하고, 대책을 세우기 위한 회의를 열었다.

이순신의 무과 선배로 여진족 전투 경험이 풍부한 낙안군수 신호는 관할 지역인 전라좌도를 방어하는 것이 급선무라고 주장했다. 신호는 일본군 전선은 5백 척이 넘는데 조선의 전선은 30척도 되지 않는다며, 우선은 전라좌도를 충실히 방비하면서 군사를 모으고 무기를 정비해야 할 때라고 했다.

다른 수령과 장수들도 대부분 신호의 말에 고개를 끄덕였다. 당시 법에 따르면 조정의 허락 없이 장수가 자신의 군대를 다른 지역으로 이동시킬 수 없었다. 이런 사정을 잘 알고 있던 이순신은 신호의 말을 묵묵히 들으면서 고심에 빠졌다.

그때였다. 이순신의 군관 송희립이 벌떡 일어나 소리쳤다.

"장군들! 지금 일본군이 우리 땅을 짓밟고 있습니다. 그런데 전라좌도만 지키자고 하시다니요. 적들이 좌도로 몰려오기 전에 경상도로 달려가서 물리치는 것이 급하지 않겠습니까? 지금 경상도의 백성들이 다 죽어 나가고 있습니다. 그들은 우리 백성이 아닙니까? 나라를 위해서도, 백성을 위해서도 지금 즉시 달려가 싸우다 죽는 것이 군인의 본분입니다!"

분노에 찬 송희립의 목소리에 모두 부끄러운 듯 고개를 떨구었다. 이어 녹도만호 정운도 송희립의 주장에 찬성하고 나섰다. 정운은 백성들에게 부끄럽지 않게 충성심과 용기를 보여 주자고 했다.

회의 내내 조용히 듣기만 했던 이순신은 자리에 우뚝 섰다.

"여러분의 이야기는 아주 잘 들었소. 각자의 말씀이 다 옳소. 조정의 허락 없이 출전하는 것은 분명 법에 어긋나오. 또 우리는 전라도 수군이라 경상도 바닷길이나 지형을 잘 모르오. 막대한 일본군을 상대하기에는 배도 군사도 무기도 부족한 게 사실이오. 그러나 군대의 사기란 한번 꺾이면 다시 일으켜 세우기 어렵소. 지금 적군은 하늘 높은 줄 모르고 날뛰고 있소. 많은 동료와 군사가 왜구의 칼날에 죽임을 당했소. 무참히 죽은 그들의 복수를 해야 할 때요. 경상도라고 외면할 수 없소. 우리 땅을 우리가 지키는데 무슨 문제가 되겠소? 가서 우리의 동료와 백성, 군사들의 원한을 씻어 주고 적들에게 배로 갚아 줍시다! 그들의 원한을 우리가 풀어 줍시다! 침략자에게 죽음을! 우리 땅은 우리가 지킵시다!"

이순신이 용기를 북돋우며 큰소리로 외치자 다른 수령과 장수들도 한목소리로 호응했다. 회의장 밖에서 결과를 기다리며 모여 있던 군사들은 안에서 들려오는 외침의 뜻을 알고는 환호했다.

4월 26일, 이순신이 애타게 기다리던 조정의 명령이 떨어졌다. 경상도로 수군을 이끌고 가 지원하라는 내용이었다. 27일, 이순신은 경상도 출전 계획서를 조정에 올려 보낸 뒤, 절박하게 지원군을 기다리고 있는 원균에게 출전 계획을 알리며 '경상도의 바닷길과 병력을 합칠 장소, 일본군 전선이 있는 곳과 전선의 수, 일본군에 대한 전투 정보' 등을 자세히 보내 달라고 요청했다. 27일, 조정에서 보낸 출전 명령서가 또다시 도착하자 이순신은 수령과 장수들에게 29일까지 좌수영 앞바다로 집결하라는 명령을 내렸다.

　당일이 되자, 원균은 "적선을 추격해 10여 척을 불태워 없앴으나, 일본군이 계속 늘고 있으니 신속히 경상도 당포 앞바다로 와 줄 것"을 요청했다. 이에 이순신은 수령과 장수들의 장단점, 각 부대의 특징에 따라 역할을 나누었다.

　모든 전투태세를 끝내고도 이순신은 신중함을 잃지 않았다. 적들의 배는 5백 척이 넘었으나 조선의 수군은 고작 30척이었기에, 지원을 요청한 전라우수사 이억기 부대가 합류할 때까지 출전을 미루었다. 이순신은 조정에 이런 장계를 올렸다.

> 성공과 실패, 이익과 해로움 같은 것은 신이 미리 헤아릴 수는 없습니다 (여성패이둔 비신지소능역료如成敗利鈍　非臣之所能逆料). 그러나 죽기를 각오하고 호랑이 굴을 곧바로 쳐서 그 요사스러운 기운을 쓸어 없애 나라의 수치를 만분의 일이라도 씻고자 합니다.

　그 사이 조정에서는 일본군의 침략 소식을 듣고 이일을 경상순변사로 임명해 내려보냈다. 4월 23일 상주에 도착한 이일은 판관이 모아 온 농민 수백 명을 군사로 활용하고자 했다. 24일 한 백성이 일본군의 상주 도착을 알리는 보고를 올렸지만, 이일은 전투에 대비하는 대신 군에 혼란을 야기했다는 이유로 보고를 올린 백성을 처형했다. 그날, 백성의 말

■ 이 인용문은 이순신의 〈경상도를 구원하기 위해 출전할 일을 임금님께 보고하는 장계(2)〉에 나온다. 그중 "여성패이둔 비신지소능역료(如成敗利鈍　非臣之所能逆料)"는 《삼국지》와 《삼국지연의》, 《역대병요》 속 제갈공명의 〈후출사표〉에 나오는 문장과 거의 같다.

대로 일본군은 상주를 기습했고 이일은 신립이 주둔하고 있는 충주로 도망갔다.

　신립은 조령의 험준한 지형에서 방어하자는 종사관 김여물과 이일의 건의를 무시하고, 기병을 동원해 들판에서 일본군을 공격했다가 대패하여 탄금대에서 함께 투신 자결했다. 신립의 패전 소식은 30일 한양에 전해졌고 5월 1일 새벽, 선조는 한양을 포기하고 피난을 갔다. 일본군은 파죽지세로 북상해 이튿날 한양을 점령했다.

　5월 1일, 판옥선 24척, 협선 15척, 포작선 46척 등 총 85척이 전라좌수영 앞바다를 가득 메웠다. 이순신은 전라우수사 이억기를 애타게 기다렸지만 소식이 없었다.

　다음 날, 경상우도의 상황을 살피러 보냈던 송한련이 돌아와 남해의 상황을 보고했다.

　"남해현령과 미조항첨사, 상주포만호와 곡포만호, 평산포만호 등이 왜적에 대한 소문을 듣고는 순식간에 도망쳤고, 군대 기물 등도 다 흩어져 남은 것이 없습니다."

　이순신은 남해 상황을 듣자마자 배를 타고 바다로 나가 진을 치고, 장수들을 불러 전투 규칙과 논공행상의 원칙을 전달하며 약속했다.

　5월 3일, 이순신은 더 이상 이억기를 기다릴 수 없다는 생각에 경상도 바다 사정에 정통한 광양현감 어영담을 불러 상의했다. 그런데 얼마 지나지 않아 녹도만호 정운이 면담을 요청해 왔다.

　"좌수사 영감! 우수사가 오지 않고 있습니다. 우리가 그를 기다리는 사이 적이 벌써 한양까지 갔다고 합니다. 아무도 적을 막지 못하고 있다니 답답하기만 합니다. 시간이 없습니다. 지금 이 기회까지 놓친다면 나중에 아무리 후회해도 방법이 없지 않겠습니까? 우리라도 출전해야 합니다. 결단을 내려 주십시오!"

이순신도 정운과 같은 생각이었다.

'이제는 오지 않는 장수를 기다릴 때가 아니다. 오직 결단만이 남았다!'

도요토미 히데요시의 조선 침략 과정

도요토미 히데요시(1536~1598)는 1586년 3월, 예수회의 일본 책임자 가스파르 코엘류에게 명나라와 조선을 침공하겠다는 계획을 밝혔다. 1587년 5월, 규슈를 정벌한 히데요시는 대마도도주 소 요시시게에게 조선 왕을 일본에 입조入朝(상국의 조정에 신하로 들어오는 것)시키고 명나라를 치는 데 조선이 앞장설 것(정명향도征明嚮導)을 요구하도록 지시했다. 대마도도주는 조선과의 관계를 생각해 조선에 통신사를 파견해 줄 것과 명나라로 가는 길을 비켜 줄 것(가도입명假途入明)을 요구했다. 그러나 선조는 통신사 파견 요청을 거절했다.

1589년 3월 히데요시는 조선 왕이 입조할 것을 대마도도주에게 재촉했고, 그해 6월 대마도도주를 세습한 요시토시는 승려 겐소와 함께 조선으로 건너와 통신사 파견을 다시 요청했다. 조선은 1590년, 일본에 통신사를 파견했다. 이때 건너간 통신사들은 다음 해 복귀해 히데요시의 동향을 조정에 보고했다.

히데요시는 마침내 명나라 침략 계획을 실행에 옮겼다. 1592년 4월 13일, 침략군은 조선 땅에 일본군을 보내며 전쟁을 시작했다. 침략군은 고니시 유키나가와 가토 기요마사, 구로다 나가마사를 중심으로 한 아홉 개 부대 약 16만 명, 후방 지원군 열 개 부대 약 1만 명이었다.

4월 13일, 1차 침략군인 고니시 유키나가는 7백여 척의 배에 약 1만 8천 명을 이끌고 부산 앞바다에 도착했다. 4월 18일에는 가토 기요마사가 이끄는 침략군 2진 2만 2천 명이 부산에 상륙했고, 19일에는 언양, 21일에는 경주를 점령했다.

4월 19일, 구로다 나가마사가 이끄는 침략군 3진 1만 1천 명이 낙동강 하구 죽도에 상륙해 김해로 향했다. 20일에 김해성이 함락되었다.

> 더 알고 싶은 이야기

조선 수군이 사용한 대포

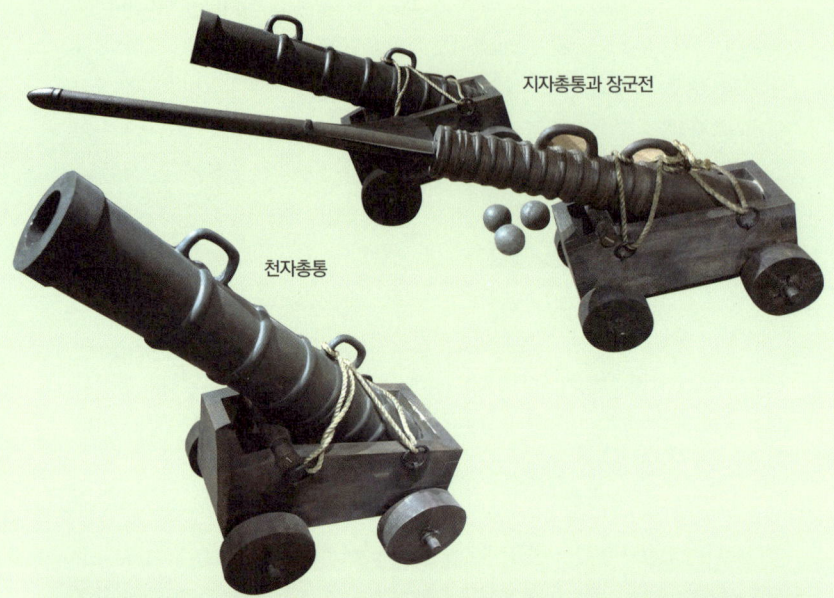

지자총통과 장군전

천자총통

황자총통과 차대전(황자총통에 사용한 화살)

임진왜란 때 조선이 사용한 대포는 천자총통·지자총통·현자총통·황자총통이다. 개인용 화기로는 승자총통이 있다. 대포 이름인 천자天字·지자地字·현자玄字·황자黃字는 천자문의 순서에 따른 것이다. 이 대포가 이순신의 조선 수군과 일본 수군의 승패를 결정지은 요소였다.

천자총통 조선 시대 화포 가운데 가장 큰 화포이다. 길이 130센티미터, 구경 13센티미터, 무게 3백 킬로그램, 사정거리 1.6~2킬로미터. 쇠화살 대장군전(30킬로그램)과 철환(조란환) 4백 발을 넣고 발사했다.

지자총통 길이 88센티미터, 구경 10.3센티미터, 무게 약 1백 킬로그램, 사정거리 1킬로미터. 장군전과 철환 2백 발을 넣고 발사했다.

현자총통 길이 80.5센티미터, 구경 5.7센티미터, 무게 59킬로그램, 사정거리는 차대전 960미터, 차중전 1.8킬로미터. 철환(조란환) 1백 발을 발사했다.

황자총통 가장 작은 대포로 길이 88센티미터, 구경 4.4센티미터, 무게 53킬로그램, 사정거리 1.3킬로미터. 철환 40발과 차중전을 발사했다.

승자총통 개인용 화기로 길이 56센티미터, 구경 2.2센티미터, 무게 3~4킬로그램, 사정거리 120미터. 철환을 발사했다.

위기에도 빛난 태산 같은 신중함

이순신은 수군 앞에 섰다.

"용맹한 조선 수군이여! 지금 우리 땅이 침략자 일본군에게 짓밟히고 있다. 그대들의 용기를 발휘할 때가 왔다! 내일 새벽 우리는 경상도 바다로 갈 것이다. 복수할 때가 왔다! 오늘 해야 할 일은 오직 나아가 싸우다 죽는 것뿐이다. 감히 싸우러 나가지 말자고 하는 사람이 있다면, 마땅히 목을 벨 것이다(금일지사 유재진전이사 감언불가진자 당참지今日之事 惟在進戰而死 敢言不可進者 當斬之)!"

이순신은 이어 장수와 군사들에게 전투하는 동안 지켜야 할 사항을 당부했다.

"첫째, 싸울 때 명령 없이 돌격하지 마라! 모든 일에는 순서가 있고, 맡겨진 역할이 있다. 명령이 없는데도 공로를 챙기려고 돌격하는 자는 군법에 따라 처벌할 것이다. 둘째, 전투 중에 물에 빠진 적을 건져 머리를 베지 마라! 그러다 오히려 적에게 죽임당하거나 다친다. 적의 머리를 벨 시간에 오직 활을 쏘고 포를 쏘아라. 적을 쏘아 맞히고 적의 배를 깨부수어라. 적의 머리를 베지 않아도 죽을힘을 다해 싸운 사람은 으뜸 공로자로 논하겠다(수미참두 이사력전자 위수론공 雖未斬頭 以死力戰者 爲首論功). 셋째, 적선에 조선 백성이 타고 있으면, 아무리 어려운 상황이라도 그들을 향해 화살이나 포를 쏘지 마라! 그들도 우리 백성이니 구출해야 한다. 적선에서 우리 백성을 구출하는 것은 왜적의 머리를 베는 것과 같다. 넷째, 전공에 따른 포상은 공정하게 하겠다! 그대들이 힘껏 싸웠는지 내가 내 눈으로 직접 보겠다(역전여부 오소목견 力戰與否 吾所目見). 적을 많이 쏘아 죽이는 자, 적의 배를 많이 부수는 자, 우리 백성을 구출한 자에게 포상할 것이다."

당시 전투의 공로를 가늠하는 기준은 적군의 머리 수였다. 적군의 머리를 몇 개 베었느냐에 따라 포상 기준이 달랐다. 일본군의 머리를 베어 바치면, 양반이나 양인에게는 관직이 내려졌고 향리는 부역을 면제받았다. 노비는 양인으로 신분이 바뀌었다. 그런데 이순신은 일본군의 머리 개수보다 자신의 눈으로 열심히 싸운 사람을 직접 확인하고 상을 주겠다고 공언했다. 싸우는 도중에 바다에 빠진 일본군을 건져 머리를 벤다면 그 사이 적에게 역습을 당할 위험이 있었다. 또 머리를 베는 데 신경을 쓰느라 싸움에 집중하지 못할 우려도 컸다. 한편 일본에는 임진왜란 때 일본군이 베어 간 조선 사람들의 귀 무덤, 코 무덤이 남아 있다.

출전을 알리는 연설을 마친 뒤 이순신은 탈영병 황옥천을 데려오게 했다. 여도 소속 수군 황옥천은 전쟁 소식이 전해지자 탈영해 고향 집에 숨어 있다 붙잡혀 온 터였다. 이순신은 그 자리에서 황옥천을 처형하고 효시하게 했다. 군율의 엄격함을 보여 주어 군사들의 동요를 막기 위한 일벌백계의 고육책이었다.

　1592년 5월 4일 새벽, 이순신과 조선 수군은 경상도 바다로 진격했다. 그 뒤 여수 본영으로 돌아오기까지 엿새 동안 이순신은 경상도 바다에서 일본군을 수색하고 토벌했다. 5월 6일 아침, 원균의 군사들도 이순신 함대에 합류하여 연합함대를 구성했다. 연합함대는 판옥선 28척, 협선 17척, 포작선 46척으로 총 91척이었다.

　다음 날 정오 무렵 이순신과 원균의 연합함대는 옥포에서 첫 전투를 치렀다. 옥포해전은 정찰을 내보낸 사도첨사 김완과 여도권관 김인영이 옥포에서 일본군 전선을 발견하고 신기전■을 쏘면서 시작되었다. 바로 그때, 이순신은 두려움에 휩싸인 부하 장수와 군사들을 소집해 엄하게 외쳤다.

　"함부로 움직이지 말고 태산처럼 침착하고 묵직하게 행동하라(물령망동 정중여산 勿令妄動 靜重如山)!"

　이 말은 이순신이 평소 읽고 공부한 《손자병법》에 나오는 말을 일부 바꾼 것이다.

> 빠르기는 바람과 같고, 고요하기는 숲과 같고, 적을 공격할 때는 불과 같고, 나를 지킬 때는 산처럼 움직이지 않고, 어둠 속에 숨은 것처럼 하며, 움직이면 천둥 번개처럼 해야 한다.

■ 불이나 화약을 화살에 매달아 쏘던 로켓형 무기이다. 고려 말 최무선이 만든 주화를 1448년에 개량했다. 로켓의 몸체에 해당하는 화살, 폭발물인 발화통, 로켓의 추진체인 약통으로 이루어졌다.

이순신은 일본군에 대한 정보나 경험이 전혀 없는 부하들이 당황하거나 겁을 먹지 않도록 진정시켰다. 태산과 같은 지휘관의 자세는 위기 때마다 늘 빛났다.

이날 조선 수군은 출전하여 열심히 싸웠다. 낙안군수 신호는 일본군 대선을 격파했고, 나머지 장수들도 한마음으로 싸워 각자 공로를 세웠다. 이순신의 당부대로 군사들은 활과 포를 쏠 뿐, 적군의 머리를 베는 일에는 신경 쓰지 않았다.

이순신은 특히 일본군에게 포로로 잡힌 조선 사람을 구출하는 데 힘쓸 것을 강조했다.

"적선에 붙잡혀 있는 우리 백성을 찾아 돌아오게 만드는 일은 적의 머리를 베는 일과 똑같다. 적선을 불태울 때는 조선 사람을 찾아 구하고 함부로 죽이지 말라!"

이순신의 거듭되는 당부에 조선 수군들은 화살과 포탄이 빗발치는 상황에서도 포로로 잡힌 백성을 구하려고 노력했다. 그 결과 보성군수 김득광은 일본군의 대선 1척을 격파하면서도 조선 사람 한 명을 구출했다. 유섭도 대선 1척을 격파하고 포로로 잡혀 있던 소녀를 구출했다. 경상도 수군도 일본 전선 5척을 격파하는 동시에 우리나라 사람 세 명을 구출했다.

같은 날 오후 3시경, 척후장이 일본 대선 5척이 지나가는 것을 발견해 보고하자 이순신은 합포까지 추격해 격파했다.

5월 7일과 8일, 이순신과 원균의 함대는 옥포, 합포, 적진포에서 일본 대선 27척을 포함해 모두 44척을 격파했다. 그 여세를 몰아 부산으로 넘어가려 했지만 전라우수사 이억기가 합류하지 않아 세력이 약했고, 세

차례의 전투로 군사들이 매우 지친 상태였다. 게다가 선조가 피난길에 올랐다는 소식이 들려오자 이순신은 철수하기로 결정했다.

이순신은 진영을 해산하면서 부하 장수와 군사들에게 말했다.

"무기를 다스리고 군대를 정비하면서(치병정려治兵整旅), 창을 베개로 삼고 비상사태를 대비하라(침과대변枕戈待變). 그리고 다시 통지하는 즉시 수군을 이끌고 달려 나오라."

이순신은 승전 장계를 올려 보낸 뒤 조정의 허락을 받아 일본 전선에서 빼앗은 쌀 3백 석과 옷, 옷감을 군사들에게 나누어 주었다. 적에게 빼앗은 물건도 나라의 물건이니, 나라의 허락을 받아 나누어 주어야 한다고 생각했기 때문이다.

이틀 동안 세 차례의 전투에서 무려 44척의 일본 전선을 물리쳤으면서도 조선 수군의 부상자는 단 한 명이었고 전사자는 없었다. 완전한 승리였다. 이순신은 이 1차 출전의 승리로 종2품 가선대부로 승진했다. 나머지 장수와 군사들도 공로에 따라 진급했다.

5월 9일, 이순신 함대는 전라좌수영으로 복귀해 군사와 무기를 보충하고 다시 출전할 때를 기다렸다. 이순신과 원균 함대의 승리로 일본은 바다에서 치르는 전투에 불안감을 느꼈고, 도요토미 히데요시는 바다를 건너와 직접 전쟁을 지휘할 계획을 미루어야 했다.

관통상에도 아랑곳없이

이순신은 전라우수사 이억기에게 6월 3일까지 여수 본영으로 집결해 함께 출전하자고 다시 요청했다. 그런데 5월 27일, 원균에게서 급한 전갈이 왔다.

> 적선 10여 척이 이미 사천과 곤양 등지에 다가왔습니다. 경상도 수군은 남해 노량으로 이동하여 대비하겠습니다.

이순신은 고민에 빠졌다. 일본군은 계속 서쪽으로 침입해 왔고, 전라우수사는 도착할 때가 멀었다.

이틀 뒤, 이순신은 새벽에 꿈을 꾸었다. 꿈속에서 머리가 하얗게 센 노인이 이순신을 발로 차며 말했다.

"순신아! 일어나라! 적이 가까이 왔다. 어서 가서 적을 섬멸해라!"

놀라서 벌떡 깬 이순신은 출전을 결정하고 장수들을 소집해 거북선을 포함한 24척의 전선을 이끌고 경상도로 떠났다. 이날 거북선이 처음으로 전투에 나갔다. 이순신이 노량에 도착하자 원균 부대는 원균의 배를 포함해 4척을 이끌고 합류했다. 이순신과 원균은 판옥선 26척과 거북선 2척, 18척의 협선 등을 이끌고 사천을 향했다. 사천으로 이동하다가 발견한 일본 전선은 방답첨사 이순신■과 남해현령 기효근 등이 추격해 격파했다.

사천 선창에 이르니, 일본 대선 13척이 포구에 매여 있었고 4백여 명의 일본군이 산 위에 진을 치고 있었다. 그러나 썰물 때였기에 판옥선이 포구로 들어갈 수 없었다. 하물며 해까지 지고 있었다. 이순신은 불리한 상황에서 무리하게 전투를 하기보다 일본군을 바다로 끌어내는 편이 유리하다고 생각했다.

이순신은 장수들에게 계획을 전했다.

"우리가 그들의 위세에 눌려 겁먹고 후퇴하는 것처럼 보이면, 적은 틀림없이 뒤쫓아 올 것이다. 적들을 바다 한가운데로 유인한 뒤에 격퇴한다. 질서 정연하게 빠져나가라. 명령을 내리면 그때 한꺼번에 배를 돌려 공격하자!"

그런데 배를 돌려 1리쯤 물러나자, 갑자기 썰물이 밀물로 바뀌었다. 또 일본군 2백여 명이 산에서 쫓아 내려와 절반은 배에 타고 절반은 총을 쏘았다. 그들은 조선 수군이 도망친다며 좋아하고 있었다.

이순신은 빠르게 판단을 내렸다. 이제 물때가 맞아 배가 포구로 들

■ 이순신(李純信, 1554~1611)은 태종의 맏아들 양녕대군의 후손이다. 옥포해전 등에서 중위장으로 참전했다. 한산대첩 때는 견내량에 있던 일본군을 유인하는 선봉장으로 활약하여 승리를 이끌었다.

어갈 수 있었다. 아무리 작전이라고 하지만 이대로 밀려 후퇴한다면 조선 수군의 사기에 좋지 않은 영향을 끼칠 수도 있었다. 그러나 판옥선을 포구로 보내면, 조총의 유효 사정거리에 들어 불필요한 사상자가 나올 위험이 있었다. 지금이야말로 거북선이 힘을 발휘할 때였다.

이순신은 거북선에 명령을 내렸다.

"거북선 돌격장은 들어라! 적의 총탄은 거북선에 탄 군사를 해칠 수 없다. 선봉으로 돌격해 적선과 포구에 모인 일본군을 공격하라!"

명령이 떨어지자 거북선은 사천 선창으로 돌격했다. 거북선에 설치된 천자총통, 지자총통, 현자총통이 빗발쳤다. 일본군은 처음 보는 기이한 배와 그 안에서 쏟아지는 엄청난 포탄에 혼비백산했다. 그 틈에 나머지 판옥선들도 돌진해 공격에 힘을 보탰다.

이순신이 탄 대장선도 거북선과 함께 앞장서 싸웠다. 이순신은 북을 치며 전투를 지휘했다.

그때였다.

"피웅! 퍽!"

북채를 들고 북을 치던 이순신은 왼쪽 어깨가 뜨거워지는 것을 느꼈다. 일본군이 쏜 총알이 갑옷을 뚫고 어깨까지 관통한 것이다. 어깨에서 피가 솟구쳤다. 순식간에 일어난 일이었다. 그러나 부하 장수들은 전투가 끝난 뒤에야 그가 관통상을 입었다는 것을 알았다. 이순신이 총탄에 맞은 직후에도 지혈만 한 채 북을 치며 지휘를 계속했기 때문이다. 이날 이순신뿐 아니라 나대용을 비롯한 여러 군사가 적의 총탄에 맞았다.

바닷가에 있던 일본군 가운데 살아남은 자들은 산 위로 올라가 숨었다. 조선 수군은 선창에 매여 있는 적선을 모두 격파했다.

1592년 5월 29일의 《난중일기》에는 이날의 상황이 이렇게 기록되어 있다.

맑았다. 우수사(이억기)가 오지 않았다. 홀로 여러 장수를 이끌고 새벽에 출항해 곧바로 노량에 도착했다. 경상우수사(원균)를 만나 왜적이 머물러 있는 곳을 물었더니, 사천 선창에 있다고 했다.
왜인들은 이미 육지에 상륙해 산봉우리에 진을 쳤고, 그들의 배는 산 아래에 줄지어 정박해 있었다. 막아 싸우려는 자세가 빨랐고 단단했다. 나는 장수들을 독려하며 명령해 한꺼번에 달려 들어가 화살을 빗발치듯 쏘았다. 바람과 천둥이 치듯 총통을 어지럽게 쏘았다. 적의 무리는 겁먹고 물

이순신이 총상을 당한 날에 쓴 일기

: 144   이순신, 지금 우리가 원하는

러났다. 화살에 맞은 놈이 몇백 명인지 셀 수도 없었다. 왜적의 머리도 많이 베었다. 군관 나대용이 탄환에 맞았다. 나도 왼쪽 어깨 위를 탄환에 맞았다. 등으로 뚫고 나갔으나 중상은 아니다. 사수와 격군 중에서도 탄환 맞은 사람이 많았다. 13척을 불태워 없애고 물러나와 머물렀다.

이순신의 관통상에 대해 유성룡은 《징비록》에서 이순신의 기록과는 다르지만 다음과 같이 남겼다.

하루는 왼쪽 어깨에 탄환을 맞아서 피가 발꿈치까지 흘러내렸으나 이순신은 아무 말도 하지 않았다. 싸움이 끝난 뒤에 살을 칼로 베고 총알을 빼냈다. 두어 치나 깊이 박혀 있었기에 지켜보는 사람들은 까맣게 질려 있었으나, 이순신은 보통 때처럼 태연히 말하며 웃고 있었다.

이순신은 총에 맞은 상태에서도 그날 밤 일기를 썼다 또 6월 10일 여수 본영에 돌아올 때까지 갑옷을 입고 전투를 계속했다. "탄환이 뼈까지 깊이 범해 아주 중합니다. 비록 목숨을 잃을 정도의 상처는 아니지만 매일 갑옷을 입고 있어 상처가 헐고 문드러져 고름이 흘러내립니다. 온갖 조치를 해도 효과를 얻지 못했습니다"라고 한 편지에서 썼듯, 이순신은 부상의 고통 속에서도 경상도에 머물며 일본군을 찾아내기 위한 노력을 멈추지 않았다.

6월 2일 아침, 일본 전선이 당포 선창에 있다는 정보를 받은 이순신은 원균과 함께 함대를 이끌고 당포로 이동했다. 그곳에는 일본 대선 9척과 중·소선 12척이 있었다.

이순신은 거북선을 앞장세워 돌격시켜 일본 대선 가운데 가장 큰 대장선을 공격하게 했다. 거북선이 앞에 나서자 잇따라 다른 판옥선들도 공격에 가세했다. 중위장 순천부사 권준은 대장선의 일본군 대장을 화살로 쏘아 배에서 떨어뜨렸다. 이날 우후 이몽구■는 일본군 대장선을 수색해 황금 부채 한 자루를 찾았다. 그 부채는 도요토미 히데요시가 그 부대의 대장인 가메이 코레노리를 일본 류큐의 영주로 삼는다는 임명장이었다. 코레노리는 전투 중에 허겁지겁 도망치느라 황금 부채를 미처 챙기지 못하고 떠났다.

소비포권관 이영남은 다른 일본 장수의 배에서 포로로 잡혀 있던 여자 노비와 소녀를 구출했다.

■ 이몽구(1554~1597)는 1591년에 이순신 휘하의 전라좌수영 우후가 되었다. 각종 해전에 참전해 활약했고, 1597년 노량해전에서 전사했다.

도요토미 히데요시의 황금 부채

이순신의 우후 이몽구가 노획해 이순신에게 보낸 히데요시의 황금 부채는 《선조실록》에도 나온다. 그러나 이후 역사 기록에서는 사라져 잊혔다가 1909년에 다시 등장한다.

1909년 9월 23일 《황성신문》은 〈금선발견金扇發見〉이라는 기사를 실었다.

> 구舊 탁지부 안에 있던 비밀 창고는 옛날부터 이를 열면 나라에 흉변이 생긴다고 전해져 이를 범하는 사람이 없었다. 그런데 이번에 일본인 관야박사關野博士(세키노 다다시)가 이를 열었다. 그 안에 저장된 것은 도요토미 히데요시가 지녔던 원형의 황금 부채圓形黃金軍扇 □개와 기타 수백 가지의 진귀한 보물 등인데, 황금 부채 중의 한 개를 일본 황실로 가져갔다고 한다.

같은 날 3면 기사에는 "원형 황금 부채 두 개가 있었는데, 도요토미 히데요시의 부채가 우리나라 창고에 있는 이유는 추측할 수 있는 일"이라고 부연 설명하고 있다. 《황성신문》 3면의 기사는 이순신이 당포해전에서 노획한 그 황금 부채라고 간접적으로 말하고 있다. 특히 그 황금 부채가 히데요시의 부채라는 근거는 황현의 《매천야록》에 나온다. 히데요시의 낙관落款이 있었기 때문이다. 임진왜란 당시에 노획한 히데요시의 황금 부채는 우리나라 '판도라 상자'였던 탁지부 비밀 창고에 두 개가 보관되어 있었고, 최소한 둘 중 하나에 히데요시의 서명 혹은 낙관이 있었던 것이다. 이순신이 노획한 그 황금 부채이다. 세키노 다다시는 탁지부 창고에서 발견한 그 황금 부채를 일본 왕실로 보냈다고 한다.

■ 《황성신문》 2면의 해당 부분은 글자가 뭉개져 정확한 개수를 알 수 없다. 그러나 같은 날 3면 기사의 내용으로 미루어 두 개로 보는 게 합당하다.

차별 없이 공정한 장수

1592년 6월 4일, 이순신과 원균이 오랫동안 기다렸던 전라우수사 이억기의 수군이 도착했다. 이억기는 판옥선 26척과 함께 왔다. 조선 수군은 용기백배하여 환호성을 질렀다.

다음 날, 조선 수군은 일본군이 고성 당항포에 있다는 소식을 듣고 당항포로 향했다. 당항포에는 일본 대선 9척, 중선 4척, 소선 13척이 있었다. 조선 수군 연합함대는 거북선을 먼저 돌격시켜 대선을 격파시킨 후 판옥선을 교대로 투입해 공격했다.

그러나 이순신은 모든 일본 전선을 격파하지는 않았다. 방답첨사 이순신의 건의 때문이다. 방답첨사 이순신은 산으로 도망친 일본군이 육지로 이동하면서 조선 백성에게 분풀이할 것을 우려했다. 백성의 피해를 막기 위해 일본군 배를 몇 척 남겨 두어 그들이 육지가 아니라 바다로 도망치게 하는 것이 좋겠다고 했다. 대신 조선 수군이 바다에 매복해 있다가 남은 전선을 타고 도망치는 일본 수군을 공격하자는 전략을 내놓았다. 방답첨사의 예측처럼 6일 새벽, 일본군은 몰래 배를 타고 바다로 도망쳐 나왔다. 방답첨사 이순신은 이들을 앞장서서 격파했다.

이순신이 남해에서 일본군을 격퇴하고 있던 6월 6일, 한양 근교 용인에서는 임진왜란이 시작된 이후 최대 규모였던 5만 명의 조선군이 와키자카 야스하루가 이끄는 1천 6백여 명에게 패해 궤멸되었다. 6월 7일 정오 무렵, 이순신은 영등포 앞바다에 도착해 때마침 율포에서 나와 부산으로 가려던 일본 대선 5척과 중선 2척을 추격해 격파했다. 이후 이순신은 9일까지 계속 일본군을 수색하다가 6월 10일 미조항 앞바다에서 연합함대를 해산하고 전라좌수영으로 복귀했다.

내친 김에 부산까지 가서 오랑캐를 다 죽이고 싶었으나, 연이어 큰 적을 만나 바다 위를 전전하며 싸웠기에 장수와 군사들은 몹시 지쳐 있었다. 다친 사람도 많았고 군량도 떨어졌다. 지친 군대로 편안히 있는 적을 상대하는 것은 실로 좋은 계책이 아니라고(이아지로 적피지일 실비병가지량산以我之勞 敵彼之逸 實非兵家之良算) 판단한 이순신은 군사들을 쉬게 하고 군대를 정비하기 위해 복귀해야 했다.

이순신의 조선 수군은 5월 29일 출전해 6월 10일 돌아올 때까지 사천·당포·당항포·율포에서 전투를 했고, 일본 대선 35척, 중·소선 33척 등 전체 72척을 격파했다. 이순신의 전라좌수영 군사 가운데 전사자는 13명, 부상자는 이순신과 나대용을 포함해 37명에 이르렀다.

2차 출전을 전후한 과정에서 이순신이 보여 준 지도력은 놀라웠다. 그는 산으로 도망친 일본군을 일부러 쫓지 않았다. 그들이 육지를 통해 부산까지 가면서 조선 수군의 힘을 스스로 입소문내도록 하기 위해서였다.

그는 또 승전을 보고하는 가짜 장계를 일본군이 다니는 길에 던져 놓았다. 가짜 장계에는 "곧 일본 본토를 공격할 것이며, 몇 월 몇 일에 출항한다"는 내용을 써 넣었다. 이는 한양으로 올라간 일본군이 조선 수군이 일본 본토 공격을 계획한다는 소식을 듣고 한양에서 신속히 후퇴하도록 하기 위해서였다.

이순신은 전란 속에서도 늘 백성들을 챙겼다. 전투가 끝나면 정보를 알려 준 백성에게 고마움을 표시하고 그들의 곤궁한 삶을 돕기 위해 일본군에게서 빼앗은 쌀과 옷감을 골고루 나누어 주었다. 부하들뿐만 아니라 백성의 말도 귀 기울여 들었기에 이순신에게는 다양한 정보가 전해졌다. 정보가 많았기에 일본군보다 한 발 앞서 행동하고 승리를 이끌어 낼 수 있었다.

이순신의 명성이 알려질수록 여수 본영으로 몰려드는 경상도의 피난민이 늘어났다. 이순신은 피난민이 안전한 본영 인근의 장생포 등지에 자리 잡고 농사를 지으며 살 수 있도록 배려했다. 이순신의 사랑과 관심으로 백성이 평안히 농사를 지으면 그것이 군량이 되었고, 백성은 또 군사가 되었다.

이순신은 적선에 사로잡힌 조선 사람을 살리려고 애쓴 결과 여섯 명을 구해 냈다. 적의 머리를 베는 대신 힘써 싸우는 자들을 으뜸가는 공로자로 하겠다는 원칙을 지켰기에, 이순신 부대는 72척의 일본 전선을 격파해 엄청나게 많은 일본군을 죽였으면서도 조정에 보고한 머리 수는 88급에 불과했다. 반면 원균과 이억기 부대가 보고한 머리 수는 2백 급에 달했다. 이는 앞장서서 싸웠던 전라좌수군이 이순신의 명령대로 적군의 머리보다 전투에 집중했다는 증거이다.

이순신이 선조에게 올린 장계의 내용도 특별했다. 이순신은 임금이 읽을 장계에 싸움에서 전사하거나 다친 모든 사람의 이름과 소속을 기록했다. "……정병 김맛산, 양반집 노비 배귀실, 관청 노비 난성, 사공이며 토병 박고산……" 등 양인과 양반은 물론이고 양반집 노비, 관청의 노비, 승려까지, 전투에 참가한 사람이면 신분과 지위에 상관없이 모두 이름과 소속을 적어 조정에 보고했다. 뿐만 아니라 이들의 시신을 거두어 고향에 보내고, 조정에는 "그들의 아내와 자식들에게는 다른 구제를 위한 특전처럼 베풀어 달라"고 요청했다.

이순신처럼 노비의 이름까지 전투 기록에 남긴 사람은 거의 없다. 이처럼 차별 없이 공정하게 사람들을 대한 덕분에 이순신은 백성과 군사의 마음을 얻을 수 있었고, 그들도 목숨을 던져 싸울 수 있었다.

이 전투의 승리로 이순신은 정2품의 자헌대부로 승진했다. 그는 본영으로 돌아와 자신의 몸과 부상자들의 건강을 돌보며 새롭게 군사를 정비했다.

바로 이 시기에 육지에서는 조선군의 패전과 후퇴가 반복되고 있었다. 6월 11일, 선조는 평양에서 의주로 피난을 갔다. 14일, 평양성은 결국 일본군에게 함락되었다.

더 알고 싶은 이야기

이순신은 어떻게 포상했을까?

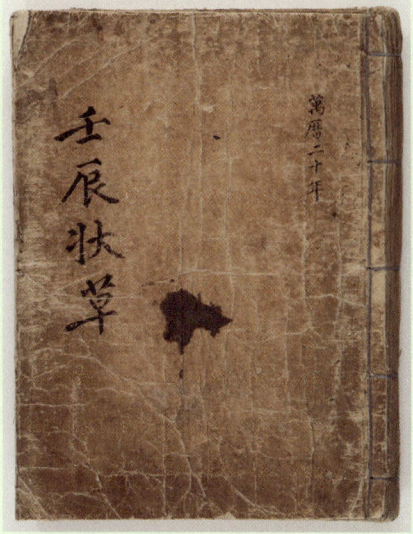

임진왜란 때 이순신이 조정에 올린 장계를 따로 옮겨 적은 것을 모은 《임진장초》

1. 적을 무찌르면 이익이 따른다는 것을 알게 한다(득리지심得利之心)

적을 쳐부수면 이익이 생긴다는 마음을 일으키기 위해 왜선에 실린 조선 쌀 3백여 섬을 굶주린 격군과 사부 등에게 양식으로 적당히 헤아려 나누어 주고, 옷과 옷감 등도 군사에게 나누어 주고자 합니다. 그러나 우선은 그대로 남겨 두고 조정의 조치를 기다립니다.

— 〈옥포에서 왜적을 쳐부순 일을 임금님께 보고하는 장계〉, 1592년 5월 10일

이순신은 1차 출전 후 승리에 따른 포상을 내려 줄 것을 조정에 요구했다. 나라에 충성하면 이익이 생긴다는 인간의 욕망에 초점을 둔 것이다. 그러나 이순신 마음대로 포상하지는 않았다. 군사들의 바람을 충족시키되, 임금에게 보고한 뒤에 나누어 주었다.

2. 마음을 위로하고 격려한다(위격군정慰激軍情)

만약 조정의 명령을 기다린 뒤에 공로의 등급을 나누어 칭찬한다면 시간이 오래 걸립니다. …… 게다가 극악한 도적들이 물러가지 않았기에 상 줄 때를 건너뛸 수 없습니다(상불가유시賞不可逾時). 따라서 군사들의 마음을 위로하고 격려하기 위해 1·2·3등 차례로 공로를 나누어 별도 장계에 조목조목 기록했습니다.

— 〈당포에서 왜적을 쳐부순 일을 임금님께 보고하는 장계〉, 1592년 6월 14일

2차 출전 후 이순신은 위와 같은 포상을 조정에 요구했다. 사상자가 나온 데다 연이는 전투로 군사들이 극도로 긴장하고 피곤한 상태였기 때문이다. 이순신은 물질적인 욕망의 다음 단계인 위로와 격려를 주고자 했고, 한 걸음 더 나아가 상을 주는 시기도 앞당겼다. 첫 번째 출전 뒤에는 장계를 올리고 난 뒤 포상했지만 이때부터는 상을 먼저 주고 그 결과를 조정에 보고해 올렸다.

3. 군사들의 마음을 감동하게 한다 (감동군정感動軍情)

여러 장수와 군사, 관리 등은 제 한 몸을 돌아보지 않고 처음부터 끝까지 싸움에 힘써 여러 번 승첩했습니다. 그러나 행재소가 멀리 있고 길은 험한 데다 막혀 있습니다. 만약 조정의 명령이 내려올 때까지 기다린다면 군사들의 마음을 감동시킬 수 없습니다. 처음 약속과 같이 비록 적의 머리를 베지 않았어도 죽을힘을 다해 싸운 사람들을 신이 직접 본 바에 따라 차례로 나누어 결정해 마찬가지로 문서에 이름을 올렸습니다.
― <견내량에서 왜적을 쳐부순 일을 임금님께 보고하는 장계>, 1592년 7월 15일

3차 출전인 한산대첩 후 이순신은 군사들에게 '감동'을 주고자 했다. 마음을 움직이는 것이야말로 자발적인 충성심의 시작이라고 보았다. 부하들의 마음을 얻기 위한 이순신의 노력은 나라와 대장에게 충성하는 부하들을 만든 원동력이었다.

4. 의로운 혼령을 위로하고, 다른 이들을 깨우친다 (일경타인一擎他人)

녹도만호 정운은 몸을 가벼이 여기고 죽음을 잊고 먼저 적의 소굴에 돌격했습니다. 적이 감히 움직이지 못한 것은 참으로 정운의 힘이었습니다. 그런데 배를 돌려 나올 때 탄환에 맞아 죽었습니다. 늠름한 기상과 정령이 속절없이 없어진다면 후세 사람들이 듣지 못하게 될까 봐 아주 비참하고 슬픕니다. 혼을 불러 같은 제단에서 제물과 음식을 올려 제사를 지내게 해, 한편으로는 의로운 혼령을 위로하고 한편으로는 다른 사람들을 깨우칠 수 있도록 해 주시옵소서.
― <녹도만호 정운을 이대원 사당에 함께 배향해 주시기를 임금님께 청하는 장계>, 1592년 9월 11일

1592년 9월 부산대첩 후 정운이 전사하자 이순신이 선조에게 올린 장계이다. 이는 이순신의 포상이 지향한 궁극적인 목적을 보여 준다. 이순신은 포상이 물질적 이익이나 위로와 공감을 뛰어 넘어 역사에 영원히 남겨지도록 했다. 후손들이 기억하고 함께 살아가는 사람들이 교훈을 얻을 수 있는 상, 다른 이들로 하여금 자신도 이런 상을 받을 수 있도록 느끼게 하는 포상이었다. 포상의 최고 경지라 할 수 있다.

유인하여 학의 날개를 펼치다

 1592년 7월 4일, 이억기 함대와 연합한 이순신은 이틀 뒤 노량에서 원균 함대와 다시 만났다. 원균 함대는 그 사이 전선을 더 확보해 7척으로 늘어나 있었다. 조선 수군은 판옥선 55척, 거북선 3척, 협선 50여 척, 총 1백여 척이 다시 일본군을 향해 나아갔다.
 7월 7일, 조선 연합함대는 고성 당포에 도착했다. 이순신의 수군을 멀리서 본 미륵도 목동 김천손이 달려왔다.
 "좌수사 영감님! 영등포 앞바다에서 온 크고 작은 일본 전선 70여 척이 거제와 고성의 경계인 견내량에 도착해 머물고 있습니다."
 이순신은 다음 날 새벽 견내량으로 출발했다. 김천손의 말처럼 견내량에는 일본군의 대선 36척, 중선 24척, 소선 13척 총 73척이 정박하고 있었다. 그런데 견내량은 수심이 얕고 암초도 많아 큰 배가 항해하기 어려웠다. 해협도 좁고 길어 판옥선으로는 싸우기가 매우 힘들었다. 또 싸움에서 이기더라도 일본군이 육지로 도망치기 쉬워 적을 섬멸하기도 어려웠다.

원균은 일본군에 대한 적개심이 가득 차 당장 나가 싸우자고 나섰지만 이순신이 말렸다.

"공은 병법을 알지 못하십니까? 막무가내로 나간다면 반드시 패배할 것입니다. 게다가 적을 가벼이 여기면 반드시 패배합니다(경적필패 輕敵必敗). 우리 전선은 크기가 커서 움직이기 불편한 견내량에서 싸우면 반드시 크게 패할 것입니다. 견내량이 아니라 넓은 바다로 불러내 싸우는 것이 판옥선을 활용하기 좋고 싸우기도 편합니다. 적들을 한산도 앞바다로 유인해야 합니다! 우리가 곳곳의 섬 뒤에 숨어 있다가 적들이 한산 앞바다를 가득 메웠을 때 한꺼번에 공격하면 적들은 도망칠 곳도 없고, 우리는 몰려 있는 적을 상대하기에 각종 포를 명중시키기도 쉽지 않겠습니까? 그리하면 우리는 피해를 줄이고 저들을 바다 가운데서 완전히 없앨 수 있지 않겠습니까?"

원균은 이순신의 이야기를 듣고 비로소 고개를 끄덕였다. 어차피 왜선 몇 척을 부수는 것보다는 그들을 뿌리째 뽑는 것과 완전한 승리가 더 중요했기 때문이다.

이순신은 몇몇 장수를 선발해 두 번 세 번 단단히 타이르며 작전의 원칙을 거듭 설명했다. 또 아군의 피해를 최소화시키기 위해 적당한 거리를 두고 일본군을 유인하라고 반복해서 일러 두었다. 이순신이 고심하며 싸울 장소로 정한 바다는 한산도 앞바다였다. 한산도 앞바다에서 싸운다면, 일본군은 도망치더라도 무인도로 가야 했기에 결국 굶어죽을 수밖에 없었다.

곧 선봉장 방답첨사 이순신이 이끄는 판옥선 5~6척으로 하여금 견내량에 주둔한 적의 선봉을 공격하게 했다. 이에 적선이 일시에 쫓아 나오자 아군 함선은 거짓 후퇴를 하며 적을 유인했다.

당시 일본 수군의 사령관은 바로 한 달 전인 6월 6일, 용인에서 1천 6백여 명으로 5만 명의 조선군을 패배시킨 와키자카 야스하루였다. 일본 수군 장수 중에서도 명장으로 꼽히는 인물이었다. 야스하루는 이순신에 연달아 패한 일본 수군의 참패를 씻어 내고 바다를 장악하기 위해 부산으로 급히 내려온 참이었다. 이곳에서 이순신의 수군을 공격하려고 견내량으로 와 있었다.

조선 수군을 발견한 야스하루는 이것이 유인 전략인 줄은 생각지도 못한 채 한산도까지 달려 나왔다. 일본군이 예상대로 한산도 앞바다에 이르자, 판옥선은 미리 약속한 신호에 따라 한꺼번에 뱃머리를 돌렸고 매복해 있던 아군 함대도 모습을 드러내며 진격했다. 바로 학익진鶴翼陣 전술이었다.

조선 수군은 학이 날개를 펼친 듯 진을 치고 나아가면서 적선을 가운데 몰아넣고 각종 포와 불화살을 퍼부었다.

순천부사 권준은 대선 1척을 격파하며 장수를 베었고, 조선인 남자 포로 한 명을 구출했다. 광양현감 어영담은 대선 1척을 격파하며 화살로 장수를 쏘아 맞혀 사로잡고, 조선인 한 명을 구출했다. 사도첨사 김완은 대선 1척을 격파하고 장수를 베었다. 방답첨사 이순신은 대선 1척을 격파하고 따로 2척을 추격해 불태웠다. 녹도만호 정운은 대선 2척을 격파하고 조선인 두 명을 구출했다. 홍양현감 배흥립 대선 1척, 좌돌격장 이기남 대선 1척, 좌별도장 가안책 대선 2척, 낙안군수 신호 대선 1척, 여도권관 김인영 대선 1척, 발포만호 황정록 대선 1척 등 각자 임무를 충실히 수행하여 적선을 하나둘씩 격파했다. 그 외 나머지 대선 20척과 중선 17척, 소선 5척 등은 전라좌도와 우도의 여러 장수가 함께 불태웠다. 일본군 전선 중에서 뒤떨어져 있던 대선 1척과 중선 7척, 소선 6척은 전투를 지켜보다가 도망쳤다. 와키자카 야스하루는 간신히 도망쳤고, 그의 부하였던 와키사카 사베에와 와타나베 시치에몬은 전사했다. 또 선장이었던 마나베 사마노조는 한산도에 올라가 할복자살했다. 이 한산대첩에서 이순신·이억기·원균은 일본군 대선 36척, 중선 17척 등 73척 가운데 총 59척을 격파했고, 일본군 최소 3천여 명을 무찔렀다.

7월 9일, 정탐 군사가 안골포에 일본군 전선 40여 척이 있다고 보고했으나, 해가 저물고 역풍이 불어 나아갈 수 없었다. 조선 함대는 7월 10일 새벽 안골포로 나아갔다. 전라우수사 이억기의 함대는 안골포 바깥 바다에 진을 치고 바깥을 경계했다. 이순신의 함대가 선봉에 나섰고, 원균의 함대가 그 뒤를 따랐다. 그러나 일본 수군은 이미 한산도 싸움 소식을 전해 들었기에 아무리 유인해도 밖으로 나오지 않았다.

이순신과 원균 함대는 서로 번갈아 포구로 드나들며 일본 대선을 집중 공격했다. 이억기 함대도 복병만 남겨 둔 채 합류해 공격했다. 결국 적선 42척 가운데 21척을 격파할 수 있었다.

이번에도 이순신은 육지로 도망친 일본군을 뒤쫓지 않고 그들이 타고 갈 작은 배 몇 척을 남겨 두었다.

"우리가 적선을 다 불태워 적들이 궁지에 빠진다면 산속에 숨어 있는 우리 백성들이 화를 면하지 못하게 될 것이다. 적이 도망갈 길을 열어 두고, 배를 타고 도망칠 때 바다에서 공격하는 것이 백성이 살육당하지 않는 길이다."

이처럼 이순신은 모든 전투에서 지나친 공격으로 인한 화를 피하려고 했다. 전투가 끝난 뒤에는 일본군에게 빼앗은 쌀과 옷, 옷감 등을 군사들에게 나누어 주어 노고를 위로하고 사기를 높였다.

다른 한편으로 이순신은 산으로 도망친 일본군을 의도적으로 끝까지 추격하지 않고 살려 보냈다. 그들로 하여금 조선 수군의 용맹성과 위용을 입소문으로 퍼뜨리게 만들기 위한 전략이었다. 그 때문에 일본군은 조선 수군에 공포심을 갖게 되었다.

안골포에서 구출된 조선 백성은 당시 조선 수군의 위용을 이렇게 전했다.

"일본군이 밤바다에서 고기잡이배의 불빛을 보고는 전라도 수군이 쳐들어온 것으로 착각하고 크게 혼란에 빠졌다고 합니다."

임진왜란 3대 대첩 가운데 하나로 평가되는 한산대첩을 끝낸 이순신은 여수 본영으로 돌아갔다.

한산대첩과 안골포해전을 치르면서 조선 수군은 일본군 수천 명의 목숨을 앗아 갔다. 이 두 전투에서 이순신이 이끄는 전라좌수영 군대는 전사자 19명, 부상자 114명에 불과했다. 한마디로 완승이었다. 이순신은 이 전투로 정2품 정헌대부로 승진했다. 도요토미 히데요시는 한산대첩과 안골포해전의 패전을 보고받고는 해전을 피할 것을 명령했다. 이어 대선을 건조하고 남해안의 요충지에 성을 쌓아 방어하는 장기전을 펼칠 것을 명령했다. 그 후 부산에서 순천 사이의 해안에는 일본군이 쌓은 성 18개가 생겼다.

> 더 알고 싶은 이야기

전쟁의 분수령이 된 위대한 전투 한산대첩

한산대첩이 가져온 결과는 약 350년이 지난 1943년 4월 22일, 미국 상원에서 상원의원 알렉산더 와일리가 한 연설에 잘 드러난다. 미국에서 발행된 한인 교포 신문 《국민보》 1943년 6월 2일자에는 그가 대한민국임시정부를 미국이 승인해야 한다고 연설한 내용이 실려 있다.

> 세계에서 일본인을 쳐 이긴 나라는 조선뿐입니다. 한인과 일인 사이에 여러 번 전쟁이 있었는데, 1592년에 조선 해군 대장 이순신이 철갑선을 처음으로 만들어 일본 해군을 함몰시켰습니다. 그 뒤 조선은 350년 동안을 무사히 지냈습니다.

조선의 항일운동을 적극 지원한 미국인 선교사 호머 헐버트도 한산대첩을 극찬하며 이렇게 말했다.

> 조선의 살라미스해전이다. 이 해전으로 히데요시의 조선 침략은 사형 선고를 받았고, 중국 정벌 야망을 꺾어 버렸다.

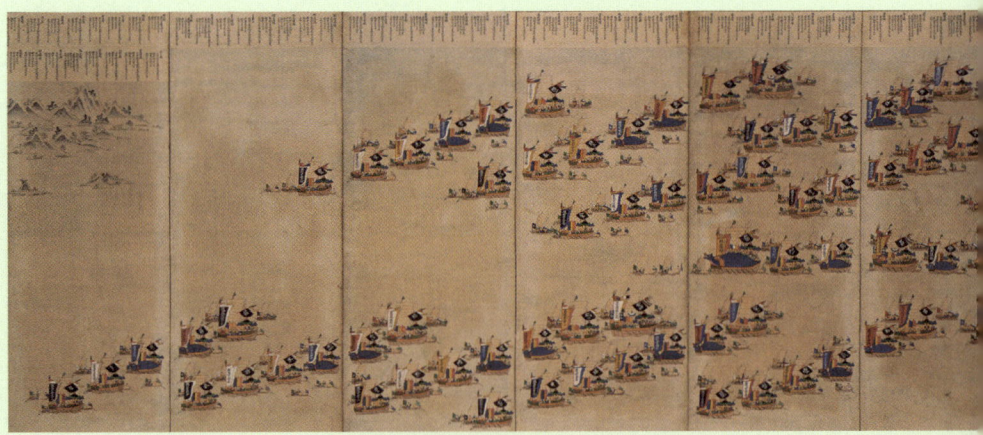

삼도수군의 조련 모습을 그린 〈수조도병풍〉. 수군이 학인진을 펼치며 훈련받고 있다.

살라미스해전은 기원전 480년, 테미스토클레스가 이끄는 그리스 함대가 페르시아 함대를 살라미스 해협으로 유인해 격파한 해전이다. 이 해전은 페르시아의 야망을 꺾었고, 그리스는 지중해의 왕자가 되었다.

ⓒ 재단법인 통영충렬사

전략과 전술이 가져온 불패 신화

1592월 8월 1일, 이순신은 "부산이 적의 뿌리이니 그 소굴을 무찔러 뒤엎어야 적의 간담을 부술 수 있을 것이다(적담가파 賊膽可破)"라고 하며, 일본군의 뿌리인 부산의 일본군을 공격하기로 결심했다. 곧 전라좌수군과 전라우수군의 판옥선 74척과 협선 92척을 여수 본영에 집결시키고 전투 준비를 했다. 8월 24일, 마침내 이순신과 이억기의 함대는 여수 본영을 떠나 노량에 도착했다.

다음 날, 연합함대는 다시 이동해 삼천포 앞바다에 도착했고, 동진東進을 계속해 당포에서는 원균 함대를 만나 향후 진로 계획을 세웠다. 26일, 연합함대는 밤새 견내량을 건너고 27일에는 거제 칠내도에 도착했다. 해질 무렵에는 서원포를 건넜고 28일에는 가덕에 도착했다.

8월 29일, 조선 수군은 경상우수사 원균 부대가 주도해 일본 대선 4척

■ 부대나 세력 따위가 동쪽으로 나가는 것이다.

과 소선 2척을 불태웠다.

　그 뒤 이들 연합함대는 9월 1일, 몰운대를 지나 화준구미에서 대선 5척, 다대포에서 대선 8척, 서평포에서 대선 9척, 절영도에서 2척, 초량항에서 4척을 차례로 격파했다. 그 사이 부산 앞바다에 보낸 정탐선에서 보고가 들어왔다. 왜선 5백여 척이 선창에 머물러 있다는 보고였다. 연합함대보다 다섯 배나 많은 숫자였다. 이순신과 원균, 이억기는 머리를 맞댔다.

　이윽고 전투를 결심한 이순신이 말했다.

　"우리 군사로 지금 적을 공격하지 않고 되돌아간다면, 적들이 우리를 멸시할 것입니다."

　연합함대는 부산포를 줄지어 들어가면서 공격했다. 적선 1백여 척을 격파하고, 일본군이 상륙해 있던 육지에도 화살과 대포를 빗발치듯 쏘았다. 날이 어두워진 후 가덕도로 돌아온 다음 날 부산포로 진격하려고 했으나 군량과 무기가 부족했다. 또 육지의 일본군은 수군이 상대하기에 한계가 있었다. 게다가 수군이 육지에 상륙해 공격할 경우 뒤에서 공격당할 염려가 있었다. 이순신은 지나친 욕심을 절제하고 전투를 중단한 뒤 본영으로 복귀했다.

　이순신은 이 부산포해전을 "그동안 네 번 출전해 열 번 싸워 모두 이겼다. 그러나 장수와 군사들의 공로를 살펴보면, 이번 부산 전투가 최고이다. 전에는 적선이 많아야 70여 척이 못 되었지만 이 부산해전은 470척이 넘는 왜선과 싸워 1백여 척을 격파했다. 적들의 용기는 한순간에 꺾였고, 우리 수군을 무서워해 두려움에 떨었다"라고 스스로 평가했다.

　그러나 이순신에게도 크나큰 손실이 있었다. 전라좌수사에 부임한 뒤로 형제처럼, 때로는 부자처럼 한마음으로 함께했던 녹도만호 정운이 전사한 것이다.

정운의 전사 당시 상황은 《선조실록》과 오희문의 일기에도 나온다.

이순신 진영의 정운이 일본군 대포를 맞고 죽었습니다. 포탄이 참나무 방패 세 개를 뚫고 또 쌀 두 섬을 뚫고 지나며 정운의 몸을 관통했다고 합니다.

—《선조실록》, 선조 27년(1594년) 4월 17일

부산 바닷가에 적선이 가득 정박해 있었다. 좌수사 이순신과 우수사 이억기가 수군을 이끌고 들어가 육지로 올라간 적을 공격했는데 일본군 수만 명이 비처럼 탄환을 쏘아 아군 30여 명이 죽었고, 녹도만호 정운도 탄환에 맞아 죽었다. 이로 인해 우리 수군은 어쩔 수 없이 군사를 후퇴시켰다.

—오희문, 《쇄미록》, 1592년 9월 11일

판옥선 최소 82척, 협선 92척으로 구성된 이순신과 조선 수군 연합함대는 8월 29일 장림포에서 일본군 대선 4척, 소선 2척을 격파했고, 9월 1일 화준구미 등에서 대선 28척을 격파했으며 곧바로 부산포로 들어가 1백여 척을 격파했다. 8월 29일부터 사흘 동안 조선 수군이 격파한 왜선은 최소 134척이었다.

1592년 4월 13일 전쟁이 발발한 이후 이순신과 조선 수군은 일본

임진왜란 때 일본군이 쌓은 구포 왜성(부산광역시 북구)

전선을 최소 349척 이상 격파했다. 그러나 이순신의 전라좌수군을 기준으로 피해는 전사자 38명, 부상자 180명에 그쳤다. 네 차례에 걸친 출전의 결과는 각종 병법에서 말하는 완전한 승리였다.

　이순신이 이같이 승리한 원인은 그의 말과 행동에서 찾을 수 있다. 대표적인 사례가 한산대첩 때의 모습이다.

　이순신은 전라우수군의 이억기, 경상우수군의 원균 함대와 함께 출전했다. 이순신은 이 바다의 지형이 판옥선에 유리하지 않아 계책을 세웠다. 일본군을 한산도 앞바다까지 유인해 공격하자고 한 것이다. 그러나 왜적을 향한 분노가 극심했던 원균은 적개심에 불타 전략 전술은 무시하고 당장 공격하자고 주장했다. 이순신도 원균의 마음을 잘 알았지만, 일에는 우선순위가 있고 승리하기 위해서는 전략 전술이 필요하다고 생각했기에 원균을 말렸다.

"원 수사! 대장의 명령은 오히려 신중히 해서 감히 가벼이 행동해서는 안 됩니다(대장지령 유재신중 이불감경거 大將之令 猶在愼重 而不敢輕擧). 또 일에는 가볍거나 무거운 것이 있고, 때에는 느리거나 급한 것이 있습니다(사유경중 시유완급 事有輕重 時有緩急). 비록 일이 대수롭지 않기에 급하고 빠르게 할 수 있을지라도 사람들의 마음을 빠짐없이 생각하며 살피고, 형세를 자세히 살피지 않을 수 없습니다(사수헐후급속 즉불가불찰인정 심형세 事雖歇後急速 則不可不察人情 審形勢). 그럴 때일수록 오히려 신중히 해서 감히 가벼이 싸워서는 안 됩니다(유신중 이불감경여지전 猶愼重 而不敢輕與之戰). 아무리 급해도 중요한 것부터 해야 하지 않겠습니까? 나를 알고 적을 알아야 백 번을 싸워도 위태롭지 않다고 하지 않았습니까(지기지피 백전불태 知己知彼 百戰不殆)? 지금처럼 분노만으로는 이길 수 없습니다. 병법에 따라 전략 전술을 짜서 싸우기 전에 이길 수 있도록 해야 합니다."

원균은 이순신의 논리적인 말을 잠자코 들을 수밖에 없었다. 이순신이 다시 원균과 장수들에게 말했다.

"전쟁은 감정으로 하는 것이 아닙니다. 병법으로 해야 합니다. 싸우기 어려운 곳에서 다짜고짜 공격하면 패할 것이 뻔합니다. 우리가 이길 수 있는 곳으로 적들을 유인해 끌어내 한꺼번에 공격합시다."

이순신은 평상시, 또 전투 기간 중이라도 늘 병법책과 전쟁사책을 곁에 두고 읽으며 지금의 상황을 살피고 대비하기를 게을리하지 않았다. 이순신의 승리 뒤에는 이처럼 끊임없는 독서와 사색의 시간이 있었다.

이순신이 평소에 늘 경계하던 것이 있었다. 이순신은 전투에 나서기 직전이나 승리한 직후에 늘 이 점을 부하 장수들과 군사들에게 강조했다.

"교만하면 질 수밖에 없다. 우리는 자주 승리하고 있기에 긴장이 풀어지고, 또 교만한 마음이 생겨나고 있다. 교만은 반드시 패배를 부른다. 교만한 마음을 버리고 우리가 처음 적을 만났을 때 조심했던 것처럼 늘 신중히 해야 한다! 여러 장수는 한 번 승리한 것을 편하게 여기지 말고(무뉴일첩毋扭一捷), 전투한 군사를 위로하고 어루만지고(위무전사慰撫戰士), 다시 배와 관계된 것에 더욱 힘쓰고(갱려주즙更勵舟楫), 비상사태를 듣는 즉시 달려오기를 처음부터 끝까지 한결같이 하라(종시여일終始如一)."

불패의 명장 이순신의 1592년은 이렇게 지나가고 있었다.

이순신은 왜 쇠 방울을 울렸나?

1592년 6월 3일, 이순신이 2차 출전을 했을 때였다. 갑자기 진중이 소란스러워졌다. 장수들과 군사들은 마치 일본군이 기습이라도 해 온 것처럼 혼란에 빠져 갈팡질팡했다. 대장의 신속한 지휘가 시급한 순간이었다. 그때 이순신은 혼란을 잠재우기 위해 부하를 시켜 쇠 방울을 흔들었다. 만약 이순신이 여느 사람들과 똑같이 큰 소리로 명령했다면, 오히려 주변 소리에 묻혀 부하들에게 전달되지 않았을 것이다. 그러나 이순신은 침착하게, 먼 곳까지 전달되는 쇠 방울을 울렸다. 장수와 군사들은 이 소리에 귀를 기울이며 안정을 되찾았다. 태산 같은 신중함, 이것이 이순신을 한결같이 지켜 준 힘이었다.

5부
낮은 자리도 마다하지 않은 영웅

"지금 신에게는 아직도 12척의 전선이 있습니다. 신에게 조선 수군을 이끌게 해 주시고, 바다에서 다시 싸워 이 땅과 이 바다를 승리의 바다로 만들 수 있는 기회를 주시옵소서. 나라를 다시 반석 위에 올릴 수 있는 기회를 주시옵소서. 지금 신에게는 아직도 12척의 전선이 있습니다. 목숨을 걸고 아뢰옵니다."

사대주의를 거부한 조선 사람

임진왜란이 일어난 후, 명나라는 자신들의 땅을 침략하려는 일본군을 조선 땅에서 막고자 했다. 명나라는 전쟁이 일어났다는 소식을 듣고 요동 부총병 조승훈이 이끄는 3천 명의 기마 부대를 조선으로 파병했다. 그러나 일본군을 얕잡아 본 조승훈은 1592년 7월 17일, 평양성을 공격하다가 참패하자 뒤도 돌아보지 않고 압록강을 건너 고국으로 돌아갔다.

패전 소식에 놀란 명나라는 8월에 책사 심유경을 조선으로 보내고 뒤로는 몰래 파병을 준비했다. 조선에 들어온 심유경은 평양성으로 찾아가 고니시 유키나가와 강화 협상을 벌였다.

그해 12월 25일, 새롭게 파병을 준비한 명나라는 도독 이여송이 이끄는 5만여 명의 군사를 조선으로 다시 보냈다. 조선군과 이여송의 명나라 연합군은 1593년 1월 6일부터 9일까지 평양성을 공격했다. 조명 연합군의 기세에 눌린 일본군은 평양성에서 몰래 도망쳐 남하했다. 조명 연합군도 도망치는 일본군을 추격해 1월 말 개성을 탈환했다. 그러나

1월 27일, 교만해진 이여송은 일본군을 가볍게 여기고 추격하다가 벽제관 근처에서 참패하고 개성으로 물러났다.

벽제관전투에서 승리해 사기가 올라 있던 일본군은 2월 12일 벽제관 근처의 행주산성을 공격했다. 이때 전라순찰사 권율이 지휘하는 조선군은 부녀자들까지 치마에 돌을 담아 나르며 치열하게 싸워 일본군을 무찔렀다. 이것이 임진왜란 3대 대첩 중 하나인 행주대첩이다. 1592년 7월 이순신의 한산대첩, 1592년 10월 김시민의 진주대첩에 이은 임진왜란의 최대 승리였다. 그러나 이여송은 2월 18일, 행주대첩이 승리로 끝났는데도 평양으로 다시 후퇴했다.

벽제관전투에서 패한 명나라는 일본과 다시 강화 협상에 나섰다. 이 협상에서 정작 침략당해 고통받던 조선은 완전히 배제되었다. 명나라와 일본이 협상했다. 게다가 명나라는 강화 협상을 명목으로 조선군에게 더 이상 일본군을 공격하지 말도록 명령했다. 일본군과 싸우는 조선군을 심하게 벌하기도 했다.

강화 협상이 이루어지는 과정에서 일본군은 1593년 4월 18일, 한양에서 경상도로 후퇴했다. 그런데 후퇴하던 일본군은 전투 중단 약속을 어겼다. 1592년 10월 진주대첩에서 참패한 것을 보복하고 전라도로 가는 길목을 장악하기 위해 다시 진주성을 공격해 점령했다. 그럼에도 명나라는 1596년 9월 초까지 일본과 강화 협상을 이어 나갔다.

강화 협상이 이어지면서 명나라에서는 일본군과의 전투를 금지하는 명령을 조선군에 계속 내려보냈지만, 이순신은 경상도 해안을 점령한 채 약탈을 일삼는 일본군을 상대로 싸우는 일을 멈추지 않았다. 1593년에는 2월부터 5월까지 두 차례 출전해 일본군과 싸웠다. 2월 6일, 이순신은 전쟁 이후 다섯 번째 출전을 했고, 2월 10일부터 3월 6일까지는 웅포를 점령한 일본군과 싸웠다. 당시 일본군들은 경상도 남해안 지역인 웅포·안골포·제포·원포·장문포·영등포, 천성·가덕 등에 성을 쌓고 머물러 있었다. 5월 7일, 이순신은 또다시 출전해 일본군을 공격했다.

1593년 7월 14일, 이순신은 일본군이 전라도에 진출하려는 것을 철저히 막고자 한산도 두을포에 기지를 설치하고 주둔했다. 이후 1597년 2월 파직될 때까지 3년 8개월을 이곳에 머물며 일본군의 전라도 길을 봉쇄했다.

그해 8월, 이순신은 경상도와 전라도, 충청도의 모든 수군을 지휘하는 삼도수군통제사에 임명되었다.■ 이순신·원균·이억기의 조선 수군 삼두마차가 이순신의 단일 지휘 체계로 바뀌었다. 삼도수군통제사는 수군을 원활하게 관리하고자 조정에서 새로 만든 직책이었다. 이순신은 조선 수군의 최고사령관이 되어 한편으로는 전투를 하고 다른 한편으로는 군사와 백성들을 먹여 살리는 경영자로 활약했다.

삼도수군통제사가 된 이듬해인 1594년, 이순신은 두 차례의 큰 해전을 승리로 이끌었다. 3월 4일과 5일, 주둔 지역을 벗어나 진해 등지를 왕래하며 약탈하는 일본군 전선 31척을 당항포에서 격파했다. 같은 해 9~10월에는 육군 및 의병과 연합해 장문포의 일본군을 공격했다. 이때는 의병장 곽재우와 김덕령도 이순신의 수군에 합류해 싸웠다.

■ 이순신은 제1대 통제사가 된 뒤 1597년 2월에 파직되었다가, 1597년 7월 원균의 칠천량 패전 이후 8월에 재임명되어 제3대 통제사가 되었다.

장문포해전에서 이순신은 여느 때처럼 외쳤다.

"적의 형세를 살펴보고, 신중히 공격하라! 경솔히 나아가 싸우지 마라! 요행을 바라거나, '만에 하나萬一'와 같이 극히 사소한 가능성에 의지하는 것은 실로 병가의 훌륭한 계책이 아니다(요행만일 실비병가지장산의 倖佯 萬一 實非兵家之長算矣). '요행'을 바라지 마라! '만에 하나' 같은 기적을 바라지 마라! 오직 완벽한 준비와 철저한 계획만이 있을 뿐이다! 작은 이익을 보려고 들어가 무찌른다면, 큰 이익을 얻을 수 없다(견소리입초 대리불성 見小利入勦 大利不成). 사소한 승리가 아니라 대승할 기회를 만들고 그때를 기다리자! 나를 알고 적을 알면, 백 번을 싸워도 백 번 승리한다(지기지피 백전백승 知己知彼 百戰百勝). 나를 알지만 적을 모르면, 한 번은 이기나 한 번은 진다(지기부지피 일승일부 知己不知彼 一勝一負). 나도 모르고 적도 모른다면, 싸울 때마다 반드시 패한다(부지기부지피 매전필패 不知己不知彼 每戰必敗). 이는 영원히 변할 수 없는 이론이다."

이순신은 자나 깨나 철저하게 일본군을 대비했다. 심지어 꿈속에서까지 일본군의 침입을 경계할 정도였다. 《난중일기》에도 이 같은 꿈 이야기가 적혀 있다.

1593년 8월 25일, 꿈속에 적의 모습이 있었다. 그래서 새벽에 각 도의 대장들에게 알려 바깥 바다로 나가 진을 치게 했다.

유성룡의 《징비록》에도 이순신이 철저하게 대비한 덕에 일본군의 야간 기습을 막아 낸 이야기가 전해진다.

이순신이 진영을 옮긴 한산도 두을포의 제승당. 현재 사적 제113호로 지정되어 있다.

이순신과 수군이 활쏘기 연습을 하던 한산정 활터. 활 쏘는 곳과 과녁 사이에 바다가 있는 독특한 훈련장으로 과녁과의 거리는 145미터이다.

5부 낮은 자리도 마다하지 않은 영웅

통제사(이순신)가 군대에 있을 때 밤낮으로 엄하게 경계하면서 일찍이 갑옷을 벗지 않았다. 견내량에 있으면서 적과 대치하고 있었다. 여러 배가 닻을 내리고 있었고, 밤의 달빛이 아주 밝았다. 갑옷을 입은 채 북을 베고 누워 있던 통제사가 갑자기 일어나더니 여러 장수를 불러 말했다.

'오늘밤 달빛이 아주 밝다. 적은 거짓 꾀가 많아 달이 없을 때는 당연히 기습해 왔지만, 달이 밝을 때도 기습할 수 있다. 경비를 엄하게 하지 않으면 안 된다.'

그러고 난 뒤에 모든 배가 닻을 들게 하고 척후선에 전령을 보냈다. 척후를 맡은 군사가 마침 곯아떨어져 있었기에 깨워 일으키고 비상사태를 대비하도록 했다. 오래지 않아 척후선이 달려와 적이 오고 있다고 보고했다. 이때 달이 서산에 걸려 있어 산 그림자가 바다에 드리워 바다의 반쪽은 어슴푸레하게 그늘져 있었다.

많은 적선이 그늘의 어둠을 따라 가까이 다가올 때, 중군中軍에서 대포를 쏘고 고함을 치자 다른 아군의 배들이 모두 호응했다. 적은 대비가 되어 있는 것을 알고 한꺼번에 조총을 쏘았다. 날아오는 탄환이 바다 속으로 떨어지는 것이 비가 내리듯 했으나, 적군은 감히 침범하지 못하고 달아났다. 여러 장수가 이순신을 신神으로 여겼다.

이순신은 꿈속에서나 깨어 있을 때나 언제나 적의 마음을 꿰뚫고 비상사태를 대비했다. 부하 장수들은 이순신을 자신들을 보호하고 승리를 만드는 군신軍神으로 여겼다.

당항포해전이 끝난 1594년 3월 6일, 이순신은 명나라 선유도사 담종인에게서 전투 금지 명령이 적힌 명령서를 받았다. 일본과 맺은 강화 협상을 명목으로 전투를 금지한다는 내용이었다.

> 일본의 장수들은 모두 무기를 거두고 본국으로 돌아가려고 합니다. 당신들의 조선도 전쟁의 혼란을 면해 태평성대의 즐거움을 얻는다면, 어찌 두 나라에 이익이 되지 않겠습니까?
> 최근 당신들 조선 병선이 일본 진영에 가까이 주둔하고, 왜인을 죽이고 배를 불태운다고 합니다. 이에 전투를 금지하는 패문을 보내니 마땅히 따라야 합니다. 이 명령서를 조선의 각 관리는 받들어야 할 것입니다.
> 조선 수군의 각 병선은 본래 있던 지방으로 빨리 돌아가고, 일본군 주둔지에 가까이 가 시빗거리가 생기지 않도록 하십시오. 만약 고집을 부려 반성하지 않고 이곳에 머물러 다시 왜인들을 남김없이 죽이고 배를 빼앗는다면, 명나라는 즉시 조선 왕에게 공문을 보내 엄격히 조사하도록 하겠습니다. 그렇게 되면 분란을 일으킨 죄를 면할 수 없게 될 것입니다.
> 그러므로 명나라에서 삼가며 타이르니, 조선의 각 신하는 위의 명령서를 받들어 시행하십시오.

당시 이순신은 앉을 수도 누울 수도 없을 만큼 아픈 몸을 이끌고 당항포해전을 지휘해 승리를 이끈 터였다. 그런 그에게 명나라 장수는 전투를 중지하지 않으면 명나라 조정에 알려 처벌하도록 만들겠다고 협박하고 있었다. 크게 분노한 이순신은 병고와 전투로 지친 몸을 일으켜 세우고 '왜적을 무찌르는 것을 금지하는 명령서'에 대한 답장을 한 글자 한 글자 써 내려갔다.

왜인이 스스로 시빗거리를 만들고 군사를 일으켜 바다를 건너와 조선의 죄 없는 백성을 죽이고 한양을 침범했습니다. 저들의 흉악한 짓은 끝을 헤아릴 수 없습니다. 온 나라 신하와 백성들은 아픔이 뼛속에 사무쳐 이들 적과는 한 하늘을 이고 함께 살지 않겠다고 맹세했습니다. 흉악한 무리의 배 한 척 노 한 개도 돌려보내지 않게 해 나라의 원수에 대한 원한을 씻고자 했습니다(척로불반 의설국가지수원隻櫓不返 擬雪國家之讎怨).

이번 달 3일, 왜선 30여 척이 고성에서 진해로 몰려들어 백성들의 집을 태우고 재물을 빼앗고, 많은 사람을 죽이거나 잡아갔습니다. 이에 수군이 대군을 이끌고 대적하려 할 때 대인의 명령서가 도착했습니다. ……

왜인들이 견고하게 접거한 거제·웅천·김해·동래 등의 지역은 모두 우리 조선 땅입니다. 그런데도 "최근 당신들 조선군이 일본 진영에 가까이 주둔"한다고 하니 그 말이 무슨 말입니까? "당신들 조선군은 본래 있던 지방으로 빨리 돌아가라"고 했는데, '본래 있던 지방'이 어디를 말씀하는지 모르겠습니다. 시빗거리를 일으킨 자도 우리가 아니라, 왜인입니다.

일본인들은 이리저리 속이는 것이 끝이 없어 옛날부터 신의를 지켰다는 말을 들어 보지 못했습니다. 흉악하고 교활한 무리가 아직도 사악한 행동을 거두지 않고 바닷가를 접거한 채 사람을 겁탈하고 물건을 강제로 빼앗기를 전보다 배나 더하고 있습니다.

일본군이 명나라와 강화한다는 것은 실제로는 거짓으로 속이는 것입니다. 대인께서도 이 뜻을 널리 알려 하늘을 거스르는 길과 하늘을 따르는 길을 알게 해 주시면 천만다행입니다.

이순신은 상국上國(명나라)이었고 지원군이었던 명나라 장수에게 영남 땅과 바다는 모두 우리 땅이며, 조선 사람이 조선 땅에 가는 것, 조선 땅을 침략한 침략자를 응징하는 것이 무슨 잘못이 있느냐며 조목조목 비판했다. 이순신은 1598년 11월, 노량에서 명나라 수군 도독 진린陳璘이 일본군과의 전투를 피하려고 목에 칼을 대고 협박할 때도 이때처럼 말했다.

"나는 조선의 신하이기에 이들 일본군과는 한 하늘 아래에서 살 수 없다! 오직 싸울 뿐이다. 단 한 척의 배도 단 한 개의 노도 돌려보낼 수 없다."

이순신이 자신의 나라와 땅, 백성을 얼마나 사랑하고 이를 위해 책임을 다하려고 했는지는 《난중일기》에도 고스란히 나온다. 이순신은 명나라 사람을 '당장唐將'과 '당인唐人'이라고 표현했다. 명나라 장수를 천장天將, 병사를 천병天兵, 사신을 천사天使라고 불렀던 사대부들과는 확연히 다른 태도였다.

'당唐.' 이순신이 우리 땅과 우리 역사를 얼마나 사랑하고 존중했는지 보여 주는 증거이다. 이순신에게 명나라는 높은 나라, 존경해야 할 나라가 아니었다. 그저 이웃나라일 뿐이었다. 1596년 5월 25일 일기에는 "《우리나라 역사東國史》를 읽었다. 의로운 분노가 북받쳐 탄식하는 뜻이 많이 있구나"라고 전쟁 중에 우리나라 역사책을 읽는 장면이 나온다. 이순신이 얼마나 우리 역사를 소중히 여기고 민족에 자긍심을 가졌는지 보여 주는 단면이다.

이순신의 서재 '운주당'

유성룡의 《징비록》에 따르면, 이순신은 한산도에 머물 때 '운주당'이라는 집을 지어 살았다. 운주당에는 장수들은 물론이고 계급이 낮은 군졸들까지도 마음대로 드나들며 군에 관한 일은 무엇이든 건의할 수 있었다. 이 덕분에 이순신은 군대의 일을 훤히 알 수 있었다. 전투를 치르기 전에 휘하 참모들과 작전 계획을 세우며 준비했기에 다양한 전략 전술을 세울 수 있었다.

운주당運籌堂의 운주運籌는 '작전 계획을 세운다'는 뜻으로 본래 사마천의 《사기》에 나오는 말이다. 한나라를 세운 유방은 항우를 제압하고 승리하자 자신이 항우를 이긴 까닭을 이렇게 말했다.

> 무릇 군대의 막사에서 계책을 세우는 것은(부운주책유악지중夫運籌策帷幄之中) 천 리 밖에서 미리 승리를 결정하는 것과 같은데, 이는 내가 장량만 못하다.

이순신도 유방과 장량처럼 막사에서 전략 전술을 미리 살피겠다는 뜻을 '운주당'에서 실현했던 셈이다.

운주당은 누구의 의견이든지 귀 기울여 듣고자 했던 이순신의 열린 태도와 경청의 힘을 보여 주는 증거이다. 운주당은 1597년 7월 칠천량해전에서 불탔지만, 1739년 제107대 통제사 조경이 운주당 터에 제승당을 새로 지으면서 몇 차례 보수를 거쳐 오늘날에 이르렀다. 지금은 경상남도 통영시에 있는 세병관에 운주당이 새로이 건립되어 있다.

현장을 읽고 함께 땀 흘리는 경영자

이순신은 일본군에 맞서 싸우면서 강화 협상에 따른 장기전에도 대비했다. 군사와 무기를 구하는 일도 중요했지만, 군량을 확보하는 일도 빼놓을 수 없었다.

1592년 2차 출전 전후부터는 경상도에서 피난 온 백성들을 여수 인근 장생포 등에 정착시켜 농사를 짓고 살 수 있게 했다. 이순신이 1593년 1월 26일 조정에 보낸 〈피난민을 돌산도에서 농사짓게 해 주기를 요청하는 장계〉를 보면, 추운 겨울을 버텨 낸 이순신이 그 후에도 피난민을 어디에 어떻게 정착시킬지를 얼마나 고민했는지 상세히 알 수 있다.

> 피난민이 살 만한 곳을 찾아보았는데 여수 본영과 방답 사이에 있는 돌산도만 한 곳이 없습니다. 지형이 좋아 적들이 침입할 수 없고, 땅도 넓고 비옥합니다. 사람부터 살리는 것이 급한 일이라고 생각되어 들어가 살게 했습니다. 그런데 조정에서는 전쟁에 쓸 말을 키우는 것이 더 중요하

다며 반대하셨습니다. 그러나 지금 온 나라가 이미 전쟁터가 된 상태입니다. 백성들은 전쟁을 피해 떠돌며 안심하고 살 곳을 찾고 있지만, 그럴 만한 곳이 없습니다. 돌산도는 그래도 살 만한 곳이니, 돌산도에 정착시켜 한편에서는 전쟁에 쓸 말을 키우고, 다른 한편에서는 백성들이 머물러 농사를 짓게 할 수 있습니다. 그렇게만 할 수 있다면 나라와 백성 양쪽 모두에게 이익이 될 수 있습니다. 부디 이 가련한 백성들이 돌산도에 정착해 농사를 지을 수 있도록 허락해 주십시오.

자신에게 주어진 임무를 완수하기 위해서라면 어떤 타협과 물러섬 없이 싸운 이순신이었지만 그는 언제나 백성의 생명을 보호하고 지키는 일이 우선이었다. 전투 중에도 포로로 잡힌 백성이 있다면 반드시 구해 낼 정도였다. 이순신에게 백성은 곧 나라였고 백성이 있어야 나라도 있었다. 마찬가지로 백성이 있어야 군사를 얻고 군량도 확보할 수 있었다. 그에게 백성과 군사, 백성과 군사력은 같은 말이었다. 그래서 백성을 살리는 일보다 더 중요하고 더 급한 일은 없었다.

처음에 조정은 당장의 전투가 더 중요하다며 이순신의 건의를 거부했다. 하지만 그는 조정의 반대를 무릅쓰고 거듭 설득하며 요청했다.

담당 관서에서 목장이 있는 곳은 나라에서 필요한 말을 키우고 조달하는 정책에 방해가 된다며 반대 의견을 임금님께 아뢰었다고 합니다. 그러나 지금은 즉 나랏일이 어렵고 위태롭고 백성은 살 곳을 잃었기에, 비록 의지할 곳 없는 백성들이 들어가 농사를 짓게 해도 달리 말을 기르는 데 해를 끼칠 것이 없습니다. 그렇게 할 수 있다면 말을 기르고 백성도 구할 수 있어(목마구민牧馬救民), 백성과 관청 양쪽 모두 편리하게 될 듯합니다(서사양편庶使兩便). 적을 막고 백성을 보호할 수 있도록(어적보민禦敵保民) 나라와 백성 양쪽이 모두 편리하도록(양득기편兩得其便) 해 주십시오.

조정에서는 전쟁에 필요한 말을 키울 수 있고, 백성들도 살릴 수 있다는 이순신의 주장에 설득되어 결국 이를 허락했다. 이 일로 경상도 피난민 2백여 가구가 돌산도에 정착할 수 있었다.

다른 지방의 피난민들도 계속 전라도로 밀려들자, 이순신은 남해안에 있는 국가 소유의 섬 목장과 무인도 등에 피난민이 거주할 수 있도록 조정에 요청했다. 이에 더해 이순신은 군사들을 활용해 농사를 짓게 하자는 의견을 내놓았다. 전쟁 중에 군사들로 하여금 농사를 짓게 하자는 이순신의 요청에 모두 깜짝 놀랐다. 군사들 가운데는 군에 복무해야 하지만 싸울 능력이 없거나 늙고 병든 이들도 있었다. 이순신은 이들을 군량을 생산하는 둔전에 보내 농사를 짓게 하자고 했다.

백성들이 애써 땀 흘려 지은 곡식을 거저 얻기보다 군대 스스로 식량을 자급자족하기 위한 조치였다. 또 실제 전투에 도움이 되지 않아 짐으로 여겨지던 사람들도 나라에 도움이 되는 일을 할 수 있었다. 이순신은 그들이 후방에서 농사를 짓는다면 아군의 군사력에 더 보탬이 되리라 생각했다. 군량을 확보할 뿐만 아니라 싸움에 보탬이 안 되는 군사들로 인한 부담도 줄일 수 있는, 일거양득의 효과를 기대할 수 있었다.

이순신의 거듭되는 요청에 조정에서는 백성들이 섬에 정착할 수 있도록 허락했고, 늙고 병든 군사들이 군복무를 하면서도 농사를 지을 수 있도록 했다. 1593년 1월 26일, 이순신은 피난민들이 흥양의 돌산도 목장에서 농사지을 수 있도록 해 줄 것을 요청해 허락을 받은 뒤, 9월에는 돌산도뿐만 아니라 인근의 섬으로 이 정책을 확대했다. 11월에는 농사지을 사람이 부족한 것을 고려해 일반 군사까지 농사에 투입했다. 이를 위해 이순신은 장수와 군사들을 휴가 보내 농사를 짓게 했다.

《난중일기》에서 농사와 관련된 일기들을 살펴보면, 이순신이 1593년부터 매년 반복되는 가뭄 때문에 얼마나 농사를 걱정했는지 잘 알 수 있다. 가뭄은 곧 백성들의 굶주림으로 이어졌기에 가뭄 중에 비라도 내리면 이순신은 하늘에 감사했다.

> 1594년 6월 15일, 이날 밤, 소나기가 마음에 흡족하게 내렸다. 이 어찌 하늘이 백성을 보살피려는 것이 아니겠는가?
> 1596년 5월 6일, 아침부터 흐렸다. 늦게 큰비가 내렸다. 농민의 바람을 가득 채워 주었다. 기쁘고 행복한 것이 말할 수 없었다.

이순신은 심지어 몸이 아플 때도 농사를 살피는 일을 그치지 않았으며 수확 상태도 일일이 살폈다. 수확량을 정확하게 파악하기 위해 수확물을 세고 장부에 꼼꼼히 기록해 남겼다.

> 1596년 2월 8일, 저녁에 군량 출납 현황을 장부에 기록했다. 홍양현감은 둔전에서 징수한 벼 352섬을 바쳤다.
> 1596년 2월 23일, 일찍 식사를 하고 나가서 일했다. 둔전에서 징수한 벼를 다시 되질했다. 167섬을 새 창고에 쌓았다. 48섬이 줄어들었다.

이순신은 백성과 군사들이 농사를 편히 지을 수 있도록 오늘날의 경운기와도 같은 역할을 하는 소를 제주도에서 실어 오기도 했다. 이런 노력에도 조선의 수군과 백성은 온갖 어려움을 겪어야 했다. 특히 일본군과 명나라 군대가 조선 땅 곳곳에 돌아다녔기에 그들이 몰고 온 전염병이 창궐했다.

1593년부터 전염병이 극심했다. 이순신이 1594년 4월 20일에 올린 장계에 따르면, 1594년 1월 많은 군사가 전염병으로 목숨을 잃었다. 전라좌도 수군은 사망자 606명에 환자 1,373명, 전라우도 수군은 사망자 603명에 환자 1,878명, 경상우도는 사망자 344명에 환자 222명, 충청도는 사망자 351명에 환자 286명으로 전체 사망자 1,904명에 환자가 3,759명이었다. 이는 전체 조선 수군의 30퍼센트를 웃도는 엄청난 수였다. 전쟁 전부터 동고동락하면서 이순신을 영남 바닷길로 이끌었던 광양현감 어영담도 4월 9일 전염병을 이기지 못하고 세상을 등지고 말았다.

이 시기의 《난중일기》를 보면 이순신 자신도 전염병에 걸려 아주 위험한 상황을 맞았다. 이순신은 3월 6일부터 25일까지 13일 동안 병으로 신음했다. 그러나 휴식을 권고하는 아들들에게 "적과 맞서고 있어 승리와 패배가 숨 한 번 쉴 때 결정된다(여적상대 승패결어호흡與賊相對 勝敗決於呼吸). 대장인 사람은 죽지 않았다면 누워 있어서는 안 된다(위장자부지사즉불가와爲將者不之死則不可臥)"라고 말하며 평상시와 마찬가지로 생활했다.

이순신은 너무나 많은 장수와 군사가 전염병으로 죽거나 아파 누워 있는 모습을 보면서 특별히 유능한 의원을 보내 줄 것을 조정에 요청하기도 했다. 이순신은 백성, 군사들과 한 몸이 되어 위기를 하나하나 헤쳐 나갔다. 한편으로는 젊고 힘 있는 군사를 이용해 전투와 방어를 했고,

다른 한편으로는 군량과 무기를 만들 재원을 마련하는 데 다양한 노력을 기울였다. 이순신의 수군은 바다라는 조건을 이용해 물고기를 잡았고, 해태와 미역을 땄으며, 소금을 생산했다. 질그릇도 구웠다. 이렇게 얻은 물고기, 소금, 질그릇을 육지로 내다 팔아 군량을 사고 무기를 만들 재료를 구했다. 이순신은 맡은 바 역할을 성실하게 수행한 사람들을 한 명도 빼놓지 않고 일기에 기록해 놓았다가 상을 내렸다.

> 1595년 4월 29일, 노윤발이 미역 99동同■을 따 왔다.
> 1595년 12월 4일, 황득중과 오수 등이 청어 7천여 두름級■■을 실어 왔다. 그래서 김희방의 곡식 판매 배에 계산해 주었다.
> 1596년 10월 11일, (일기 이후 메모) 고기를 잡아서 군량을 사게 한 사람들인 송한련·송한·송성·이종호·황득중·오수·박춘양·유충세·강소작지·강구지에게 상을 주어야 한다. 임달영은 제주에서 농사짓는 데 쓸 소도 실어 왔으니 상을 주어야 한다.

이 일기에 나오는 어부는 대부분 이순신의 막하 군관들이었다. 군인들이 어부가 되어 물고기를 잡고 미역과 김을 따며 팔러 다녔다. 이순신과 그의 수군이 군량 확보를 위해 얼마나 치열하게 생활했는지 보여 주는 대목이다. 일기를 살펴보면, 이순신의 수군은 물고기를 하루에 최소 7천 2백 마리에서 최대 5만 6천 마리까지 잡았다.

■ 미역이나 해태를 세는 단위로 2천 5백 줄기이다.
■■ 물고기를 한 줄에 열 마리씩 두 줄로 엮어 20마리씩 묶어 놓은 것의 단위이다.

《난중일기》에는 소금을 굽기 위해 쇠 가마솥을 만드는 장면도 나온다. 이순신의 수군은 남해안 곳곳에 염전을 만들었다. 1597년 10월 20일 일기에는 "소음도 등 열세 개 섬에 김종려를 염전 감독관으로 보냈다"라는 기록이 나온다.

소금은 그 자체로 군량이었다. 당시는 오늘날과 달리 소금을 만들기가 어려워 소금과 쌀의 가격이 거의 같았다. 이순신의 수군이 소금을 많이 생산할수록 군량 창고는 가득 찼다.

조선 시대는 사농공상, 즉 양반-농민-공인-상인 순서로 신분이 나뉘어 있었고 양반들은 농사를 지으려 하지 않았다. 그런데 이순신은 농사를 짓거나 물건을 만드는 일을 마다하지 않았다. 이런 적극적인 행동이 군사와 백성을 굶주림에서 벗어나게 했고, 조선 수군을 강한 군대로 거듭나게 했다. 이순신과 그의 수군은 때로는 농부, 때로는 어부, 때로는 염전 일꾼, 때로는 질그릇 굽는 도공이 되었다.

양반 체면도 필요 없었고 삼도수군통제사라는 높은 지위도 상관없었던 이순신은 누가 뭐라든지 자신의 일에 충실했다. 조선 시대 수많은 실학자와 혁신가가 있었지만 이순신만큼 자신의 지위를 생각하지 않고 험한 노동까지 감당한 사람은 드물었다. 그런 지도자였기에 이순신은 백성에게 생명과 같은 존재가 될 수 있었다.

군대를 경영하고 백성을 돌보았던 이순신의 고민은 끝이 없었다. 임진왜란 동안 이순신은 일본군의 신무기인 조총을 만들었고, 조선 수군의 주력 무기인 천자총통과 지자총통을 만들었다. 조선의 군사와 기술자 가운데는 조총 제조 방법을 아는 이가 없었다. 전투에서 조총은 반드시 필요했기에 이순신은 모든 가능성을 염두에 두고 생각을 집중해야 했다.

1593년 8월, 이순신은 자신의 부하가 만든 조총을 봉해 조정에 보내면서 임금에게 장계를 올렸다.

> 신臣은 여러 번 큰 싸움을 하면서 왜인의 조총을 많이 얻었습니다. 그래서 항상 눈앞에 두고 그 교묘한 이치를 실험했습니다(상반목전 험기묘리常伴目前 驗其妙理). 조총은 몸체가 길기에 총구멍이 깊고, 총구가 깊기에 탄환이 나가는 기세가 맹렬해 닿는 것은 반드시 부서집니다. ……
> 신의 군관 정사준이 대장장이 낙안 수군 이필종, 순천 사노비 안성, 피난해 영(본영)에 사는 김해 절 노비 동지, 거제 절 노비 언복 등을 거느리고 정철을 두드려 똑같은 조총을 만들었습니다. 만드는 일도 아주 어렵지는 않기에 수군 각 고을과 포浦에서 먼저 같은 모양을 만들게 했습니다. 또 한 자루는 전前 순찰사 권율에게 운반해 보내 각 고을에서 같은 모양으로 만들도록 했습니다. 이에 다섯 자루를 봉해 도장을 찍어 올려 보내니 조정에서 각 도와 각 고을로 하여금 이와 같이 제조하도록 명령을 내려 주십시오.
> 또 이를 감독하여 제조한 군관 정사준과 대장장이 이필종 등에게 특별히 상을 주신다면, 감동하는 사람들이 크게 생겨나 서로 본받아 만들게 될 것입니다.

장계에 쓴 대로 이순신은 일본의 신무기를 방에 걸어 놓고 밤낮으로 살피고 연구한 끝에 훈련원주부 정사준을 감독관 삼아 조총을 만들게 했다. 그리고 조총 제조법을 깨우친 뒤에는 견본을 제작해 조정에 올려 보내며 다른 부대에도 제조 방법을 전파하려고 했다.

이 장계에는 특별한 내용도 나온다. 조총을 실제로 만드는 일에 참여한 노비의 이름까지 실명으로 언급하면서 그들의 공로를 임금이 포상케 했다. 이순신은 조총을 만든 공로를 통제사인 자신이 아니라 만든 사람의 몫으로 돌렸다. 이러한 태도는 부하 장수들과 군사들을 감동시키고 충성하게 만들었다.

당시 조선은 전투 배를 더 건조해야 했는데, 이때 큰 문제가 배에 실을 총통을 만드는 일이었다. 배야 나무를 베어 만들면 되었지만 총통은 달랐다. 구리로 만들어야 했기에■ 생산이 여의치 않았다. 조선에는 철 생산지가 많았지만 철로 만든 총통은 화약의 폭발력을 견디지 못해 적이 아니라 조선 수군을 죽이는 결과를 초래했기 때문이다. 임진왜란 전까지 조선에서는 총통에 쓸 구리를 일본에서 수입해 왔다. 그러나 전쟁 중에 구리를 수입할 수는 없었다.

총통을 제조하는 데 쓸 구리를 찾기 위해 고민하던 이순신은 사찰마다 가지고 있는 종鍾에 주목했다. 이순신 시대 이전에도 총통을 만드는 데 사찰의 종을 사용하자는 건의가 있었다. 그러나 불교를 숭앙했던 임금의 반대로 무산된 경우가 대부분이었다.

고민하던 이순신의 머릿속에 한 가지 생각이 떠올랐다. 바로 구리를 찾으러 다닐 적임자! 그 최고 적임자는 다름 아닌 승려였다. 탁발을 하며

■ 조선 시대 총통은 구리로 제작되었다. 박재광의 〈조선 중기의 화약병기에 대한 소고〉《학예지》 19집, 육군사관학교 육군박물관, 2012, 47쪽)에 따르면 서울시 신청사 부지에서 발굴된 불랑기자포(보물 제861호)의 성분은 구리 81.08wt.%, 주석 9.95wt.%, 납 8.05wt.%, 비소 0.93wt.%으로 구성되어 있다. 이순신의 장계나 일기 속 화포 제작을 위한 철(鐵)은 대부분 '구리'를 뜻하는 것으로 보아야 한다.

전국의 절을 다니는 승려들이라면, 곳곳의 절 상황을 잘 알고 있을 터였다. 어느 절에 깨진 종이 있는지, 지금은 없어진 절터가 어디인지, 땅속에 종이 묻혀 있는 절터는 어디인지 알 가능성이 높았다. 그는 승려들을 불러 모으고, 그들을 '화주化主'라 부르면서 깨진 종과 쓸모없어진 종을 모아 오게 했다. 화주들에게는 별도의 '권선문'을 딸려 보내 종을 모을 수 있는 명분을 세워 주었다. 이것은 백성에게 피해를 끼치거나 멀쩡한 종을 강탈하지 않고도 절의 종을 활용할 수 있는 방법이었다.

이분이 쓴 《이충무공행록》에 따르면 이때 이순신이 모은 동철銅鐵은 8만여 근에 이르렀고, 이때 만들어 각 배에 나누어 준 총통은 미처 다 쓸 수 없을 만큼 많았다고 한다.

이순신이 거북선이나 조총을 만든 일과 버려진 섬과 나라의 목장을 이용해 백성과 군사들로 하여금 농사를 짓게 하고 소금을 굽게 한 일, 또 승려를 이용해 구리를 모으는 방식 등은 모두 발상의 전환이 만든 기적들이다. 백성에게 피해를 주지 않고, 백성을 살리면서 새로운 이익을 창출하고, 새로운 무기를 만들어 내며 공존하고 공영하는 일거양득一擧兩得의 지혜였다. 이순신이 만든 기적의 배경과 지혜의 원천은 지독히 외로울 수밖에 없는 지도자의 고독에서 비롯되었다.

> 온갖 생각이 가슴을 쳤다. 가슴에 품은 생각으로 어지러웠다.
> 홀로 내내 앉아 있었다. 온갖 생각이 가슴을 치밀었다.
> 홀로 높은 수루에 기댔다. 온갖 생각에 어지러웠다. 밤이 깊어 잠자리에 들었다.

홀로 아픔을 견디면서 결국에 그는 언제나 "이제야 온갖 생각 끝에 얻어 냈다(금자백이사득今者百爾思得)"고 할 수 있었다. 이순신이 "온갖 생각이 가슴을 쳤다(백념공중百念攻中)"라고 하는 것은 모든 삶의 주인공이 겪는 일이다. 그럼에도 이순신은 "온갖 생각을 다 했고(백이사유百爾思惟)" 그 생각의 결과로 기적을 만들어 냈다.

1593년부터 1596년까지 이순신은 전투와 경영에서 모두 성공했다. 오늘날의 언어로 표현하면, 성장과 복지를 같이 이루었고 끊임없는 경영 혁신과 창조 경영을 해 나갔다. 성장과 복지, 경제와 국방, 혁신과 창조의 세 영역에서 삼위일체를 만들며 모두가 승리할 수 있게 만들었다. 다시 말해 진정한 경영자이자 지도자이자 장수였다. 이순신의 지휘 아래 백성과 군사는 서로를 구분하지 않고 함께 싸우는 군사가 되었다. 또 때로는 어부, 때로는 농민, 때로는 노동자가 되어 힘을 모았다. 서로가 서로를 함께 살렸다. 이런 일들은 모두 이순신을 향한 신뢰가 있기에 가능했다. 이순신의 솔선수범이 성공의 원동력이 된 것이다.

불충과 불효의 십자가를 지다

맑았다. 감옥 문을 나왔다. 남대문 밖 윤간의 사내종 집에 도착했다. 조카 봉과 분, 아들 울, 사행(윤간)과 원경이 한자리에 같이 앉아 있었다. 오래 이야기했다. 지사 윤자신이 새로 와서 위로했다. ……
한숨이 더욱더 깊어지는 것을 이길 수 없었다. 지사(윤자신)가 돌아갔다가 저녁을 먹은 뒤에 술을 가지고 다시 왔다. 마음으로 권하며 위로했기에 사양할 수 없었다. 마지못해 술을 마셔 아주 많이 취했다. ……
영의정(유성룡)이 사내종을 보냈고 …… 동지 최원과 동지 곽영이 사람을 보내 안부를 물었다. 술에 취했고, 땀이 나 몸이 젖었다.

1597년 4월 1일의 일기이다. 양력으로는 5월 16일이다. 계절의 여왕이라는 5월 16일, 그 화창한 봄날에 이순신은 감옥에서 나와 백의종군 길을 떠났다. 선조의 명령으로 2월 26일(양력 4월 12일) 한산도에서 체포되어 한양으로 압송되었다. 3월 4일(양력 4월 19일), 의금부 감옥에 28일 동안 갇혀 있다가 풀려났다.

　　이때 이순신은 생애 두 번째로 사형 위기에서 벗어난 참이었다. 1587년, 여진족을 격퇴하고도 책임을 뒤집어 써 사형당할 위기에 처했을 때 선조는 이순신을 사형시키는 대신 백의종군하게 한 바 있었다. 그런데 이번에는 부산으로 진격하라는 선조의 명령을 이순신이 거부했다.

　　명나라와 일본의 강화 협상이 깨지자, 도요토미 히데요시는 다시 조선을 침략하려 했다. 정유재란의 발발이었다. 히데요시의 목표는 1차 침략 때와 달랐다. 이번에는 명나라를 치기 위해 조선을 먼저 정벌하려는 것이 아니라 조선의 경상도와 전라도를 비롯한 남쪽 지방을 점령해서 일본 땅으로 만들고자 했다.

　　히데요시가 14만 명의 군사를 조선에 보낸다는 소식이 전해지자 선조는 수군을 이끌고 부산으로 내려가 일본군을 막으라고 명령했다.

　　그러나 한산도에 있던 이순신은 부산으로 갈 수 없는 상황이었다. 그와 그의 수군이 지나가야 할 바닷길에는 일본군이 주둔한 성이 즐비했다. 그곳을 거쳐 부산으로 간다면, 조선 수군의 움직임을 일본군에 그대로 드러내는 꼴이 되었다. 일본군이 얼마든지 전투에 대비할 빌미를 줄 뿐 아니라, 오히려 조선 수군이 전멸할 위험이 있는 무모한 전략이었.

　　이순신은 가만히 생각했다.

　　'《손자병법》에서 손자는 싸워야 할 곳을 알고 싸우고 싸울 때를 알고 싸우면 즉 천리까지 가서도 싸울 수 있다(지전지지 지전지일 즉가천리이회전 知戰之地 知戰之日 則可千里而會戰)고 했다. 또 길에는 가서는 안 되는 길이 있고(도유소불유途有所不由), 적에는 치지 말아야 할 적이 있고(군유소불격軍

有所不擊), 성에는 치지 말아야 할 성이 있고(성유소불공城有所不攻), 땅에는 싸워서는 안 되는 땅이 있고(지유소부쟁地有所不爭), 임금의 명령에도 명령을 받들어서는 안 되는 명령이 있다(군명유소부수君命有所不受)고 했다. 부산 앞바다까지 가서는 도저히 승산이 없다. 수군이 부산까지 가게 되면 앞뒤로 포위당할 위험이 있고 부산까지 이동하느라 군사들이 지칠 수밖에 없다. 부산에서 전투는 필패 아니 전멸당할 수 있다. 부산 진격 명령은 받들어서는 안 되는 명령이다.

순자도 〈의병〉에서 장수가 임금의 명령을 거부해 죽을지라도 명령을 따르지 말아야 할 세 가지(삼지三止)가 있다고 말했다. 첫째, 군사들을 죽음의 구렁텅이에 던지게 하는 명령은 거부하라. 둘째, 어떻게 해도 이길 수 없는 적을 공격하라는 명령은 거부하라. 셋째, 장수와 군사, 백성을 속이는 명령은 거부하라.'

이순신은 손자와 순자의 말에 따라 왕명을 거부했다. 이 일로 자신이 죽을지언정 수만 명의 군사를 죽게 할 수는 없다고 생각했다. 이 결심이 나라를 살리고 조선 수군을 살리는 길이라면 선택하는 게 옳다고 판단한 것이다.

선조와 조정의 신하들이 요청한 부산 진격을 거부하자 선조는 이순신을 강하게 엄벌하고자 했다.

이순신은 조정을 속여 임금을 무시한 죄가 있다. 적을 놓아 주고 토벌하지 않아 나라를 저버린 죄가 있다. 다른 사람의 공로를 빼앗고 다른 사람을 모함한 죄가 있다. 거리낌 없이 멋대로 행동한 죄가 있다. 이토록 많은

> 죄가 있으니 법에 따라 처리해야 마땅하다. 결코 용서해서는 안 된다.

　선조는 이순신에게 사형을 내렸으나 원로 신하 정탁 등이 전쟁 중에 장수를 죽여서는 안 된다며 탄원했다. 결국 선조는 이번에도 이순신을 사형에 처하는 대신 백의종군을 명령했다.
　그러나 이순신의 결정이 옳았음은 이순신 대신 삼도수군통제사에 임명된 원균의 패전과 죽음으로 증명되었다. 이순신과 똑같은 부산 진격 명령을 받은 원균도 처음에는 무모한 작전이라며 반대했지만, 어쩔 수 없이 조정의 명령에 따랐다가 7월 칠천량에서 참담하게 패했다. 조선 수군은 사실상 전멸했으며, 원균도 칠천량해전에서 전사했다.

　두 번째 백의종군을 떠난 이순신은 도원수 권율 진영을 향해 내려갔다. 그때 여수에 피난 가 있던 그의 어머니가 감옥에 갇힌 아들을 만나기 위해 배를 타고 아산으로 올라오고 있었다. 백의종군 길에 아산에 들른 이순신은 그 소식을 듣고 어머니를 기다렸다.
　이순신에게 어머니는 평범한 존재가 아니었다. 이순신이 위대한 영웅이 될 수 있었던 것은 모두 그의 어머니 덕이었다. 전쟁을 치르기 위해 고향을 떠나 있던 이순신은 늘 어머니를 그리워했다. 그래서인지 《난중일기》에는 어머니를 향한 애틋한 마음, 아픈 마음, 그리운 마음이 가득하다. 이순신이 어머니의 건강이나 병환 등에 대한 소식 혹은 어머니를 걱정하는 모습은 일기에 무려 118번이나 나온다. 이순신은 어머니가 건강하고 평안하다는 소식을 들으면 행복해했고 몸이 아프다는 소식을 들으면 애태우며 눈물을 흘렸다.

1593년 5월 4일, 맑았다. 오늘은 어머님天只의 생신날이다. 그런데 이렇게 적을 무찌르고 막아야 할 일 때문에 찾아뵙고 오래 사시라고 축하드리는 술잔조차 올릴 수 없어 평생 응어리가 되겠구나.

1595년 6월 4일, 어머니께서 평안하신지 어떤지 알 수 없었다. 가슴 태우며 흐느껴 울었다. 가슴 태우며 흐느껴 울었다.

1596년 1월 23일. "어머니께서 평안하시다"는 편지를 읽었다. 기쁘고 행복한 마음이 어찌 끝이 있으랴.

1596년 윤8월 12일, 내내 노를 재촉했다. 밤 10시에 어머니께 도착했다. 흰 머리카락이 무성하셨다. 나를 보고 놀라 일어나셨다. 숨이 곧 끊어지실 듯 하루도 버티기 어려우신 듯했다. 펑펑 쏟아지는 눈물을 머금고 서로 부여잡았다. 어머니의 마음을 느긋하게 해 드리고자 밤새 위로하고 기쁘게 해 드렸다.

또 마흔아홉 살의 이순신은 늙으신 어머니에게 아들이 나이를 먹고 늙어 가는 모습을 보여 드리지 않으려고 했다. 아침에 일어나 거울을 보면서 이순신은 흰 머리카락을 뽑았다. 이순신은 나라와 어머니를 걱정하며 울기도 했다.

1593년 6월 12일, 아침에 흰 머리카락 10여 가닥을 뽑았다. 흰 것을 어찌 꺼리랴마는 위로 늙으신 어머니가 계시기 때문이구나.

1595년 1월 1일, 맑았다. 촛불을 밝히고 홀로 앉았다. 나랏일을 생각하니, 나도 모르게 눈물이 주르르 흘러내렸다. 또 80세의 아프신 어머니 걱정에 애태우며 밤을 새웠다.

이순신뿐만 아니라 그의 어머니도 굉장한 사람이었다. 이순신이 침략 수괴 도요토미 히데요시의 야욕을 완전히 파멸시킬 수 있었던 것도 어쩌면 어머니 덕분인지도 모른다. 이순신의 어머니는 히데요시의 어머니와는 차원이 다른 사람이었다. 히데요시의 어머니는 죄 없는 사람을 수없이 죽인 아들도 자신의 아들이라고 걱정했다. 그래서 히데요시가 배를 타고 조선으로 건너간다고 하자, 아들의 몸을 걱정하면서 "제발 네가 직접 바다를 건너가는 일은 하지 마라"라고 했다. 히데요시의 어머니는 남들을 죽이거나 남의 나라를 침략하는 것에는 관심이 없고, 자기 자식만 귀히 여겼다. 그러나 이순신의 어머니는 자식 이순신보다 나라와 백성을 더 걱정했다. 피비린내 가득한 전쟁터에서 간신히 짬을 내 찾아온 아들과 헤어지면서도 나라를 더 걱정했다. 전쟁터로 돌아가야 할 아들이기에 헤어지면 두 번 다시 만날 수 없을지도 몰랐지만, 어머니의 태도는 단호했다.

> 1594년 1월 12일, 맑았다. 아침을 먹은 뒤 어머님께 돌아가겠다고 인사를 올렸다. 곧 이르시기를, "잘 가서 나라의 치욕을 크게 씻어라"라고 두 번 세 번 거듭 깨우치시고 타이르셨다. 헤어지는 마음으로는 조금도 탄식하지 않으시는구나.

이순신은 《난중일기》에서 어머니를 가리킬 때 '천지天只'로 썼다. 한문으로 어머니는 '모母'였고, 당시에는 거의 모든 양반이 이 글자를 썼다. 그런데 이순신만 유독 '천지'라고 쓰고 있다. '천지'는 하늘이란 뜻이다. 아들보다 나라와 백성을 더 먼저 생각하는 어머니였기에 이순신은 어머니를 '하늘'로 여길 수밖에 없었을 것이다.

　이처럼 누구보다 소중하고 애틋한 어머니가 아들을 보기 위해 배를 타고 여수에서 올라오고 있었다. 이순신은 어머니를 뵙기를 고대하며 기다렸다. 그런데 어머니의 소식을 살펴 오도록 보낸 사내종이 청천벽력 같은 소식을 들고 왔다. 어머니가 배 안에서 세상을 떠났다는 소식이었다.

1597년 4월 11일, 맑았다. 새벽에 꿈이 아주 어지러웠다. …… 마음이 지독히 언짢아졌다. 술에 취한 듯, 미친 듯했다. 마음을 안정시킬 수 없었다. 이것이 곧 무슨 조짐일까? 병드신 어머님을 그리워하는 마음에 나도 몰래 눈물을 펑펑 쏟았다. 사내종을 보내 소식을 자세히 살펴보게 했다.

1597년 4월 12일, 맑았다. 사내종 태문이 안홍량에서 들어와서 편지를 전했다. "어머님께서 숨이 곧 끊어지실 듯하나, 9일에 위아래 사람들은 무사히 안홍에 도착해 정박했다"고 했다. "법성포에 도착해 정박해 묵을 때 닻이 풀려 배가 떠내려갔기에 6일 동안 서로 떨어져 배에 머물러 있다가 무사히 만났다"고 했다. 아들 울을 먼저 해정으로 보냈다.

1597년 4월 13일, 맑았다. 일찍 식사를 한 뒤, 마중하러 나가 해정 길에 올랐다. …… 얼마 후에 사내종 순화가 배에서 왔다. "어머님께서 돌아가셨다"고 고했다. 뛰쳐나가 가슴을 치고 발을 구르며 슬퍼했다. 하늘의 해도 까맣게 변했다. 곧바로 게바위로 달려갔다. 배가 이미 도착해 있었다. 갈 길이 바빠 서러움에 찢어지는 아픔 마음을 다 쓸 수 없었다. 뒤에 대략 기록했다.

이순신이 어머니의 부음을 듣고 달려 나가 슬픔에 울부짖었던 게바위

하늘이 무너졌다. 이순신은 울부짖으며 말했다.

"나라에 충성을 다하려고 했으나 죄가 이미 이 지경에 이르렀고, 어버이에게 효도를 하고자 했으나 어버이도 돌아가셨다(갈충어국이죄이지 욕효어친이친역망竭忠於國而罪已至 欲孝於親而親亦亡)."

그런데도 이순신은 어머니의 장례를 마치지도 못한 채 다시 백의종군의 길을 떠나야 했다.

1597년 4월 19일, 맑았다. 일찍 나와 길에 올랐다. 어머니의 영연■에 인사를 올렸다. 목 놓아 소리치며 울었다. 어찌하랴. 어찌하랴. 하늘과 땅 사이에 나 같은 경우가 어디 있을까. 일찍 죽는 것만 못하구나.

■ 죽은 사람의 위패를 모신 자리와 그에 딸린 물건을 말한다.

이순신은 눈물을 흘리며 다시 남쪽으로 길을 떠났다. 그러나 그는 누구도 원망하지 않았다. 그가 다른 사람을 탓하거나 원망하지 않는 모습은 원균을 대하는 태도에서도 드러난다. 1593년 이순신이 삼도수군통제사에 임명되었을 때 원균은 이순신을 자주 헐뜯었다. 그러나 이순신은 어떤 변명도 하지 않았고, 원균의 단점에 대해서는 입을 닫고 한마디도 하지 않았다. 오직 자신만을 탓할 뿐이었다.

이순신의 백의종군은 1597년 8월 3일에 끝났다. 이날 이순신은 삼도수군통제사에 다시 임명되었다. 칠천량해전에서 패배한 조선 수군을 수습하기 위해서였다.

이순신이 걸은 백의종군 길

이순신이 백의종군을 하며 걸었던 길은 크게 세 부분으로 나눌 수 있다.
1597년 4월 1일 감옥에서 나온 이순신은 4월 3일 한양을 떠나 도원수 권율의 진영인 순천까지 약 358킬로미터를 이동했다. 이것이 첫 번째 구간이다.
두 번째로 이순신은 5월 14일 순천에서 출발해 6월 8일 권율의 지휘소가 있던 진주 초계까지 약 169킬로미터를 이동했다.
세 번째로는 원균의 칠천량 패전 소식을 듣고 대책을 수립하기 위해 군관 아홉 명과 함께 출발해 진주 수곡의 순경례 집에 도착할 때까지 약 280킬로미터를 이동했다. 7월 18일에 출발한 이 길은 7월 27일에 마무리되었다.

8월 3일, 이순신의 백의종군은 120일 만에 막을 내렸다. 이날 선조는 이순신을 삼도수군통제사에 다시 임명했다. 이순신은 수군을 수습하기 위해 전라도로 향했다. 이날부터 8월 18일까지 이순신은 칠천량에서 후퇴해 도망쳐 온 배설과 그의 전선 12척, 약 2천 명의 수군이 머물고 있던 장흥 회령포까지 약 330킬로미터를 이동했다. 이 과정에서 장수와 군사 120명이 이순신 일행에 합류했다.

"이 통제사가 왔다! 이제는 살았다!"

이순신은 한산도에서 한양으로 압송될 때 후임자인 원균에게 군량미 9,914석과 화약 4천 근, 천자총통·지자총통 등 대포 3백 문을 인계했다. 한산도에서 군량을 확보하고 전선과 무기를 계속 만들었기에 물자가 풍부해진 덕분이었다. 조선의 주력 전선인 판옥선도 최대 180척에서 최소 134척을 인계했다. 판옥선에 딸린 수군은 최소 1만 3,200명에서 최대 1만 8천 명이었다.

6월 18일 즈음, 원균은 조정의 명을 받아 판옥선 1백여 척을 이끌고 출전했다. 이튿날 원균이 이끈 조선 수군은 안골포와 가덕도에서 일본 전선 몇 척을 사로잡았다. 그러나 궁지에 몰린 일본군에게 기습을 당해 보성 군수 안홍국이 전사하고 평산포만호 김축은 총상을 입었다. 아군은 다시 복귀했다가, 7월 4~5일 즈음 다시 출전해 7월 8일에 10여 척을 격파했다.

수군이 출전할 때 원균은 나서지 않고 부하 장수들만 내보냈다. 원균이 부산 진격을 머뭇거리자 도원수 권율은 그를 불러다 매질을 했다. 원균에게는 선택의 여지가 없었다.

1597년 7월 14일, 원균은 드디어 1백여 척의 판옥선을 이끌고 부산 앞바다로 진격했다. 그러나 일본군은 전투를 피하면서 조선 수군을 지치게 만드는 전략을 펼쳤다. 먼 거리를 항해한 조선 수군은 일본군이 지연 전략을 펴자 점점 피로에 빠져들었다. 게다가 날씨마저 나빠 아군에 도움이 되지 않았다.

이 와중에 조선 수군이 마실 물을 긷기 위해 가덕도에 잠시 상륙했다가 그곳에 매복 중이었던 일본군에 기습을 당해 4백여 명이 죽임을 당했다. 조선 수군은 일본군을 피해 거제도 영등포로 달아났으나 일본군은 남해 섬 곳곳에 매복해 있었다.

15일, 원균이 이끄는 조선 수군은 일본군을 피해 험한 날씨를 뚫고 칠천량으로 이동했다. 일본군은 그 뒤를 쫓아 칠천량을 포위한 뒤, 다음 날 새벽에 일제히 공격을 퍼부었다. 일본군은 판옥선 1척을 여러 척이 포위한 뒤 기어 올라가 백병전을 펼치는 작전을 폈다.

이 전투에서 전라우수사 이억기와 충청수사 최호■가 전사했고, 원균은 고성 추원포에 상륙했다가 일본군에게 살해당했다. 경상우수사 배설만이 간신히 탈출해 한산도로 돌아왔다. 삼도수군통제사에 다시 임명된 이순신이 인계받았던 판옥선 12척은 이때 배설이 거느리고 탈출했던 그 배였다.

■ 최호(1536~1597)는 조선 중기의 무신으로 여러 관직을 거쳐 1594년 함경도병마절도사에 임명되었다. 1596년 충청도수군절도사로 이몽학의 반란을 홍가신과 함께 진압했다. 1597년 정유재란 때 칠천량해전에서 통제사 원균·전라우수사 이억기와 함께 전사했다.

백의종군 중이던 6월 4일, 진주 초계에 머물던 이순신은 한산도 쪽으로 사람을 보내 수군 상황을 살펴오게 했다. 한편으로는 무밭을 갈고 도원수 종사관과 전략을 의논하며 차분히 백의종군에 임하면서도 다른 한편으로는 수군의 정보를 들으며 상황을 주시하고 있었다. 6월 25일, 보성군수 안홍국과 평산포만호 김축의 전사 소식이 들렸다. 이순신은 안타까운 마음에 땅을 쳤다.

칠천량에서 비극이 일어나기 며칠 전, 이순신은 이상한 꿈을 꾸었다. 7월 7일이었다. 꿈에 이순신이 원균보다 높은 자리에 앉아 있었는데 원균은 기뻐하는 모습이었다. 일주일 뒤에 꾼 꿈에서는 제찰사 이원익과 함께 어떤 곳에 도착했는데, 이미 많은 사람이 죽어 있었다. 이순신은 시체들을 밟기도 하고 머리를 베기도 했다.

바로 그날, 이순신은 원균 부대가 부산으로 진격했다는 소식과 기상 악화로 조선 수군이 일부 표류했다는 소식을 들었다. 다음 날인 15일에는 조선 수군 20여 척이 패했다는 소식을 들었다. 그러다 16일, 원균이 이끄는 조선 수군이 칠천량에서 완전히 패했다는 소식이 전해졌다. 아무것도 할 수 없었던 이순신은 분노와 한탄으로 가슴을 칠 수밖에 없었다.

1597년 6월 25일, 보성군수 안홍국이 탄환에 맞아 죽었다는 이야기를 들었다. 놀라 슬픔을 이길 수 없었다. 놀랐고 슬펐다. 놀랐고 탄식이 났다. 적을 하나도 잡지 못하고, 두 명의 장수를 먼저 죽게 했다. 아프고 답답한 것을 어찌 다 말하랴.

1597년 7월 15일, 가장 늦게 중군 이덕필이 왔다가 해 질 무렵 돌아갔다.

그에게 "수군 20여 척이 적에게 패했다"라는 이야기를 들었다. 원통하고 분했다. 제어할 수 있는 방법이 없어 아주 한스럽구나.

1597년 7월 16일, 우리나라에서 믿고 의지할 수 있는 것이 오로지 수군뿐인데, 수군이 이렇게 되었으니 회복할 희망이 없구나. 몇 번이나 생각해 봐도 분해서 간담이 찢어지는 것 같다.

7월 18일, 이순신은 통제사 원균을 비롯한 많은 장수가 전사했다는 소식을 들었다. 그는 땅을 치며 하늘을 향해 울부짖었다. 원균에게 부산으로 진격하라며 매를 치게 했던 도원수 권율이 달려왔다.

"이 통제사! 일이 이렇게까지 되었으니, 어찌해야 하겠습니까? 도와주시오! 부디 조선을 구해 주시오. 당신이 아니면 누가 이 엄청난 일을 이겨 내겠소?"

이순신은 조선 수군을 죽음의 땅으로 보낸 권율이 미치도록 원망스러웠다. 그토록 부산 진격 작전을 말렸건만, 이런저런 이유를 대고 귀 기울여 듣지 않은 권율과 조정이 야속했다. 자신이 5년 동안 바닷바람을 맞으며 키워 놓은 수백 척의 전선과 수만 명의 군사가 하루아침에 바다 속으로 가라앉아 버렸다. 그런데 이제야 다급히 달려와 도와 달라며 애원하는 모습이 기가 막혔다. 그러나 원망만 하고 있을 시간이 없었다. 참혹한 죽음의 바다, 불타는 바다에서 비명을 지르며 목숨을 바친 군사들의 모습이 눈에 선했다. 그들의 울부짖는 소리가 귓가를 때리는 듯했다.

이순신은 권율과 머리를 맞대고 온갖 생각을 짜냈지만 해결책이 떠오르지 않았다.

'지금 당장 무엇부터 해야 하나? 급할수록 돌아가라고 하지 않았던가? 나는 지금 우리 수군과 일본군이 어떤 상황인지 전혀 알지 못한다. 먼저 그것부터 정확히 확인하는 것이 우선이 아닐까? 그런데 이곳은 너무 멀리 떨어져 있다. 늘 경험했던 것처럼 모든 문제의 답은 현장에 있다. 백 번 듣는 것보다 한 번 보는 것이 낫다고 하지 않았나!'

한참 생각에 빠져 있던 이순신이 무겁게 입을 뗴었다.

"도원수 영감, 지금 제가 이곳에서 할 수 있는 일은 아무것도 없습니다. 부산에서 이렇게 멀리 떨어진 곳에서 무엇을 할 수 있겠습니까? 또 도망쳐 온 사람들 말만 듣고는 정확히 알 수 있는 것이 없습니다. 허락하신다면, 제가 직접 현장으로 가서 듣고 본 후에 대비책을 정했으면 합니다(문견이정聞見而定). 어떤 방법이 있는지는 그 뒤에 말씀드리겠습니다."

이순신은 그 즉시 봇짐을 꾸려 길을 나섰다. 백의종군을 하던 이순신을 찾아와 곁에 머무르던 송대립, 류황, 윤선각, 방응원, 현응진, 임영립, 이원용, 이희남, 홍우공도 이순신을 따라 나섰다. 이순신과 장수들은 목숨을 버릴 각오가 되어 있었다.

이순신 일행은 7월 19일 단성, 20일 강정, 21일 곤양을 거쳐 노량에 도착했다. 노량에 도착하자 칠천량에서 살아 돌아온 거제현령 안위와 영등포만호 조계종, 우후 이의득 등이 이순신을 찾아와 울부짖었다. 그곳의 군사와 백성들도 마찬가지였다. 이순신이 가는 길에는 칠천량에서 아버지와 형제, 친척과 이웃을 잃은 사람들의 통곡 소리가 가득 찼다.

다급한 마음에 나흘간 잠도 자지 않고 달려온 이순신은 옛 부하들이 전하는 피눈물 나는 이야기에 가슴이 미어질 것 같았다. 몸도 마음도 지친 탓에 눈병까지 얻었다.

그럼에도 이순신은 칠천량에서 탈출해 온 경상우수사 배설을 만난 뒤 다시 길을 떠났다. 지독한 눈병 때문에 눈을 제대로 뜰 수 없을 지경이었지만 그는 남해현령 박대남이 머무는 곳으로 말을 달렸다.

7월 22일, 통제사 원균의 출전을 강행시키기 위해 파견했던 선전관 김식의 패전 보고를 들은 조정은 엄청난 충격에 빠졌다.

"15일 밤 10시쯤에 일본 전선 5~6척이 갑자기 기습해 우리 전선 4척이 불탔습니다. 그러다 해가 뜰 무렵에는 셀 수 없이 많은 일본 전선이 세 겹 네 겹으로 포위했습니다. 우리 수군은 싸우며 후퇴했지만 당해 낼 수 없었습니다. 마침내 우리 전선은 모두 불탔고, 장수들과 군사들도 불에 타 죽거나 물에 빠져 죽었습니다."

선조와 영의정 유성룡, 판중추부사 윤두수, 우의정 김응남, 지중추부사 정탁, 형조판서 김명원, 병조판서 이항복 등이 다급히 모였다. 선조는 김식의 보고서를 내보이며 대책을 세우라고 다그쳤다.

조정의 신하들은 모두 충격 속에 말을 잃고 있었다. 이윽고 선조가 말했다.

"대신들은 왜 아무런 말도 하지 않는가? 아무런 대책 없이 그냥 두고 볼 셈인가? 입을 닫고 있으면 일본군이 물러간단 말인가?"

이때 유성룡이 나섰다.

"전하, 신들이 일부러 말씀을 올리지 않는 것이 아닙니다. 갑자기 너무 놀라 아무 생각이 떠오르지 않아 그런 것입니다."

선조가 다시 말했다.

"수군이 크게 패한 것은 하늘이 정한 운명이니 어쩔 수 있겠는가. 원균이 죽었다 하더라도 원균을 대신할 사람이 어찌 없겠는가?"

병조판서 이항복이 말했다.

"전하, 말씀하신 것처럼 지금은 새로 통제사와 수군절도사를 임명해 계책을 세우는 수밖에 없을 듯하옵니다."

그날 선조와 조정은 이순신을 다시 전라좌도수군절도사 겸 삼도수군통제사로, 권준을 충청도수군절도사로 임명했다.

이순신은 자신이 다시 삼도수군통제사에 임명된 사실을 모른 채 7월 23일, 다시 길을 떠나 곤양을 거쳐 진주 운곡에 도착했다. 이즈음 과거에 함께 목숨을 걸고 싸웠던 배흥립이 찾아왔고, 24일에는 조방장 배경남이, 25일에는 조방장 김언공이 찾아왔다. 이순신은 며칠을 머물며 사람들을 만나 다양한 정보를 수집하고 이야기를 나누었다.

8월 3일, 이순신은 선전관 양호가 들고 온 삼도수군통제사 임명장을 받았다. 그는 수군을 다시 일으키기 위해 임명장을 받은 즉시 하동에서 출발해 경상우수사 배설과 그의 수군이 머무르고 있는 보성으로 향했다. 8월 4일 곡성에 도착했을 때는 온 고을이 텅 비어 있었고, 8월 5일 옥과에 도착했을 때는 길가에 피난민이 가득 차 있었다. 칠천량 패전 소식을 들은 경상도와 전라도의 백성들은 두려움에 휩싸여 언제 쳐들어올지 모를 일본군을 피해 산속으로 도망치고 있었다. 서로 부축해 가면서 걸어가는 피난민의 모습에 이순신은 가슴이 아파 눈물을 흘렸다.

삼도수군통제사 이순신이 지나간다는 소문을 듣고 여기저기서 피난민들이 몰려왔다. 그를 향해 울부짖는 소리와 환호성이 뒤섞여 울렸다. 부하 장수들의 고성도 터져 나왔다.

"이순신 통제사가 왔다!"

"이제는 살았다!"

"비키시오! 통제사 영감이 가는 길이오!"

"이 통제사가 왔다!"

이순신과 그 일행은 순식간에 피난민에 둘러싸였다. 급한 길이었기에 부하 장수들은 길을 비키라고 소리쳤다.

"길을 비켜라. 통제사가 가는 길이다!"

그 순간이었다.

이순신이 가던 길을 멈추고 말에서 훌쩍 내리더니 몰려든 피난민에게 침착하게 말했다.

"백성들은 들으시오! 통제사 이순신이오. 이제 고향으로 돌아가시오. 아무 걱정하지 마시오. 우리 수군은 다시 일어설 것이오. 일본군을 물리칠 것이오. 이제 다시 시작할 것이오. 나는 단 한 번도 패배한 적이 없소. 여러분도 잘 알고 계시잖소? 내가 바다를 막고 지키겠소. 그러니 집으로 돌아가시오."

이순신은 굳이 가던 길을 멈추고 말에서 내려 백성들을 타이르고 용기를 주었다. 이순신의 웅장한 목소리를 들은 백성들의 얼굴은 이내 밝아졌다. 새로운 희망이 생긴 듯했다.

누군가 소리쳤다.

"통제사 영감님! 우리에게 와 주셔서 고맙습니다. 이제야 살길이 생겼습니다. 고맙습니다."

백성들은 피난길에 싸 가지고 가던 음식과 물, 술을 앞다투어 이순신에게 바쳤다.

"통제사 영감님! 이것 좀 드시고 가십시오."

"통제사 영감님! 이 술 한 잔 마시고 가십시오."

여기저기서 함성이 그치지 않았다.

그때였다. 무리지어 소곤거리고 있던 몇몇 젊은이가 이순신 일행 앞으로 뛰어나와 무릎을 꿇고 말했다.

"통제사 영감님! 저희도 데려가 주십시오. 통제사 영감과 함께라면 어디라도 가겠습니다."

피난민 행렬에서 하나둘씩 뛰쳐나온 이들은 점점 그 수가 불어났다. 한 젊은이는 "아버님, 저는 통제사 영감을 따라갑니다. 먼저 고향에 돌아가 계세요" 하며 피난길에서 벗어났고, 어떤 이는 "아들아! 아비는 통제사 영감님을 따라 조선을 지켜야겠다. 너희만은 일본군에 죽임을 당하지 않도록 싸울 테니, 어머니를 잘 모시도록 하여라"라는 당부를 끝으로 가족과 헤어졌다.

이렇게 아홉 명을 시작으로 군대에 합류한 인원은 8월 8일, 이순신 일행이 순천에 도착했을 때는 60명으로 늘어 있었다. 그리고 낙안을 거쳐 보성에 도착했을 때는 그 배인 120명으로 늘어났다. 이순신이 가는 길목마다 패전으로 여기저기 흩어져 있던 장수와 군사들 그리고 자원해서 입대한 백성들이 속속 모여들었다.

이순신의 맞수 원균은 어떤 사람이었나?

원균의 전투 기록은 원균이 이순신에게 보낸 장계, 오희문의 《쇄미록》과 정경운의 《고대일록》, 조경남의 《난중잡록》에 남아 있다. 《징비록》을 비롯한 다른 많은 기록에는 원균이 임진왜란 초기에 적군에게서 도망치기 일쑤였다고 나와 있지만, 그와 정반대로 열심히 싸웠다는 기록도 있다.

> 경상우수사 원균이 지난달(1592년 4월)에 적선 10여 척을 불태웠다고 하고, 이 도의 좌수사 이순신은 이달 초승에 여러 배를 독려해 거느린 채 그 도의 수사(이억기)와 함께 나아가 적선 42척을 불태워 없앴고 포로 두 명을 산 채로 잡았으며 적 세 명을 베었으니, 적들은 물속으로 들어가 헤엄쳐서 육지에 올라 숲속에 숨어 엎드렸다고 한다.
>
> ─오희문, 《쇄미록》

> 우수사 원균은 사망한 절도사 준량의 아들로 평소에 담력과 지혜가 있었다. 전쟁이 일어났을 때부터 전선에 올라 적을 방어하며 하루도 육지에 발을 내린 적이 없었다. 전라좌수사 이순신과 한마음이 되기를 약속하고는 전력을 다해 적을 추격해 격파했다. 적들이 더 이상 전라도를 넘보지 못하게 된 것은 두 수사의 공로였다.
>
> ─정경운, 《고대일록》

신에게는 아직도 12척의 전선이 있습니다

1597년 8월 14일, 이순신은 임금과 조정에 보내는 장계 일곱 통을 써서 한양으로 보냈다.

장계의 내용은 이순신이 7월 18일 권율의 진영을 떠난 뒤 여러 곳을 돌아다니며 살핀 지역의 상황과 보성까지 오면서 생각해 둔 계책, 8월 7일 조정에서 받았던 삼도수군통제사 임명에 대한 답신이었다.

선조는 이순신에게 말했다.

"삼도수군통제사 이순신은 들어라! 조선 수군은 크게 패했다. 남아 있는 전선과 군사도 거의 없다. 지금은 우리 수군이 전멸한 것이나 다름없구나. 이 상태로는 도저히 일본군을 막아 낼 수 없을 것이다. 통제사에게 명령하노니, 이제 수군을 해체하고 육지로 올라가 육지 전투에 힘써라."

이순신은 길을 걷다가도 임금의 명령서를 읽고 또 읽으며 생각했다.

'전에도 바다에서 오는 적은 바다에서 막아야 한다고 조정에 고한 적이 있다. 그때도 선조와 조정 대신들이 그 말을 듣지 않아 임진년(1592년) 전쟁으로 온 나라가 적군에 짓밟혔다. 그런데 이번에도 또 이런 명령을 내리시다니……. 지난봄 부산으로 진격하라는 명령을 거부해 사형 직전에 처했다. 내가 백의종군하는 동안 원균에게는 매를 쳐 가며 억지로 출전시키더니, 결국 이 지경이 되었다. 그런데도 누구 하나 책임지는 사람이 없구나. 이제 다시 전처럼 수군을 없애라고 하니, 이를 어떻게 해야 한단 말인가!'

이순신의 생각은 전쟁 전이나 지금이나 한결같았다.

'바다에서 오는 적은 바다에서 막아야 한다!'

이순신은 지난 6년간 침략자의 칼날에 무참히 죽은 부하들과 백성을 떠올렸다. 그는 붓을 들고 한 글자 한 글자 온 정성을 기울여 임금과 조정에 올릴 장계를 썼다. 자신의 결심을 심장에 새기듯, 굳은 결의가 묻어나는 글이었다.

신臣, 삼도수군통제사 이순신은 간곡히 아룁니다. 지난 임진년(1592년)부터 5~6년 동안, 일본군은 감히 전라도와 충청도를 곧바로 침범하지 못했습니다. 그 까닭은 우리 조선 수군이 바닷길을 철저히 막았기 때문입니다.

신, 삼도수군통제사 이순신과 조선 수군에게는 아직도 12척의 전선이 있습니다. 신과 우리 수군은 목숨을 걸고 죽을힘을 다해 일본군과 싸울 것입니다. 신과 우리 수군은 걱정하시는 것과 달리 오히려 적을 물리칠 수 있다고 자신하고 있습니다. 그런데도 분부하신 것처럼 수군을 없애고 육지로 올라간다면, 적들이 오히려 행운이라고 여길 것입니다. 그리하여 신과 우리 수군이 바닷길을 막을 수 없게 된다면, 일본군들은 남해와 서해를 거쳐 전라도와 충청도 바다를 지나 한강까지 막힘없이 내달리게 될 것입니다. 신과 우리 수군이 걱정하는 것은 오직 그것뿐입니다.

신과 신의 수군이 가지고 있는 전선이 아주 적은 것도 사실입니다. 그러나 신이 죽지 않는 한 적은 감히 우리를 업신여기지 못할 것입니다(미신불사 즉적불감모아의 微臣不死 則賊不敢侮我矣).

지금 신에게는 아직도 12척의 전선이 있습니다(금신전선상유십이今臣戰船尙有十二).

지금 신에게는 아직도 12척의 전선이 있습니다(금신전선상유십이今臣戰船尙有十二).

지금 신에게는 아직도 12척의 전선이 있습니다(금신전선상유십이今臣戰船尙有十二).

신과 신의 수군은 목숨을 던져 조선의 바다를 지키고, 그 바다에서 적과 싸워 승리하기로 산과 바다에 맹세했습니다. 저희의 맹세는 조선 수군의 승리를 원하는 용과 물고기를 감동시키고, 나무와 풀도 감격시킬 것입니다. 신에게 조선 수군을 이끌게 해 주시고, 바다에서 다시 싸워 이 땅과 이 바다를 승리의 바다로 만들 수 있는 기회를 주시옵소서. 나라를 다시 반석 위에 올릴 수 있는 기회를 주시옵소서. 지금 신에게는 아직도 12척의 전선이 있습니다(금신전선상유십이今臣戰船尙有十二). 목숨을 걸고 아뢰옵니다.

이순신은 도체찰사 이원익■에게도 같은 내용의 편지를 써 보냈다. 이순신의 능력과 진심, 충성심을 익히 알고 있었던 이원익은 이순신을 믿고 그의 주장을 들어줄 것을 조정에 적극 건의했다.

8월 15일, 전날부터 내리던 비가 늦게야 그치고 날씨가 화창하게 갰다. 이순신이 보성 열선루에 앉아 일을 보고 있을 때 선전관 박천봉이 임금의 명령서를 가지고 왔다. 수군을 없애고 육지로 올라가라는, 이전과 같은 분부였다. 이순신은 임금에게 보내는 답장을 간략히 써서 박천봉에게 주고 한양으로 급히 올라가게 했다.

이순신의 답변서도 이전과 같았다. 자신에게는 아직도 12척의 전선이 있으니 자신을 믿고 조선 수군을 맡겨 달라고 임금에게 간청했다.

박천봉을 한양으로 올려 보낸 뒤, 이순신은 창고를 둘러보며 무기와 전선들을 살펴보았다. 날이 저물었을 때 열선루에 다시 올라 기대앉았다. 그날따라 달이 유난히 밝았다. 계속된 이동으로 그의 몸과 마음은 지쳐 있었다. 누각에 앉아 휘영청 밝은 달을 보고 있자니 한산도가 떠올랐다. 이순신은 한산도에서 보낸 시간을 기억하며, 시조 〈한산도가〉를 읊었다.

한산섬 달 밝은 밤에 수루에 홀로 앉아(한산도월명야상수루閑山島月明夜上戍樓)
큰 칼 옆에 차고 깊은 시름하는 차에(무대도심수시撫大刀深愁時)
어디서 일성호가(피리 소리)는 남의 애를 끊나니(하처일성강수갱첨수何處一聲羌愁更添愁). ■■

■ 이원익(1547~1634)은 태종의 열두 번째 아들로 87년을 살면서 70년을 관직에 있었고, 그중 40년 동안 정승을 지냈다. 1595년 도체찰사로 있을 때 한산도에 찾아와 이순신을 만난 적이 있다. 유성룡과 함께 이순신의 능력을 가장 잘 알았던 인물이다.
■■ 《청구영언》(1727), 《해동가요》(1763)에 한글로 전한다. 그 후에 편찬된 《이충무공전서》에는 한문으로 번역되어 실려 있다. 이순신이 지은 날짜에 대해서는 여러 가지 주장이 있다. 1593년 7월 14일(박혜일), 1594년 6월 11일(박기봉), 1595년 8월 15일(이은상·최영희), 1597년 8월 15일(이종학)이 있다. 그러나 정확한 날짜는 확실치 않다.

〈한산도가〉에 나오는 한산도 수루(경상남도 통영시)

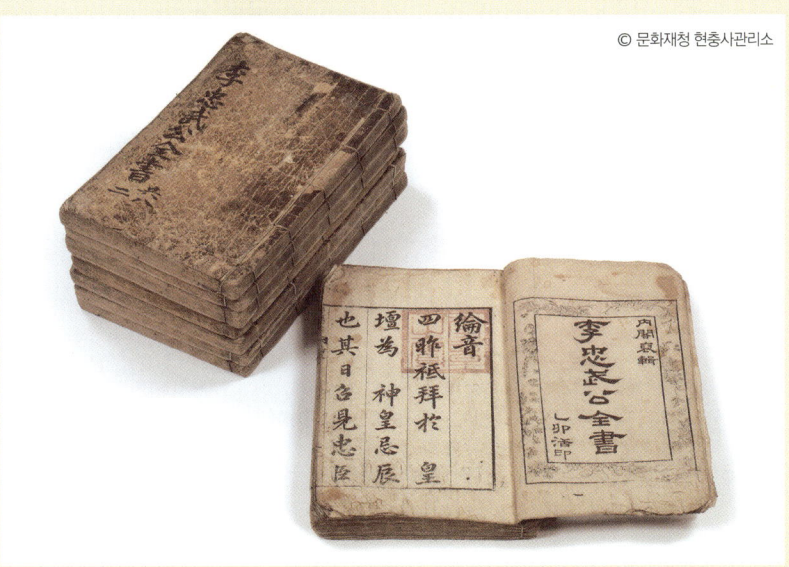

© 문화재청 현충사관리소

〈난중일기〉가 수록된 《이충무공전서》

5부 낮은 자리도 마다하지 않은 영웅

이어 시름을 덜어 내고 결의를 다지고자 또 한 수를 읊었다.

바다에 맹서하니 용과 물고기가 감동하고(서해어룡동誓海魚龍動)
산에 맹세하니 나무와 풀도 알아주는구나(맹산초목지盟山草木知). ■

8월 17일, 이순신은 보성을 떠나 장흥을 거쳐 강진의 병영으로 갔다가 18일에는 회령포로 갔다. 그곳에는 칠천량해전에서 패전하고 12척의 전선을 이끌고 탈출한 경상우수사 배설이 머물고 있었다. 배설은 절망과 공포에 사로잡힌 채 이런저런 핑계를 대며 군사들을 돌보지 않고 있었다. 심지어 통제사 이순신이 도착했는데도 뱃멀미를 핑계로 나타나지 않았.

이순신은 장수와 군사들을 불러 모으고 말했다.

"장수들과 군사들은 들어라! 우리 수군은 무적의 군대이다. 나와 함께한 우리 조선 수군은 단 한 번도 패배하지 않았다. 우리는 전쟁이 일어난 임진년 이래 옥포에서, 합포에서, 적진포에서, 사천에서, 당포에서, 당항포에서, 한산 앞바다에서, 율포에서, 안골포에서, 장림포에서, 웅포에서, 어선포에서, 장문포에서 승리했다. 심지어 적의 본거지인 부산포에서 470척과도 싸워 이겼다. 나와 함께한 우리 조선 수군은 언제나 승리한 불패의 군대, 불멸의 조선 수군이다!

장수들과 군사들이여! 그때 그 승리의 순간을 잊었는가! 우리는 적이 많을 때도 적을 때도 이겼고, 적이 육지에 있을 때도 이겼다. 조선 아들들이여! 우리가 불패의 군대인 것을 잊었는가!"

■ 《이충무공전서》에 전하는 연구(聯句)이다.

이순신을 따라온 장수와 군사는 물론이고 회령포에 남아 있던 군사들도 모두 통제사의 우렁차고 힘 있는 목소리에 귀를 기울였다. 이순신은 말을 계속 이었다.

"얼마 전 우리는 분명히 칠천량에서 패배했다. 그러나 전쟁에서 패배는 얼마든지 있을 수 있다. 이번의 패배는 더 큰 승리, 더 위대한 승리를 위해 하늘이 내린 한때의 시련일 뿐이다. 우리는 다시 일어설 수 있으며, 반드시 승리할 수 있다.

지금 우리 어깨에 우리가 지켜야 할 우리 땅의 운명이 걸려 있다. 우리가 한 번 죽어 우리의 아들과 딸이 우리 땅에서 편안히 잘 살 수 있다면, 우리 목숨이 끊어진들 무엇이 아깝겠느냐? 우리는 임금의 명을 받들었으니, 의리로 함께 죽는 것이 마땅하다(의당동사義當同死). 나라의 은혜에 보답하기 위해 한 번 죽을 것이 어찌 아까울 것이냐? 오직 죽은 뒤에야 끝날 뿐이다(하석일사이보국가호 유사이후이何惜一死以報國家乎 惟死而後已). 내가 죽지 않는 한 반드시 적은 감히 침범할 수 없을 것이다(오불사 즉적필불감래범의吾不死 則賊必不敢來犯矣).

조선의 장수들이여! 조선의 수군이여! 조선의 아들들이여! 그대들은 불패의 장수, 불패의 수군이다! 한 번 죽어서 영원히 살자! 우리가 한 번 죽어서 우리의 아들들에게 영원히 이 땅을 물려주자!"

산을 울리고 바다를 떨게 만든 이순신의 연설이 끝나자, 장수들과 군사들은 감격에 복받쳐 서로 부둥켜안고 울었다. 이윽고 조선의 군사들은 천지를 진동시키는 함성을 질렀다.

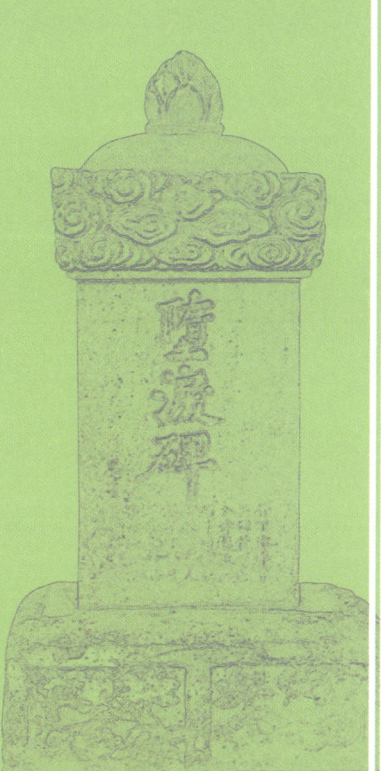

6부

하늘이 내린 지도력

'여기서 나까지 물러난다면 부하들은 더 멀리 후퇴해 우리는 전멸할 것이다. 그렇다고 뱃머리를 돌린다면 호랑이에게 등을 보이는 것과 다름없게 된다. 뒤가 비는 순간 저들은 바짝 다가와 조선 배에 기어오를 것이다. 그러나 한 시간 정도만 더 버틴다면, 명량의 물살이 우리에게 유리한 방향으로 바뀐다. 그때 가면 일본군은 불리해진다. 적들은 자기들끼리 급류에 휩쓸리고 부딪칠 것이 분명하다. 지금 이 자리에서 버틸 수 있을 때까지 버텨야 한다. 장수들을 불러 모으자.'

늘 상대의 입장에서 생각하고 앞일을 예측하다

1597년 8월 20일, 이순신은 수군 진영을 전라남도 해남의 이진梨津으로 옮겼다. 조선 수군의 사기는 조금씩 올라갔지만 정작 이순신의 몸과 마음은 매우 지쳐 있었다. 지난 7월 중순부터 진주 초계에서 패전을 확인하기 위해 출발해 그동안 경상도와 전라도 곳곳을 쉼 없이 누볐다. 밤새워 말을 달린 탓에 눈병에 걸려 눈조차 제대로 뜰 수 없었고, 몸도 마음도 성치 못했다. 며칠 동안 토하고 설사를 했다. 심지어는 인사불성이 되기도 했다. 그래도 몸을 털고 일어났고, 이동하면서도 척후병과 정찰병을 내보내 상황을 파악했다.

그는 전선을 움직여 도괘를 거쳐 어란포 앞바다에 이르렀다. 그 사이 일본군도 조선 수군을 쉴 새 없이 뒤쫓았다. 26일, 신임 전라우수사 김억추가 도착했을 때 일본군은 이순신이 엿새 전에 머문 이진에 도착해 있었다. 이순신과 수군이 어란포에 머물던 28일, 조선 수군 앞에 일본군 정탐선 8척이 나타났다. 칠천량의 악몽에서 벗어나지 못한 조선 수군은 겁에 질려 우왕좌왕했다. 그러나 이순신은 눈 하나 깜짝하지 않고, 자신의 대장선을 앞장세워 돌격해 정탐선을 물리쳤다. 그날 조선 수군은 일본군의 추격을 피해 다시 장도로 진영을 옮겼고, 다음 날에는 벽파진으로 이동했다.

경상우수사 배설은 일본군이 나타날 때마다 어딘가로 숨었다. 한때 의병장으로 활약했고 훌륭한 고을 수령으로 명성이 자자했던 그였지만, 패전 이후 극심한 전쟁 공포에 시달려 전투가 벌어질 때마다 버티지 못하는 듯 보였다.

배설은 이미 당포에서 일본군이 나타났다는 헛소문에 놀라 피해 도망쳤고, 어란포에 일본 전선 8척이 나타났을 때도 먼저 도망치려 했다. 그 후 일본 전선 50척이 뒤따라온다는 소식을 들은 뒤로 배설의 공포는 더욱 심해졌다. 30일, 벽파진에서도 도망하려는 배설을 보고 이순신은 고민에 빠졌다.

'경상우수사인 배설이 저토록 두려워하고 숨으려고만 하니 이를 어찌해야 하는가? 혹시 배설이 피해 숨는다면 군사들은 크게 동요할 텐데 걱정이구나. 게다가 휘하의 장수들까지 데리고 간다면……'

생각이 여기에 미치자, 이순신은 서둘러 배설의 부하 장수들을 불러 모았다.

"칠천량 때부터 아주 고생 많았소. 나는 여러분과 함께 목숨을 걸고 싸울 것이오. 여러분 중 몇몇은 이미 나와 함께 싸웠던 분들이오. 그때 우리는 항상 승리했소. 이제 우리가 다시 힘을 합친다면 또다시 승리할 수 있소.

칠천량에서 죽은 동료와 군사들의 비명 소리가 들리지 않습니까? 나는 매일 밤 그들의 울부짖는 소리가 들리오. 이제는 그들의 원한을 풀어 줄 때가 되었소. 함께 힘과 지혜를 모아서 복수합시다. 우리가 이긴다면 칠천량의 패배를 용서받을 수 있고 나라에서 큰 상을 받을 수 있소. 적이 무서워 도망친들 어디로 도망갈 수 있겠소? 그보다는 장렬히 싸우다 전사해 아들과 딸들에게 자랑스러운 조선의 장수로 남는 것이 어떻겠소?"

배설의 부하 장수들은 이순신의 말뜻을 알아들었다.

자신들의 상관처럼 전쟁을 피하고 싶은 마음이 컸던 그들은 통제사의 일침에 부끄러워했고, 이내 다시 싸울 마음을 다잡았다.

이날 이순신은 배설에 대해서는 단 한마디도 하지 않았다. 뚜렷한 증거도 없이 동료를 비난하는 일은 할 수 없을 뿐 아니라, 자신들의 상관을 욕되게 한다면 결국 그들의 자존심에도 상처를 줄 수 있기 때문이다.

여러 경험을 하고 시련을 겪으면서 이순신은 '사람을 이끄는 지도자라면 늘 상대의 입장에서 생각하라'는 배움을 잊지 않고 실천했다. 이런 노력이 있었기에 배설의 부하들 마음도 잘 헤아릴 수 있었다.

얼마 후 배설은 몸이 아프다며 전라우수영으로 돌아가 치료를 받겠다고 연락해 왔다. 이순신은 차라리 잘된 일이라고 생각했다. 수군과 함께 있다가 피하고 도망치는 일이 생기는 것보다는 차라리 병을 치료하라고 올려 보내는 편이 군사들의 사기에 영향을 덜 미칠 듯했기 때문이다. 이순신이 허락하자 배설은 우수영으로 올라갔다. 이후 배설은 결국 조용히 우수영을 벗어난 뒤, 이순신에게 보고도 하지 않은 채 고향으로 도망쳤다.

9월 3일 밤부터 5일까지는 북풍이 아주 세게 불었다. 갑자기 추워진 날씨에 이순신과 군사들은 몹시 괴로워했다. 바람이 잔잔해진 7일, 육지에서 정찰을 하고 있던 탐망군관 임중형이 급히 달려왔다.

"적선 55척 중 13척이 이미 어란포 앞바다에 도착했습니다. 그들의 목표는 우리 수군입니다."

이순신은 장수와 군사들을 불러 모아 놓고는 철저히 경계할 것을 당부했다. 곧 일본군 전선 13척이 공격해 왔지만 미리 대비하고 있던 이순신과 조선 수군은 가볍게 적을 물리칠 수 있었다.

도망가는 적선을 뒤쫓았지만 바람의 방향이 거꾸로 바뀌자, 이순신은 추격을 멈추고 진영으로 돌아왔다. 바람에 따라 물결의 흐름이 바뀌면 배를 쉽게 움직일 수 없는 데다 적선이 매복하고 있을 가능성이 높았다.

필요할 때 지체 없이 멈추는 전략은 이순신이 늘 곁에 두고 지혜를 얻었던 《손자병법》에 따른 결단이었다.

《손자병법》은 이렇게 권고했다.

편안히 쉬어 힘을 비축한 군대로 피로한 적과 싸워라(이일대로 以佚待勞).
궁지에 몰린 적을 압박하지 말라(궁구물박 窮寇勿迫).

지금은 자연이 조선 수군에 불리했고, 군인들은 매우 지쳐 있었다. 이런 상황에서 막다른 골목에 몰린 적군이 죽기 살기로 덤빈다면 오히려 큰 피해를 입을 수 있었다.

이순신은 진영으로 돌아오면서 곰곰이 생각했다.

'회령포에서 전선을 인수한 다음 우리 수군은 벌써 몇 차례나 일본 정탐선과 기습해 오는 적선을 물리쳤다. 이제 조선 수군은 점차 자신감을 되찾고 있다. 그러나 적선은 55척이고 우리는 13척이다. 목적이 우리 수군에 있는 한 그대로 물러가지 않을 것이다. 오늘 밤에 우리를 포위하고 공격해 오지 않을까?'

이순신은 장수들과 군사들을 다시 불러 모았다.

"회령포를 떠난 이래로 이미 몇 차례나 일본군을 물리쳤다. 우리 전선은 비록 13척이지만 전처럼 늘 승리했다. 오늘 적군이 그대로 돌아갈 것 같지 않다. 지난 칠천량전투처럼 적이 밤을 틈타 공격해 올 수 있다. 오늘 밤만큼은 모두 잠들지 말고 전투 준비를 한 채 대기하라! 각 장수는 각자 방어해야 할 곳을 지키며 작전에 따라 신호를 하고 격퇴하라. 만일 조금이라도 군령을 어기는 자가 있다면 군법에 따라 처벌할 것이다!"

그날 밤, 일본군은 이순신이 예상한 대로 기습 공격을 해 왔다. 대기하고 있던 이순신의 대장선이 맨 앞에 서서 천자총통과 지자총통을 쏘았다. 포를 쏠 때마다 천둥 번개가 치듯 하늘과 바다가 번쩍였다. 어둠 속에서 조용히 다가오던 일본군은 깜짝 놀라 다가왔다가 물러나기를 네 번이나 반복하다가 새벽 1시가 되자 완전히 물러갔다.

9월 8일, 다시 바다로 돌아온 이순신이 일본 수군을 물리치며 항전하고 있을 때 바다 저편 명나라에서는 조선 수군의 칠천량 패전 소식을 듣고 광동 수군 5천 명을 조선에 파병하기로 결정했다. 진린을 부총병으로 한 명나라 수군은 이듬해인 1598년 7월, 조선에 들어와 이순신과 함께 노량해전을 치르게 된다.

죽고자 하면 살고 살고자 하면 죽을 것이다

1597년 9월 9일, 이순신은 중양절▪을 맞아 군사들의 피로를 달래고 사기도 올릴 겸 제주도에서 실어 온 소 다섯 마리를 잡아 잔치를 벌였다. 다른 한편에서는 일본군에 대한 경계도 철저히 했다. 그 사이 일본군은 전선 2척을 보내 조선 수군의 동태를 파악했고, 이를 발견한 영등포만호 조계종이 일본군을 추격하기도 했다.

이순신은 틈틈이 전선과 군사 무기를 정비하면서 조선 수군이 적은 숫자로 어떻게 거대한 적군을 이길 수 있을지 끊임없이 고민했다. 반드시 이겨야 했다. 꿈속에서도 오로지 이 생각뿐이었다.

9월 13일, 이순신은 아주 특별한 꿈을 꾸었다. 임진년(1592년) 때 470척과 싸워 1백여 척을 격파한 부산대첩 직전에 꾸었던 꿈과 거의 같았다. 그러나 그것이 어떤 징조를 뜻하는지 알 수 없었다.

▪ 음력 9월 9일의 세시 명절로 높은 곳에 올라 단풍이 든 풍경을 보고 즐기며 시와 술을 함께 나누었다.

다음 날, 육지에서 정탐을 하고 있던 임준영이 달려왔다.

"적선 2백여 척 중에서 55척이 먼저 어란포에 들어왔습니다."

이순신은 잠시 생각했다.

'전에는 55척이라고 했는데 2백여 척이라니, 우리 수군을 완전히 끝장내고 곧바로 서해로 올라가려는 속셈이구나. 이제는 더 이상 물러설 곳이 없다. 결전밖에 남지 않았다. 싸운다면 무조건 이겨야 한다. 이기려면 하늘과 땅과 사람의 삼박자가 조화를 이루어야 함이 아닌가? 그런데 적은 많고 우리는 수에서 열세이다. 이곳 벽파진에서 싸울 수는 없다. 적은 인원으로 이렇게 넓은 곳에서 싸운다면 적들의 거센 공격을 막아 내지 못하고 순식간에 끝장날 수도 있다. 벽파정과 우수영 사이에는 길목이 좁고 물살이 빠른 명량■이 있다. 그곳을 앞에 두고 명량을 통과해 오는 적과 싸운다면 승산이 있다!'

이순신은 이 계책을 세우면서 신립 장군의 패전을 떠올렸다.

1592년, 신립 장군은 험준한 지형에서 적군을 방어하자는 부하들의 충언을 무시한 채 기병을 동원해 들판에서 일본군을 상대하다가 결국 탄금대에서 전멸당하지 않았던가? 만일 신립이 막하 장수 김여물의 건의를 받아들여 문경새재에서 진을 치고 싸웠다면 어땠을까? 아무리 오합지졸의 소규모 아군일지라도 최소한 전멸은 피하면서 후일을 도모할 수 있지 않았을까?

신립의 패착에 이어 위대한 병법가 오자의 《오자병법》도 떠올랐다.

■ 진도와 화원반도 사이에 있는 협수로로, 우리나라에서 조류가 가장 빠른 곳이다. 가장 좁은 곳에서는 바닷물이 부딪치며 흐르는 속도가 아주 빨라 마치 바닷물이 우는 듯한 소리가 난다고 해서 명량(울돌목)이라고 부른다.

길이 좁고 험하며, 큰 산으로 막혀 있다면 열 명이 지킬지라도 천 명의 적이라도 뚫고 지나갈 수 없다(노협도험 명산대색 십부소수 천부불과路狹道險 名山大塞 十夫所守 千夫不過).

'그렇다. 길이 좁고 험하다면 열 명이라도 천 명을 막아 설 수 있다!' 오자는 또 적이 많고 아군이 적을 때 상대할 수 있는 방법임을 분명히 지적했다.

많은 적이 드나들기 편한 곳을 피하고, 많은 수의 적이 불편할 수밖에 없는 길이 좁은 곳으로 적을 불러내라(피지어이 요지어액避之於易 邀之於阨). 한 명이 열 명을 공격할 때는 길이 좁은 곳이 최고이고(이일격십 막선어액以一擊十 莫善於阨), 열 명이 백 명을 공격할 때는 길이 험한 곳이 최고이며(이십격백 막선어험以十擊百 莫善於險), 천 명이 만 명을 공격할 때는 막힌 곳이 최고이다(이천격만 막선어조以千擊萬 莫善於阻). 군사의 수가 많으면 싸우기 쉬운 곳에서 싸워야 하고, 군사의 수가 적으면 길이 좁은 곳에서 싸워야 한다(용중자무이 용소자무애用衆者務易 用少者務隘).

'오자의 말이 맞다. 상황이 어렵다고 신립 장군과 똑같이 배수진을 치고 전멸당할 수는 없다. 그렇다면 결론은 하나이다. 소수의 우리 수군이 적에게 끌려가지 않으면서 적을 끌어들여 싸울 수 있는 곳, 그곳은 이 벽파진이 아니라 명량이다! 우리가 먼저 그 자리를 차지하고 적을 기다리면 되는 일이다.'

그러나 난관이 또 하나 있었다. 떨어질 대로 떨어진 조선 수군의 사기였다.

　　76전 64승 12무의 불패 신화를 세운 오자는 "한 명이 목숨을 던질 각오를 하면 천 명이라도 두렵게 할 수 있다(일인투명 족구천부 一人投命 足懼千夫)"고 강조했다. 목숨을 던질 각오…… 그것이 문제였다.

　　오자는 말했다.

　　무릇 전쟁터는 이미 죽은 사람들이 서 있는 곳이나 마찬가지이기에 반드시 죽고자 하는 사람은 살고 운 좋게라도 살려고 하는 자는 죽을 것이다(필사즉생 행생즉사 必死則生 幸生則死).

　　병법가 위료자도 장수가 전쟁터에 나갔을 때는 "반드시 죽고자 한다면 산다(필사즉생 必死則生)"고 했다.

　　이순신은 무릎을 쳤다.

　　'그렇다. 지금 우리 수군에게 필요한 것은 필사즉생이다. 오자는 운 좋게라도 살려고 하는 자는 죽을 것(행생즉사 幸生則死)이라 했지만, 우리는 반드시 살려고 하면 죽는다(필생즉사 必生則死). 그 자세로 오자가 말한 것처럼 좁은 길목을 지킨다면 아무리 많은 적이 몰려와도 충분히 상대할 수 있다. 우리가 우수영 쪽에서 좁은 명량을 넘어오는 적들을 맞아 싸운다면, 적은 명량을 통과하기 위해 어쩔 수 없이 적선을 나누어 보내야 할 것이다. 그러면 우리의 적은 인원으로도 처음부터 이길 수 있다. 다만 우리 군사들이 겁을 먹지 않고, 한 치의 의심이나 두려움 없이 싸울 수 있게 해야 한다. 그건 이 이순신의 몫이다. 대장인 내가 언제나 그랬듯 거침없이 두려움 없이 흔들림 없이 맨 앞에서 승리의 확신을 보여 주어야 하겠지. 그렇게 된다면 우리는 기적을 만들 수 있다. 나부터 기적을 믿자! 나부터 나 이순신을 믿자! 나는 언제나 승리했다! 단 한 번도 패배하지 않았다! 나는 이순신이다! 나는 이순신이다!'

그런데 이순신이 새로이 진을 치고 전투를 하려고 계획했던 우수영 앞바다에는 칠천량해전 이후 피난해 있던 피난민과 피난선이 잔뜩 머물고 있었다. 이순신은 진영을 이동시키기 전에 우수영으로 전령을 달려 보내 명령을 전했다.

"곧 우수영 근처에서 전투가 벌어질 것이오. 통제사의 명령이니 우수영 주변의 피난민은 모두 바닷가에서 멀리 떨어진 산으로 대피하시오!"

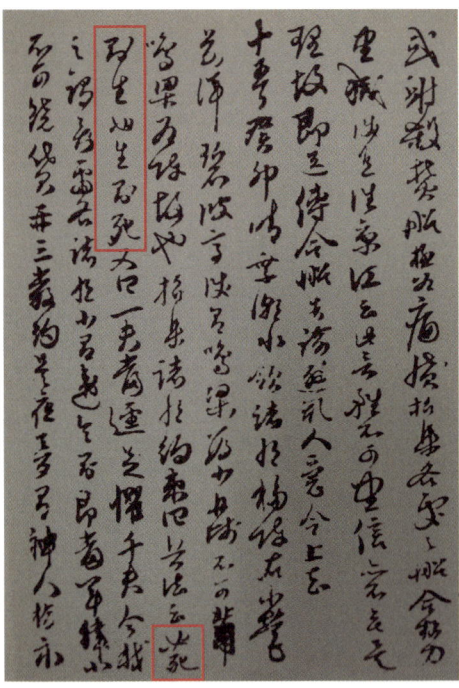

1597년 9월 16일에 쓰인 《난중일기》에 '필사즉생 필생즉사'라는 글씨가 보인다.

이순신, 지금 우리가 원하는

피난선은 우수영 앞바다에서 멀리 떠나시오!"

우수영 근처에서 전투가 벌어진다면 피난민이 피해를 볼 수 있었고, 피난민의 배가 전투에 불리하게 작용할 수도 있었다. 이순신은 피난민들을 보호하고 아군에 유리한 공간을 만들고자 했다.

9월 14일 저녁, 피난민들 가운데 젊은 선비들이 속속 모여들었다. 이순신의 전령이 전한 대피 명령 때문이었다. 그들 중 가장 연장자였던 마하수가 앞으로 나서 말했다.

"여러분! 지금 통제사께서는 우리에게 전투를 피해 육지로 올라가라고 하십니다. 우리 조선 수군은 7월에 칠천량에서 대패했고, 지금 이 통제사에게는 13척밖에 없습니다. 지금 우리 수군은 목숨을 던져 나라를 지키려 하고 있습니다. 그런데도 우리에게 도움을 요청하기는커녕 우리를 살리고자 대피하라고 하셨습니다. 우리가 이 통제사의 당부처럼 몸을 사려 피해야 하겠소? 지금은 늙고 힘이 없어 이렇게 피난을 다니는 몸이지만, 이제라도 이 통제사를 도우러 가야겠소. 내 자식들과 친척들을 모아 조금이라도 조선 수군을 도울 생각이오. 여러분 가운데 힘을 합칠 사람은 없겠소?"

그때 마하수의 연설을 듣고 있던 백진남이 거들었다.

"마하수 어르신의 말씀이 옳습니다. 비록 무기가 없어 수군과 싸우지는 못할망정 도울 방법이 어찌 없지 않겠습니까? 저도 마하수 어르신과 함께 가겠습니다."

정경달의 아들 정명렬도 나섰다. 정명렬은 아버지 정경달이 이순신 막하에서 활약했기 때문에 이순신을 이미 아주 잘 알고 있었다.

"두 분 말씀이 맞습니다. 13척에 불과한 우리 수군이 어떻게 수백 척의 일본군과 맞서 싸울 수 있겠습니까? 이 통제사가 아무리 신장神將일지라도 이 싸움은 무척 어렵습니다. 그런데도 예전의 전투를 보면 이 통제사가 허투루 싸우려는 것은 분명히 아닙니다. 믿는 바가 있어서 그럴 것이니, 어쩌면 승리까지는 아니더라도 적들에게 쉽게 패하지 않을지도 모릅니다. 지금 우리가 돕지 않는다면, 우리가 산에 올라간들 어찌 살아남을 수 있겠습니까? 저도 우리 백성과 내 가족을 위해 싸우겠습니다!"

이윽고 문영개도 피난선 10여 척을 이끌고 나서겠다고 하자 배는 순식간에 1백여 척으로 늘어났다. 마하수를 위시한 백진남, 정명렬, 문영개, 변홍달 등은 굳은 결의를 하고 그날 밤 벽파진의 이순신 진영으로 갔다.

마하수가 대표로 이순신에게 말했다.

"통제사 영감! 우리도 돕게 해 주십시오. 적선이 자그마치 2백 척이 넘는다고 들었습니다. 무기는 없지만 저희도 싸우겠습니다. 일부는 수군 전선에서 노를 젓고, 무기를 가진 자는 전선에 올라타 싸우게 해 주십시오. 통제사를 따를 테니 명령만 내려 주십시오."

이순신은 그들의 마음이 진심으로 고맙고 대견했다. 갑자기 나타난 1백여 척의 피난선을 보고 조선의 수군들은 함성을 지르며 기뻐했다.

이순신은 그 자리에서 계책을 짜 각 피난선에 명령했다.

"좋소! 여러분의 배는 비록 크기가 작지만 수가 많으니 우리 수군처럼 보이게 해 주시오. 수군의 배가 앞으로 나아갈 때 멀찍이 떨어져서 뒤쫓아 오시오. 그러면 적들의 눈에는 수군의 배처럼 보일 것이오. 진영의 배후에서 왔다 갔다 하면서 함성을 지르고 북소리를 크게 쳐 주시오. 적들은 우리 조선 수군의 규모가 아주 크다고 착각할 것이오. 그리고 이번 싸움에 참여하지 않는 어르신과 아녀자, 아이들은 모두 산속으로 대피시켜 주시오."

다음 날인 9월 15일, 이순신은 명량을 등 뒤에 두고 싸우는 것은 불리하다고 여겨 13척의 조선 전선을 전라우수영 앞바다로 옮겼다. 이순신은 모든 장수와 군사를 전라우수영 마당에 모이게 했다.

"조선의 장수여! 조선의 수군이여! 조선의 의병들이여! 드디어 결전의 날이 다가왔다. 우리가 복수할 그날이 왔다. 우리가 우수영으로 온 것은 승리할 수 있는 장소이기 때문이다. 내일 좁은 명량을 앞에 두고 싸운다면 우리는 승리할 수 있다! 우리가 비록 13척일지라도 그 길목을 막고 싸운다면 적들은 2백 척이 아니라 3백 척 혹은 1천 척이라도 한꺼번에 그 길을 통과할 수 없기 때문이다. 우리는 좁은 길목을 통과하는 적은 수의 적을 순차적으로 상대하면 된다. 명량을 넘어오는 적선은 1백 척이 10척, 3백 척이 30척으로 줄어들 수밖에 없다.

고대 중국의 위대한 장수이자 병법가인 오자가 말했다. '반드시 죽고자 하면 살고, 반드시 살려고 하면 죽는다(필사즉생 필생즉사 必死則生 必生則死).' 그는 전투에서 한 번도 패배하지 않았다. 오자는 또 '한 사람이 좁은 길목을 지키면, 천 명이라도 두렵게 할 수 있다(일부당경 족구천부 一夫當逕 足懼千夫)'고 했다. 좁은 길목을 한 사람이 목숨을 걸고 지키면 천 명이라도 한꺼번에 덤빌 수 없기 때문이다. 한 명이 천 명을 상대해 싸울지라도 그 천 명이 어쩔 수 없고, 겁을 먹을 수밖에 없다는 것이다. 우리가 지나온 명량은 바로 그곳이다. 우리가 13척이어도 1천 척과 싸울 수 있는 곳이다. 목숨을 걸고 명량 길목을 지킨다면, 우리는 반드시 승리할 수 있다. 오자가 말한 그 말은 바로 오늘 지금의 우리가 승리할 수 있다는 말이다.

　오자도 승리했다. 우리도 승리할 수 있다! 나, 이순신의 조선 수군은 언제나 승리했다. 여러분과 우리는 불패의 군대이다! 나, 이순신을 믿어라! 언제나 승리한 여러분 자신을 믿어라! 우리는 반드시 승리한다! 마음 속의 두려움을 저 명량의 거센 물결에 던져 넣어라! 칠천량에서 죽은 우리의 동료와 백성들의 비명을 기억하라! 복수하자! 침략자를 물리치자! 우리는 반드시 승리한다!

　그러나 그 누구라도 지금의 이 승리를 위한 약속을 위반하거나, 군령을 어긴다면 그 즉시 군율로 다스리고 조금도 용서치 않을 것이다. 조선의 장수여! 조선의 수군이여! 조선의 의병이여! 우리는 반드시 승리한다. 하느님께서 우리에게 명량까지 단 한 번도 기습당하거나 패배하지 않고 오게 할 수 있었던 것은 우리에게 승리를 주려 함이다. 우리 조선을 살리기 위함이다. 하느님도 우리 편이다! 이제 우리에게 남은 것은 승리 밖에 없다!"

피난 속에서 빛난 영웅들

삼도수군통제사로 재임명된 이순신은 하동에서 출발해 보성으로 향하는 길에 자원해서 입대하는 백성들을 군대에 합류시켰다. 《난중일기》에는 이들 피난민 의병에 대한 기록이 없으나 이분의 《이충무공행록》이나 유득공이 편집한 《이충무공전서》, 이항복의 《고 통제사 이공 유사》, 《호남절의록》에는 이들에 대한 기록이 나온다.

> (명량해전 때 피난민들의) 배를 시켜 먼 바다에 늘여 세워 후원하는 배처럼 보이게 해 놓고, 공(이순신)이 앞으로 나가 힘써 싸웠다.
> ―《이충무공행록》

> 먼저 피난민들의 배로 하여금 차례로 물러나 진을 치게 해 이들을 가짜 군사로 삼고, 스스로 전함을 거느려 맨 앞에 나가 있었다.
> ―《고 통제사 이공 유사》

《이충무공전서》에는 명량해전에 참전한 선비들로 김성원, 김택남, 문영개, 백선명, 백진남, 변홍원, 임영개, 정운희 등이 언급되어 있다. 《호남절의록》에는 명량해전에서 전사한 피난민 사례가 나온다. 마하수는 두 아들과 함께 싸우다 전사했고, 유렴, 김응추(김억추의 동생), 문대상, 김영수, 김세호 등도 전사했다.

백발노인은 누구였을까?

그날 밤, 이순신은 밤새 내일 벌어질 전투를 상상하며 승리를 위한 마지막 지혜를 짜냈다. 명량을 앞에 두고 싸운다면 버틸 수 있었지만, 결정적 승리를 가져올 무언가가 하나 빠져 있었다.

아무리 고심해 보아도 빠진 고리가 무엇인지 떠오르지 않았다. 부하들과 의논하고 백성들의 이야기에 귀를 기울여도 소용이 없었다. 병법책을 들여다보고 전쟁사책을 들추었지만, 끝내 미진한 부분을 찾아내기 힘들었다.

새벽녘, 이순신은 피로에 못 이겨 얕은 잠에 빠져들었다. 그때 어디선가 자신을 부르는 목소리가 들렸다.

"이보게, 순신이! 이보게, 순신이! 눈 좀 떠 보게."

졸던 이순신은 눈을 떴다. 눈앞에는 머리가 새하얀 노인이 서 있었다. 어디선가 본 듯한 얼굴이었다.

"누구십니까? 왜 이곳에 계십니까?"

백발노인은 미소를 지으며 말했다.

"자네가 지금 무엇을 고민하는지 나는 잘 알고 있네. 자네를 도우러 왔네. 내가 누구인지 알 필요는 없네."

"어르신께서 무엇을 도와주시겠다는 겁니까?"

그때 이순신의 머릿속에 스치는 기억이 있었다.

임진년 5월 말, 거북선을 처음 이끌고 출전했던 사천해전을 앞두고 꿈에 나타났던 노인. 노인은 그때 꿈속에서 적이 가까이 왔다며 이순신을 발로 차 깨웠다. 또 그해 9월 부산대첩 직전에 꾼 꿈에도 나타났던 바로 그 노인이었다. 그제야 자신을 알아본 이순신을 노인은 웃으며 바라보았다.

노인은 미소를 머금은 채 이야기를 들려주었다. 노인의 말은 이순신을 깜짝 놀라게 했다. 이순신은 전투를 하거나 진영을 경영할 때 늘 부하 장수나 군사, 또 백성의 이야기를 귀담아듣고 상의하여 결정해 왔다. 이들과 머리를 맞댈 때마다 아주 좋은 의견이 나왔고, 그 의견에 따라 행동할 때는 결과도 늘 성공적이었다. 이번에도 마찬가지였다. 진영을 계속 옮겨 명량까지 온 것도 그가 사람들의 이야기에 늘 적극적으로 귀 기울인 덕분이었다. 탐망군관 임준영의 말에 귀 기울이지 않았다면 그 소중한 정보를 흘려들었을 것이고, 피난민들의 목소리에 귀 기울이지 않았다면 의병으로 참전하겠다는 그들의 결의도 듣지 못했을 것이다.

그럼에도 이번에는 마지막 결정적인 그 무엇에 대해 누구도 말하지 못하고 있었다. 이순신 역시 아무리 고심해도 떠올리지 못했다. 이순신은 떠오르지 않는 결정적인 한 가지 때문에 밤새 고심하고 있었다. 그런데 꿈속에서 노인이 들려준 이야기는 이순신 자신은 물론이고 그 누구도 상상할 수 없는 것이었다. 마치 내일 있을 전투를 다 지켜보고 난 뒤에 그 진행 과정을 들려주는 것 같았다.

이순신은 번개에 맞은 듯 눈을 휘둥그레 뜨고 노인을 바라보았다. 그런데 순간 노인이 보이지 않았다.

"어르신! 어르신! 어디에 계십니까? 다시 한 번 자세히 말씀해 주십시오!"

이순신은 애타게 노인을 불렀다. 그때 누군가 이순신의 몸을 흔들며 말했다.

"통제사 영감님! 무슨 일이십니까? 누구를 부르시는 겁니까?"

꿈이었다. 잠시 졸던 사이 꿈을 꾼 것이다. 그러나 너무나 생생한 꿈이었다.

이순신은 기억을 더듬었다. 몇 년 전, 큰 전투를 앞두고 꿈속에 나왔던 노인은 이순신에게 승리의 지혜를 가져다 준 사람이었다. 이순신은 자세를 곧추세우고 꿈속 노인의 말을 생각했다.

이순신은 그날 일기에 노인을 '신인神人'으로 기록했다.

이순신의 밤

> 매일 밤 잠잘 때도 허리띠를 풀지 않았다. 그리고 겨우 한두 잠(2~4시간)을 자고 나서는 사람들을 불러들여 날이 샐 때까지 의논했다.

《이충무공행록》에 나오는 이순신의 평소 모습이다.

진영에 있을 때 이순신은 여자를 가까이 하지 않았고, 거의 잠을 자지 않은 채 부하들을 불러들여 날이 샐 때까지 의논하거나 홀로 고뇌하거나 책을 읽었다. 부하들을 위로하기 위해 한밤중까지 술을 마셔도 닭이 울 때는 반드시 일어나 촛불을 밝혔다. 《난중일기》를 보더라도 그가 밤을 지새운 날은 수도 없이 많다. "자려고 해도 잠들 수 없었다", "밤새 뒤척거렸다" 같은 문장이 몇 번이고 빈번히 나온다.

이순신에게 밤은 고독과 번민의 시간인 동시에 생각과 계획의 시간이었다. 그는 매일같이 어떻게 싸워야 승리하고 백성들을 먹여 살릴 수 있을지 고민하며 밤을 지새웠다. 또 책을 늘 곁에 두고 머리에 새겨 불패의 지혜를 모았다.

조선의 수호신과 함께 만든 승리

일본군 전선은 이순신의 예상보다 빨리 쳐들어왔다. 1597년 9월 16일 새벽, 정찰 군사가 급히 달려와 통제사에게 보고했다.

"통제사 영감님! 2백여 척의 적선이 명량으로 들어오고 있습니다!"

이순신은 긴급히 부하 장수와 군사들을 불러 모았다. 이들은 다시 한 번 전략을 확인하고 함께 약속한 신호와 작전을 되새겼다. 이윽고 이순신은 판옥선 13척과 피난선 1백여 척을 이끌고 출전했다. 시각은 11시가 되어 가고 있었다.

이순신이 지휘하는 대장선이 앞장서고 나머지 12척이 그 뒤를 따랐다. 무기가 없는 피난선들은 애초의 전략대로 수군 뒤쪽에 멀찍이 떨어져 서 있었다. 명량의 급류를 타고 넘어오기 시작한 일본군 전선은 133척이나 되었다. 일본군 전선은 조선 수군 13척이 다가오자 빙 둘러 포위를 시도했다.

적이 포위해 오자 이순신의 대장선을 뺀 나머지 판옥선은 주춤거리기 시작했다. 게다가 벽파진 쪽에서 명량 쪽으로 흐르는 급류에 뒤로 밀려나기도 했고, 엄청난 규모의 일본 전선에 겁을 집어먹고 슬그머니 물러서는 배도 있었다. 심지어 대장선과 함께 앞장서야 할 전라우수사 김억추의 배는 이미 8백 미터쯤 뒤로 밀려나 있었다.

이순신이 탄 대장선만이 홀로 적진 한복판에 남아 있었다. 이순신의 대장선은 폭풍이 몰아치듯 포와 활을 퍼부었다. 일본군은 이순신이 탄 대장선을 알아보고는 이 배를 집중적으로 에워싸고 공격하기 시작했다. 이순신의 대장선은 한 치도 물러나지 않고 대포와 탄환, 화살을 적선을 향해 마구 쏘아 댔다. 일본군 전선은 이순신의 대장선에 다가오다가 물러서기를 반복하며 우물쭈물하고 있었다.

다른 장수들은 두려움에 짓눌려 멀리서 대장선을 지켜보고만 있었다. 이순신은 배를 돌릴 수도, 더 이상 나아갈 수도 없었다. 대장선의 군사들도 일본군에게 포와 활을 쏘면서도 점차 겁에 질려 갔다.

이 모습을 본 이순신이 부드러우면서도 단호하게 소리쳤다.

"조선의 수군들아! 두려워 마라! 적선이 비록 1천 척일지라도 지금처럼 포와 화살을 쏜다면 가까이 오지 못한다! 조금도 무서워하지 말고 오직 힘을 다해 쏘고 또 쏘아라! 나 이순신이 있는 한 우리는 반드시 승리한다!"

이순신의 대장선이 한 시간 넘게 홀로 버티며 싸우는 동안에도 부하

■ 해전 장소에 대해서는 대략 세 가지 주장이 있다. 첫째는 현재의 진도대교가 놓인 명량의 가장 좁은 곳 인근(조성도, 최두환 등). 두 번째는 우수영 앞바다 쪽에 있는 양도와 우수영 쪽 문내면 학동리 사이 바다 (이민웅). 세 번째는 우수영 앞바다에 있는 양도(해남군 문내면 선두리)와 건너편인 녹진(진도군 군내면) 사이로, 진도대교보다 남쪽으로 약 8백 미터 떨어진 지점이다(제장명). 최종 정설은 아직 미확정이나 첫 번째 주장은 최근 학계에서 소수설이다.

장수들은 여전히 뒤에 머물러 지켜보고만 있었다. 곁에서 통제사를 지킬 임무를 맡은 중군장 김응함의 배도 마찬가지였다. 이순신은 김응함의 머리를 베어서라도 군기를 잡아 다른 장수들을 싸우게 하고 싶었지만, 그럴 수 있는 상황이 아니었다.

이순신의 머릿속은 아주 복잡했다.

새벽녘에 나타난 신인神人의 말이 생각났다. 그는 어떻게 하면 이기고 어떻게 하면 지는지 일러 주었다. 지금은 질 수밖에 없는 최악의 상황이었다.

'여기서 나까지 물러난다면 부하들은 더 멀리 후퇴해 우리는 전멸할 것이다. 그렇다고 뱃머리를 돌린다면 호랑이에게 등을 보이는 것과 다름없게 된다. 뒤가 비는 순간 저들은 바짝 다가와 조선 배에 기어오를 것이다. 그러나 한 시간 정도만 더 버틴다면, 명량의 물살이 우리에게 유리한 방향으로 바뀐다. 그때 가면 일본군은 불리해진다. 적들은 자기들끼리 급류에 휩쓸리고 부딪칠 것이 분명하다. 지금 이 자리에서 버틸 수 있을 때까지 버텨야 한다. 장수들을 불러 모으자.'

결심한 이순신은 명령을 내렸다.

"나각을 불어 중군장 김응함을 불러라! 중군장을 부르는 깃발을 올리고, 모든 장수를 부르는 초요기▪를 세워라!"

나각을 불고 깃발을 올리자 뒤에서 주춤거리고 지켜보던 김응함의 전선과 안위의 배가 급히 노를 저어 왔다. 이순신은 먼저 다가온 안위에게 호통쳤다.

▪ 군대 신호용 깃발 중 하나이다. 대장이 장수를 부르고, 지휘하고, 명령을 내리는 깃발이다. 북두칠성이 그려져 있고, 대장의 직품에 따라 크기나 색깔이 다르다.

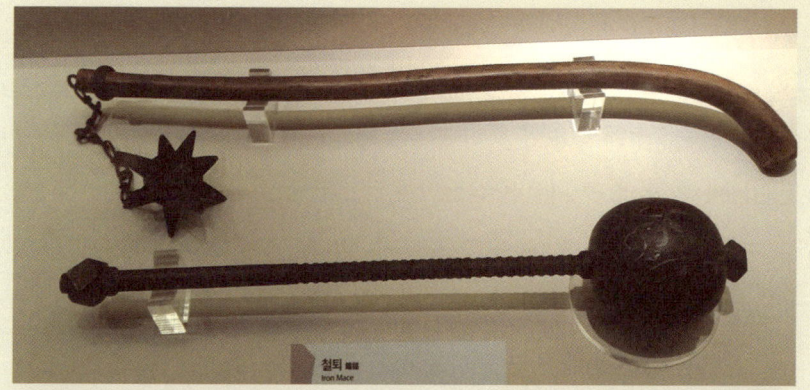

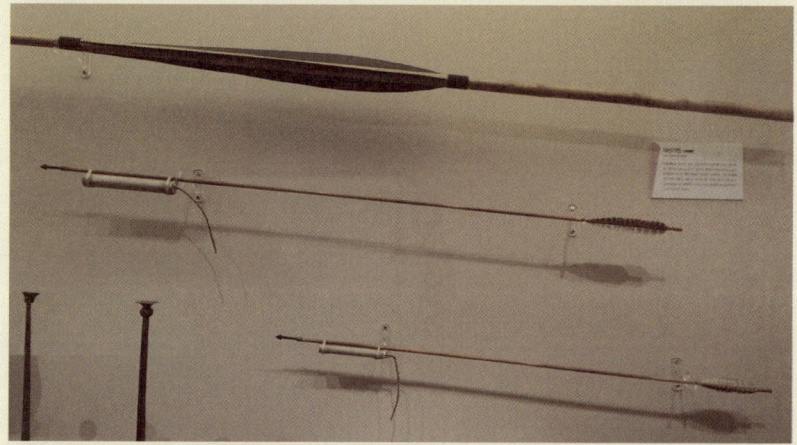

적을 쳐 죽일 때 쓴 철퇴(맨 위), 불화살과 신기전(가운데), 적선을 불태울 때 쓴 질려포통(맨 아래)

6부 하늘이 내린 지도력

"안위야! 정녕 군법에 죽고 싶으냐! 네가 도망친들 어디에서 살 수 있겠느냐! 도망가서 산들 그게 산 것이겠냐!"

안위는 7월에 있었던 칠천량해전 때도 싸우다 도망친 자였다. 안위는 이순신의 말에 곧 마음을 다잡았다.

'통제사의 말이 맞다. 또다시 질 수 없다. 이젠 도망칠 곳도 없잖은가? 차라리 이곳에서 싸우다 죽는 것이 옳다!'

안위는 자신의 배에 탄 군사들에게 명령했다.

"오직 죽기를 각오하고 적의 대장선으로 돌격하라! 노를 저어라! 대장군전을 쏘고 장군전을 쏘아라! 조란환과 화살을 쏘아라! 남김없이 퍼부어라! 도망칠 곳은 없다! 여기서 목숨을 바치자!"

안위가 탄 전선이 적의 대장선을 향해 적진 한가운데를 뚫고 들어갔다. 그 사이 김응함의 배가 다가왔다. 이순신은 김응함에게도 호통쳤다.

"응함아! 너는 나를 지키는 중군장이다. 그런데도 대장을 지키지 않고 피해 있다니 당장이라도 처형해야 마땅하나 지금 상황이 급하다. 기회를 줄 테니 가서 공로를 세워라!"

조선 시대에는 전투 중에 군법을 어긴 자를 처형하는 법이 있었다. 문종이 쓴 《신진법》에 그와 관련된 내용이 나온다.

> 진격과 후퇴, 좌우 이동을 명령했는데 이를 따르지 않거나 마음대로 행동하는 자는 머리를 벤다. …… 전투를 할 때 대장이 죽으면, 위장(대장을 호위하는 장수)의 머리를 베고, 위장이 죽으면 그 부장의 머리를 벤다.

안위의 배가 대장선을 향해 다가가자, 깜짝 놀란 적의 대장선은 다른 2척의 전선에 명령해 포위하게 했다.

"저기 달려오는 조선 배를 포위하라! 배를 옆에 대고 기어 올라가라!"

곧 일본 전선 2척이 안위의 배에 붙었고, 일본군들이 개미 떼처럼 기어올랐다. 위태로운 순간이었다. 이순신은 안위의 배를 둘러싼 적선을 향해 포와 화살을 빗발치듯 쏘며 격추시켰다. 적선 2척이 완전히 파괴되었다. 이순신과 안위, 김응함이 온 힘을 다해 싸우면서 일본군 전선 3척을 부수는 사이 어느덧 1시가 넘었고, 물결의 방향이 바뀌기 시작했다. 일본군들은 처음 보는 상황이었다. 대낮에 갑자기 물결이 정반대로 바뀌기 시작했기 때문이다. 일본 수군은 혼란에 빠졌다. 유리한 물결을 타고 왔고, 그 때문에 공격하기도 쉬울 것이라고 생각했다. 그런데 갑자기 물결이 거꾸로 흘렀다. 한 번도 생각해 보거나 겪어 본 일이 없는 이상한 바다였다.

그때 녹도만호 송여종과 정응두가 바뀐 물살을 타고 쏜살같이 달려 들어갔다. 다른 장수들도 용기를 얻어 쏜살같이 적진으로 달려 들어갔다. 바다는 부서진 일본군 배의 파편들로 순식간에 가득 찼고, 일본군 시체가 사방에 둥둥 떠 다녔다.

그때였다. 이전 안골포해전에서 투항하여 조선 수군 편이 된 일본 준사가 다가와 외쳤다.

"통제사 영감! 무늬가 그려진 붉은 비단옷을 입은 저자가 적장 마다시▪입니다."

▪ 《난중일기》에 왜장 마다시(馬多時)로 나오는 인물에 대해서는 여러 가지 설이 있다. 구루시마 미치후사(來島通總), 하타 노부토키(波多信時), 스가노 마타시로(菅野又四郎), 간 마타시로 마사카게(菅正蔭) 등이다.

"안골포의 일본군 장수 마다시란 말이냐?"

이순신은 이 말을 듣는 즉시 김돌손을 불러 적장을 건져 올리게 했다. 마다시는 화살에 맞았지만, 아직 숨은 붙어 있었다.

이순신은 즉시 "그놈의 온몸을 마디마디 잘라■ 창에 꽂고 뱃전에 널어놓아 적들이 보게 하라"라고 명령했다. 그 모습을 본 일본 수군은 겁에 질렸고 극도로 사기가 떨어졌다.

적들을 공포에 질리게 한다! 이날 이순신이 쓴 계책은 이것이었다.

적들이 두려움에 넋을 놓은 틈을 타 조선의 수군은 더 거세게 몰아갔다. 한꺼번에 북을 두드리면서 대장군전과 장군전 등으로 공격하고 신기전과 질려포통으로 적군의 배를 불태웠다.

일본 전선 31척은 완전히 부서져 침몰했다. 망가지거나 부서진 채 명량을 향해 흐르는 거센 물결에 빨려 서로 부딪치며 휩쓸려 갔다. 뒤에서 지켜보던 남은 전선들은 갑작스런 대반전에 놀라, 뱃머리를 돌려 허겁지겁 도망치기 바빴다.

조선 수군 13척과 일본 수군 133척의 싸움은 그렇게 끝이 났다. 조선 수군에게는 믿기지 않는 기적 같은 승리였다. 이순신과 수군의 완벽한 승리였다.

그날 밤, 이순신은 완전히 녹초가 되었지만 어김없이 붓을 들었다. 새벽부터 일어난 일을 기록하기 위해서였다. 그래야 다시 똑같은 일이 일어날 때 참고하고 되새길 수 있기 때문이었다.

1년만큼 긴 하루였다. 온종일 활을 쏘고 지휘하느라 붓을 들기도 버

■ '마디마디를 자르는 촌참(寸斬)'은 《조선왕조실록》에도 사례가 거의 없는 극형이다. 연산군 시대에만 일부 발견될 정도로 드물다.

울돌목해협(명량해협)에 가로놓인 진도대교. 초속 6미터의 거센 조류가 흘러 물속에 교각을 세우는 대신 강철교탑을 세우고 강철 케이블로 다리를 묶었다.

거웠지만, 이순신은 기적 같은 전투를 기억하며 한 글자 한 글자 정성을 다해 명량해전을 복기했다.

새벽에 꾼 꿈과 신인神人이 들려준 말이 떠올랐다.

'아무리 생각해도 이번 전투는 기적이다. 그 신인은 조선을 지키는 수호신이었구나. 그렇지 않고서야 어찌 내 꿈속에 나타날 까닭이 있을까? 이는 실로 하느님께서 우리 조선을 도와주신 것이구나!'

전투가 끝나자 이순신은 달빛을 타고 당사도로 진을 옮겼다. 그 뒤 여오을도, 법성포, 홍룡곶, 고참도를 거치며 10월 29일에는 현재의 목포 앞바다에 있는 고하도로 진영을 옮겼다. 1598년 2월 17일, 고금도로 옮길 때까지 이순신과 수군은 고하도에서 겨울을 보내며 군사를 모으고 군비를 확충했다.

1598년 7월 고금도에 주둔해 군사력을 증강시키고 있던 이순신 진영에 진린이 이끄는 명나라 수군이 합류했다. 조선 수군은 명나라 수군과 함께 머물며 퇴각하는 일본군과 마지막 전투를 준비하기 시작했다.
 고금도에 머물 때 이순신은 피난민 6~7천 명(약 1천 5백 호)을 정착시켜 농사를 짓게 했다. 이는 한산도 시절보다 훨씬 큰 규모였다. 전선도 추가로 건조해 조선 수군은 전선 70여 척과 7천 4백 명의 군사를 확보하게 되었다. 고금도에서만 건조한 전선이 30여 척, 확보한 수군이 5천이 넘었다.

장군을 생각하며 눈물을 흘립니다

전라남도 여수시 고소동에는 보물 제571호로 지정된 좌수영대첩비와 보물 제1288호로 지정된 타루비가 있다.

좌수영대첩비는 1615년(광해군 7)에 지금의 여수시 충무동에 세웠던 이순신의 전승기념비로 비문을 이항복이 지었다. 타루비는 이순신이 세상을 떠난 지 6년 뒤인 1603년(선조 36)에 좌수영의 부하들이 이순신의 덕을 기리기 위해 세운 비로 좌수영대첩비각 안에 있다.

영하의 수졸들이 통제사 이순신을 위하여 짤막한 비석을 세우니 이름하여 타루라 하였다. 이는 중국 양양 사람들이 양호 장군의 덕을 생각하여 비석을 바라보면 반드시 눈물을 흘린다는 뜻을 취한 것이다.

타루비는 크기와 모양이 작고 단조롭지만 이순신 장군과 좌수영 수군 사이에 오갔던 깊은 정을 느낄 수 있는 비석으로, 어떤 충무공의 유적보다 의미가 있는 유적이다.

좌수영대첩비각 안의 타루비

> 더 알고 싶은 이야기

명량대첩에 출전한 적군과 아군의 배는 몇 척이었을까?

명량대첩이 일어난 1597년 9월 16일(양력 10월 26일)의 일기는 두 개이다. 흔히 〈정유년 1〉과 〈정유년 2〉로 각각 부른다. 이 책은 〈정유년 2〉의 일기를 바탕으로 명량해전의 긴박했던 그날을 되짚었다.

〈정유년 1〉과 〈정유년 2〉의 일기에서 차이를 보이는 부분은 명량해전에 참전한 일본 전선의 수이다. 〈정유년 1〉에는 일본 전선 수가 "2백여 척이 명량을 거쳐 왔고, 이순신이 나갔을 때는 133척이 둘러쌌다"고 나온다.

명량해전에 출전한 조선 수군의 배와 일본 전선은 몇 척이었을까?
《선조실록》은 이순신의 명량대첩 보고 장계를 인용해 '전선 13척, 초탐선 32척'으로 적고 있고 《선조수정실록》과 유성룡의 《징비록》은 '12척'으로 기록하고 있다. 그러나 고상안의 《태촌선생문집》과 임진왜란 때 수군 장수로 참전했던 도도 다카도라의 전기 《고산공실록》에도 조선 전선 수를 '13척'으로 기록하고 있다.

고하도에 있는 이충무공 유적지 모충각. 이순신은 명량해전을 끝내고 108일 동안 목포의 고하도에서 전력을 재정비했다.

전라남도 해남 우수영 울돌목에 세워진 '명량의 고뇌하는 이순신상'

판옥선의 수가 다른 것은 칠천량해전에서 탈출한 배설의 전선 12척에 전라우수사 김억추가 타고 왔을 것으로 추정되는 전선 1척을 합쳐 기록한 것에서 차이가 나기 때문으로 보인다. 따라서 명량대첩에 출전한 조선 수군의 규모는 배설의 함대 12척과 김억추의 배 1척을 합친 판옥선 13척과 대여섯 명이 승선할 수 있는 협선 32척, 함대의 규모를 위장하기 위해 자원해 참전했던 피난선 1백여 척으로 구성되었다고 보아야 한다.

와키자카 야스하루가 이끈 일본 전선에 대해서는 133척, 130여 척, 5백~6백 척 등 기록이 다양하다. 그러나 이순신이 쓴 일기 내용과 《선조실록》을 보면 133척이 맞는 것으로 보인다.

명량대첩에서 조선 수군은 단 한 척도 피해를 입지 않았다. 《난중일기》에 따르면, 대장선에서 전사자 두 명, 부상자가 세 명이 나왔다. 그러나 참전한 전선 13척과 피난선을 기준으로 볼 때 최대 1백 명 전후의 전사자 또는 부상자가 나온 것으로 추정된다. 일본군은 31척이 완전히 파괴되었으며 3천 명 이상이 전사했다.

뼈까지 저미는 듯한 고통을 딛고

명량해전을 승리로 끝낸 이순신이 조선 수군의 진영으로 삼을 만한 곳을 찾아 계속 이동하고 있을 때였다.

1597년 10월 1일, 한양에서 내려온 사람이 아산에서 일어난 한 사건을 전해 주었다. 아산의 어느 집이 후퇴하던 일본군에게 노략질당한 뒤 불타 잿더미가 되었다는 소식이었다.

이순신은 불길한 예감이 들었다. 아산 본가에는 아내 상주 방씨와 막내아들 면이 살고 있었다. 그는 진영에 있던 큰아들 회를 아산으로 올려 보냈다.

이순신은 본가의 소식을 애타게 기다렸지만, 아직 아무 소식도 내려오지 않았다.

10월 14일, 한밤인 2시경 이순신은 꿈을 꾸었다. 꿈에서 이순신은 말을 타고 무덤가를 지나가고 있었다. 그런데 갑자기 말이 발을 헛디뎌 휘청하는 바람에 이순신은 냇물 속으로 떨어졌다. 순간 누군가 그의 몸을 떠받쳤다. 바로 막내아들 면이었다.

《난중일기》에는 이날의 기록이 이렇게 적혀 있다.

맑았다. 밤 2시에 꿈을 꾸었다.
나는 말을 타고 묘지를 지나가고 있었다. 말이 발을 헛디뎌 냇물 속으로 떨어졌다. 그러나 쓰러지지는 않았다. 막내아들 면이 안고 떠받친 듯한 모습이었다.
그러다 깨었다. 이것이 어떤 조짐인지는 알 수 없었다.

꿈에서 깬 이순신은 이상하고 불안한 마음이 들었다.

그날 저녁, 천안에서 사람이 와 집안 소식이 담긴 편지를 전했다. 봉투를 뜯지도 않는데 정신이 아찔해지고 온몸이 떨렸다. 겉봉투를 잡아 뜯고 펼쳐 보니, '통곡慟哭'이라는 두 글자가 써 있었다.

통곡은 '뼈까지 저미는 대단한 슬픔으로 큰 소리로 서럽게 울부짖는 것'이다. 이순신은 지난밤 꿈에서 본 막내아들 면에게 불행한 일이 일어난 것을 직감했다. 떨리는 손으로 편지를 읽었다. 면이 일본군과 싸우다 전사했다는 소식이었다.

하늘과 땅이 캄캄해지고 한낮의 해도 그 빛이 바랬다. 이순신은 목 놓아 소리 높여 슬피 울었다. 마음이 갈가리 찢기는 듯했다. 그는 가슴을 치며 하늘을 향해 울부짖었다.

막내아들 면이 전사한 것을 마음속으로 알았다. 나도 모르게 간담이 떨어졌다. 목 놓아 소리 높여 슬피 울부짖었다. 소리 높여 슬피 울부짖었다. 하늘이 어찌 이리도 매정할 수 있는가! 간담이 타고 찢어졌다. 타고 찢어졌다.

"하늘이시여! 어찌 이리도 매정하십니까! 어머니를 그렇게 데려가시더니, 이제 스무 살밖에 되지 않은 막내 면까지 데려가시다니요! 어찌 이럴 수 있습니까! 하늘이시여!"

이순신은 소리치고 또 소리쳤다.

면아! 내가 죽고 네가 사는 것이 하늘의 이치가 아니냐. 그런데 네가 죽고 내가 살았으니, 이치가 어찌 이렇게 어긋날 수 있느냐? 불쌍한 내 어린 아들아! 나를 버리고 어디로 갔느냐? 빼어난 기질이 세상을 벗어났기에 하늘이 세상에 머물지 못하게 한 것이냐? 아니면 내가 지은 죄 때문에 그 재앙이 네 몸에 닿은 것이냐? 지금 나는 살아 있지만 이제 누구를 의지할 수 있겠느냐? 너를 따라 죽어 지하에서 같이 있고, 같이 울고 싶구나. 내 마음은 이미 죽었고, 육신은 껍질뿐이구나.

이순신은 목 놓아 서럽게 울부짖을 뿐이었다. 하룻밤이 1년 같았다. 이날, 밤 10시에 비가 내렸다.

다음 날 소식을 들은 부하 장수들이 문상을 왔다. 그러나 이순신은 고개를 들지 않았다. 그들 앞에서 울지도 않았다. 오직 마음속으로 통곡하고 또 통곡했을 뿐이다. 오랫동안 전쟁이 이어지면서 수많은 군사와 백성이 목숨을 잃었다. 그들도 누군가의 아비이고 자식이었다. 이순신은 진영의 최고사령관이었다. 자신의 아들이 죽었다는 이유만으로 목 놓아 울 수는 없었다.

사흘째 되던 날, 이순신은 도저히 견딜 수 없어 바닷가에 있는 외딴 집으로 갔다. 강막지의 집이었다. 소금을 구워 군량을 살 수 있게 했던 강막지를 이순신은 늘 따뜻하게 보살폈다.

그곳에서 이순신은 아들 면을 위해 마음껏 울고 싶었다. 부하와 백성들의 눈이 없는 곳에서, 사랑하는 자식을 위해 뜨겁게 울고 싶었다. 아무도 오지 않는 곳, 아무리 소리쳐도 누구도 들을 수 없는 바닷가 한 귀퉁이에서 홀로 울고 싶었다.

"여보게, 막지 있나?"

집 안에 있던 강막지는 진작에 인기척을 느끼고는 누가 오는지 귀를 세우고 있었다. 찾는 이 없는 외딴 곳이었기에 사람이 반가워 누구라도 오기를 늘 기다린 터였다.

그런데 통제사 이순신의 목소리가 들리자 강막지는 매우 놀랐다. 언제나 따뜻하게 손을 잡아 주었던 통제사 영감이 이 멀고 외딴 곳까지 무슨 일로 찾아왔을까. 강막지는 기쁜 마음에 방문을 활짝 밀치며 달려 나갔다.

"통제사 영감님 아니십니까? 여기까지 어쩐 일이십니까?"

"오늘 자네 집에서 신세를 좀 질 수 있겠나? 혼자 조용히 있고 싶네. 그렇게 해 주겠나?"

강막지는 이유도 묻지 않고 이순신의 말을 따랐다. 그러고는 자신은 집에서 멀찍이 떨어졌다.

집 쪽에서 크게 울부짖는 소리가 들렸다. 통제사가 가슴을 찢으며 울부짖는 소리였다.

강막지는 어제 통제영에 갔다가 들은 소식을 떠올렸다. 막내아들이 전사했다는 소식을 들은 통제사가 아무렇지도 않게 사람들을 만나고 일에 열중한다고 했다.

그 소식을 들은 강막지는 통제사를 참으로 모진 사람이라고 여겼다. 그런데 지금의 통곡 소리는…….

강막지는 바다를 바라보며 함께 울었다.

한동안 하늘까지 울릴 정도로 크게 울부짖는 소리가 나더니 갑자기 조용해졌다. 막지는 갑작스런 고요함에 놀라 귀를 기울였다. 그때 발걸음 소리가 들려 왔다. 멀리서 통제사 이순신이 걸어오는 모습이 보였다. 퉁퉁 부은 얼굴로 나타난 통제사는 아무 말 없이 힘없는 걸음으로 통제영에 돌아갔다.

이순신은 다시 자신의 자리로 돌아왔다. 아들의 죽음을 맞은 아비라고는 할 수 없을 정도로 다시 백성과 군사를 살피며 판옥선을 건조하고 총통과 대장군전, 장군전, 철환, 신기전, 화살 등을 만드는 데 힘썼다.

7부

하늘로 올라간 군신

"이 싸움이 더 급하구나. 지금 당장 내가 죽어도 죽었다는 말을 결코 하지 마라. 오직 싸워라. 나 대신 북을 더 힘차게 쳐라. 군사들이 더 열심히 싸울 수 있도록 큰 소리로 응원해라. 한 척의 적선도, 노 한 개도, 한 놈도 살려서 돌려보내지 마라. 두 번 다시 이 땅에 쳐들어올 생각을 하지 못하게 하라."

공을 주고 실리를 얻는 길

일본은 명나라와 맺은 강화 협상을 깨고 다시 조선을 침략했다. 정유재란이었다. 1597년 1월, 대규모 일본군이 조선 땅에 상륙했다. 그해 7월에는 원균이 이끄는 조선 수군이 칠천량해전에서 참패해 사실상 전멸하다시피 했다.

명나라는 일본군이 칠천량에서 조선군을 대파했다는 소식을 듣자 광동 수군 5천 명을 조선으로 파병했다. 명나라 수군을 이끄는 자는 부총병에 이어 도독에 임명된 진린이었다.

1598년 7월, 진린은 사선(정원 1백 명) 25척, 호선(정원 30명)■ 77척, 비해선 17척, 잔선 9척 등 총 128여 척을 이끌고 조선에 들어왔다.

당시 조선은 사대 관계로 인해 명나라의 속국 신세였다. 이 때문에

■ 사선(沙船), 호선(唬船) 등은 명나라 군함이다. 특히 사선은 중국 강소성 이북의 바다에서 운행되었던 배이다. 우리나라 판옥선처럼 바닥이 평평하지만 돛대가 많다. 명나라 때 세계 곳곳을 원정했던 정화 함대의 배도 사선이었다.

명나라의 수군 사령관인 진린과 그의 수군은 조선 사람들 앞에서 아주 오만했다. 유성룡의 《징비록》에 따르면, 진린은 성격이 독선적인 데다가 아주 사나워 사람들이 두려워했다. 명나라 군사들도 마찬가지였다. 조선의 고을 수령을 욕하거나 때리기 일쑤였고, 조선 관리의 목에 새끼줄을 매어 끌고 다니기까지 했다.

영의정 유성룡은 무례하고 거친 진린이 이순신과 합류할 경우 조선 수군이 큰 곤경에 빠질 것이라고 걱정했다. 독선적인 진린이 이순신과 불화할 것도 염려되었다. 유성룡은 "진린을 막으면 더 크게 화를 내고, 내버려 두면 더 심하게 행동할 테니 이순신이 패전할 것이 보인다"고 하면서 크게 염려했다. 《징비록》에는 유성룡이 이를 두고 동료 신하들에게 걱정하는 대목이 나온다.

> 탄식할 일입니다. 이순신의 수군도 이제 패할 듯합니다. 진린이 이순신과 합치게 되면, 그가 이순신의 발목을 잡아 서로 맞지 않을 것이 뻔합니다. 진린은 반드시 이순신의 권한을 빼앗고 조선 수군을 괴롭힐 것입니다. 이순신이 진린을 따르지 않으면 그는 더욱더 화를 낼 것이고, 그를 따르면 더 심하게 행동할 것입니다. 그러니 이순신의 군대가 패하지 않을 까닭이 있겠습니까?

이런 생각에 마음이 다급해진 유성룡은 이순신에게 편지를 썼다.

"곧 명나라 수군 진린 도독이 고금도로 내려가 통제사의 수군과 합칠 것이오. 할 수 있는 모든 꾀를 내서 서로 돕고, 적절하게 행동해 주시오. 진린에 대해서는 오직 통제사만 믿겠소. 마음을 모으고 힘을 합쳐 큰 공로를 세워 주시오. 또 나라를 위해 몸을 잘 보존해 주시오."

이순신은 유성룡의 편지를 찬찬히 읽어 내려갔다. 유성룡의 편지를 전한 이들은 한양에서 진린이 어떻게 행동했는지, 명나라 수군이 얼마나 거칠고 악랄하게 굴었는지도 덧붙여 자세히 들려주었다. 이순신은 아무리 그들이 무례하게 굴지라도 조선을 구하는 데 조금이라도 힘을 보태 줄 수 있다면 얼마든지 감수하리라고 마음먹었다.

이순신은 수군을 여러 섬과 육지로 보내 노루와 멧돼지, 꿩을 사냥하게 했다. 물고기를 잡고 각종 해산물을 채취해 명나라 수군을 맞이할 준비를 했다. 먼 거리를 이동하여 남의 나라 전쟁을 도우러 왔기 때문에 명나라 수군은 당연히 불만이 쌓여 있을 터였다. 몸과 마음은 피로에 지쳐 있을 것이고, 조선을 깔보는 마음도 더욱 심해졌을 것이다. 한양에서 그들이 저질렀다는 악행을 보면, 이곳의 수군과 백성을 저들이 어떻게 대할지 불 보듯 뻔했다.

이순신은 그들의 불만을 조금이라도 누그러뜨리고 마음을 얻는 것이 협력을 얻기 위한 첫걸음이라고 생각했다. 목숨을 걸고 싸우는 전쟁터에서 힘을 합쳐 이기려면 무엇보다 마음을 얻어야 한다는 사실을 잘 알고 있었기 때문이다.

1598년 7월 18일, 진린과 명나라 수군이 고금도에 도착하는 날, 이순신은 판옥선을 이끌고 먼 바다로 나가 그들을 맞이했다. 진영에 도착하자마자 육지와 바다에서 난 온갖 음식이 한상 가득 차려져 있는 것을 본 명나라 수군은 눈이 휘둥그레졌다. 잔칫상 같은 환영 만찬에 술잔마다 술이 가득 넘쳐흘렀다. 진린과 명나라 수군은 극진한 접대와 엄청난 환대에 놀랐고, 이순신의 큰 그릇에 감탄했다.

이순신은 명나라 수군을 위해 잔치를 열면서도 한편으로는 바다 쪽 경계를 철저히 했다. 7월 24일, 절이도 근처에서 경계를 서던 녹도만호 송여종이 약탈하려던 일본군 전선과 맞닥뜨렸다. 이때 송여종은 수군 8척을 거느리고 있었고, 명나라 수군도 일부 있었다. 두 군대가 맞붙어 싸울 때 명나라 수군은 제대로 싸우지 못했으나, 송여종이 이끄는 조선 수군은 적선 6척을 사로잡고 적군의 머리 69급을 베었다.

전투 결과를 보고받은 진린은 활약하지 못한 부하들에게 화를 내며 내쫓았다. 그러자 이순신이 화가 난 진린의 마음을 풀어 주고자 말했다.

"진 도독, 도독께서 명나라 수군 대장이 되어 머나먼 이 조선까지 와 주신 것만 해도 고마운 일입니다. 도독의 수군이 우리 조선 수군과 함께 있는 것만으로도 큰 힘이 됩니다. 지금은 조선과 명나라 수군이 연합하고 있으니, 이번 승리도 당연히 명나라와 조선의 연합 수군이 이끌어 낸 승리입니다. 결국 상국의 대장인 도독의 승리입니다.

이번에 우리 수군이 베어 온 일본군의 머리는 모두 도독께 드리겠습니다. 우리가 연합군이니 누가 가진들 마찬가지 아니겠습니까? 도독이 이곳에 오신 지 며칠 되지 않아 일본군의 머리를 바친다면, 황제께서 얼마나 기뻐하시겠습니까?"

진린은 이순신의 제안에 적잖이 놀랐다.

조선 수군의 대장이라는 이자는 먼 바다까지 명나라 수군을 마중 나오는 성의를 보였다. 그리고 고금도에 도착하자마자 풍성한 음식과 안주를 내와 술잔치를 베풀어 주며 명나라 군대를 정성으로 맞이했다. 그러면서도 한시도 바다 쪽 경계를 늦추는 법이 없었고, 그가 이끄는 조선 수군의 용기와 기백은 상상 밖이었다. 그런데 지금, 조선 수군이 싸워서 얻은 일본군의 머리까지 조건 없이 명나라의 공으로 돌린다는 것이다.■

진린은 마침내 이순신의 두 손을 꽉 잡으며 말했다.

"내 본국에 있을 때부터 통제사의 명성을 익히 들었소. 진실로 거짓되거나 과장된 것이 아니었구려. 내가 오히려 부끄럽소. 이 통제사, 우리 한마음으로 일본군을 무찌릅시다. 나도 함께 노력하겠소. 이 통제사는 정말 큰 인물이구려."

그러나 공로를 세운 녹도만호 송여종은 자신이 벤 일본군의 머리가 모두 명나라 수군 몫으로 돌아가자 실망하고 화가 났다. 명나라 수군은 정작 싸움터에서는 뒤로 물러서 구경만 하고 있었다. 목숨 걸고 싸워 이긴 이들은 바로 자신과 조선 수군이었다. 그런데 그 공을 고스란히 명나라에 돌린다니…… 이순신 장군이 원망스러웠다. 임진년 첫 전투부터 함께했기에 이순신을 누구보다 잘 알았지만, 그럼에도 섭섭한 마음은 어쩔 수 없었다.

이순신도 그런 송여종과 조선 수군의 마음을 잘 알고 있었다. 그는 송여종과 전투에 참여한 수군을 불러 조용히 달랬다.

"난 누구보다 그대들의 노고를 잘 기억하고 있네. 그대들도 내가 항

■ 이 내용은 《난중일기》에는 나오지 않고, 《난중일기》의 일부가 별도로 기록된 《충무공유사》에 나온다. 《선조실록》 1598년 8월 13일에는 이순신의 조선 수군이 일본군의 머리 70여 급을 베고, 약 50급을 명나라 수군에게 주었다고 나온다.

상 열심히 싸운 사람을 제일의 공로자로 임금님께 보고해 온 것을 알고 있지 않은가? 나는 적의 머리를 벤 것으로 공로의 기준을 삼지 않네. 내 눈으로 열심히, 성실하게 싸운 사람을 제일로 삼을 뿐이네.

명나라 수군에게 준 적의 머리는 썩은 고깃덩어리일 뿐일세. 그까짓 썩은 고깃덩이를 준다고 해서 그대들의 승리가 딴 데로 가겠는가? 그대들의 공로는 내 장계에 상세히 써서 조정에 올리겠네. 일본군의 머리가 없다고 공로가 없어지는 것이 아니니 괜히 상심하거나 마음 쓰지 말게.

저들이 적의 머리를 바쳐 상을 받으면 더 열심히 싸우지 않겠나? 그러면 조금이라도 더 빨리 우리 땅에서 침략자를 물리칠 수 있을 것이네. 이야말로 모두가 좋은 일이 아니겠는가?"

송여종과 수군들도 이순신이 늘 공로를 정확히 평가해 보고한 것을 알고 있었기에 이에 수긍했다. 이들은 이순신의 깊은 지혜에 또 한 번 감동했다.

"단 한 명의 일본군도 살려 보낼 수 없소."

진린은 이 사건을 계기로 이순신과 조선 수군을 새롭게 보고 힘을 다해 돕기로 결심했다. 그러나 진린은 자신의 군대를 제대로 통솔하지 못했다. 명나라 수군은 조선 수군을 깔보고 업신여겼으며 조선 백성을 괴롭혔다.

하루는 명나라 수군이 몰려다니며 조선 백성들의 집을 약탈해 큰 소란이 일었다. 그동안 진린을 배려해 참고 지켜만 보았던 이순신은 결단의 순간이 왔다고 생각했다. 이들의 무례한 행동을 뿌리 뽑고 책임관 진린으로 하여금 명확한 해결책을 얻어 내기로 결심했다.

이순신은 부하 장수를 불러 모으고 말했다.

"이 시간 이후 우리는 고금도를 떠나 다른 섬으로 이동한다. 군사와 백성들에게 조용히 알려 짐을 꾸리게 하라! 또 머물던 집은 모두 부수어 혹시라도 일본군이 침입해 왔을 때 사용하지 못하게 하라!"

이순신의 부하 장수들은 몰래 수군 진영과 마을을 돌아다니며 명령을 전했다. 그런데 조선 백성과 수군이 짐을 꾸리고 집을 부수며 떠나려

한다는 소식이 진린과 명나라 수군에게도 전해졌다. 그동안 명나라 수군이 크고 작은 사건을 일으키긴 했지만 이순신이나 조선 수군, 백성들은 한마디 항의도 없었다. 그런데 갑자기 떠난다니 진린은 이해할 수가 없었다. 이순신의 갑작스러운 결단에 놀란 진린은 부하 장수를 시켜 이유를 묻게 했다.

"이 통제사 영감! 진 도독께서 조선 수군과 백성들에게 지금 무슨 일이 일어나고 있는지 물으셨습니다. 게다가 이 통제사께서 진 도독께 한 마디도 하지 않으셨기에 무척 궁금해하고 계십니다. 들으니 우리 명나라 수군과 떨어져 다른 곳으로 간다고 하셨다는데, 대체 어디로 가려고 하십니까?"

이순신은 조용히 대답했다.

"가서 진 도독께 전하시오. 나와 조선 수군, 백성은 진 도독과 명나라 수군이 도착했을 때 매우 기뻐했소. 그리고 우리가 진 도독과 명나라 수군을 얼마나 극진히 대접하고 살펴 드렸는지는 여러분이 더욱 잘 알고 있을 것이오. 조선 백성은 온갖 정성을 다해 그대들이 먹고 자고 입는 것을 편히 돕지 않았소? 또 빈번히 그대들이 우리 군사와 백성을 괴롭혀도 무던히 보아 넘겨 왔소. 그런데도 그대들은 변함이 없었소. 그러니 우리 백성이 명나라 수군을 피해 도망칠 수밖에 없지 않겠소?

그대들은 조선 수군과 백성을 괴롭히지 말라는 진 도독의 엄명이 있어도 그 말을 따르지 않았소. 내가 그동안은 진 도독의 명성에 해가 갈까 봐 가만히 지켜보고만 있었지만, 이제는 더 이상 그럴 수 없소. 백성들이 떠나려는 이유를 알고 있는데 대장인 내가 어찌 홀로 남아 있을 수 있겠소(아위대장 불가독류 我爲大將 不可獨留)? 그들과 함께 가는 것이 당연하오.

게다가 명나라 수군의 행패가 심해질수록 진 도독의 통솔력에 대한 의심이 더 커질 것이오. 진 도독을 위해서라도 그렇게 되도록 놔 둘 수 없는 일 아니겠소? 진 도독의 명성과 통솔력에 흠집을 내느니 차라리 우리가 떠나기로 결정한 것이오."

진린은 이순신 진영에서 돌아온 부하 장수의 말을 듣고는 얼굴을 들 수 없을 정도로 부끄러워했다. 자신의 군사들이 저지른 행패가 떠올랐다. 모든 일이 결국 대장으로서 책임을 다하지 못하고 통솔을 제대로 못해 벌어진 일이었다. 진린은 이순신에게 달려가 그의 짐을 배에서 내리게 하고는 말했다.

"이 노야老爺■! 내가 잘못했소. 나도 머나먼 나라에 왔고 우리 수군도 그렇소. 그러다 보니 그들이 잘못을 저질러도 내 그들을 탓하기가 미안해서 보고도 못 본 척했소. 하지만 이 노야 말씀을 들으니 내 생각이 짧았음을 알게 되었구려. 군대란 목숨을 건 사람들이 모인 곳이고 군기와 질서가 시작이자 곧 끝인데, 내가 너무 방심하고 우리 군대를 풀어 놓았소. 이것이 내 지휘력에 상처를 내고 결국에는 패전에 이르는 길인데도 내가 너무 쉽게 생각했소. 이해해 주시오. 내 다시는 그런 일이 없도록 하겠소."

진린이 간곡히 청하는데도 이순신은 단호하게 말했다.

"진 도독! 말씀은 고맙습니다. 그동안 몇 차례 말씀드렸고, 도독도 약속하셨습니다. 도독께서도 수차례 엄명을 내리신 것으로 알고 있습니

■ 상대를 높여 부르는 경칭으로 여기서는 이순신을 높여 부른 것이다.

다. 그런데도 그 명령이 지켜지지 않았습니다. 우리가 머문다고 해도 도독의 명령이 계속 지켜지지 않는다는 것을 위에서 알게 된다면 도독의 입장이 어떻게 되겠습니까? 저와 저의 수군, 백성들이 비켜 주는 것이 도독과 도독의 수군을 위해서도 좋은 일일 듯합니다."

진린은 고민했다. 이순신의 말처럼 자신의 군대를 통솔하지 못하는 장수는 장수가 아니고, 조선 수군을 붙잡아도 같은 일이 반복된다면 이런 상황은 또다시 일어날 수 있었다.

진린이 마침내 입을 열었다.

"이 노야! 내가 어떻게 하면 좋겠소? 이 노야가 해결 방법을 말씀해 주시오."

이순신은 진린을 바라보며 말했다.

"진 도독! 진 도독께서 제 이야기를 듣고 허락해 주시겠다면, 저도 그 방법을 말씀드리고 떠나는 길을 멈추겠습니다."

진린의 눈이 반짝거렸다.

"무슨 말씀이든 해 보시오. 내 모두 다 들어 드리리다."

이순신은 묵직하고 단호하게 말했다.

"제게 명나라 군사들에 대한 처벌 권한을 주십시오. 명나라 군대 내부에서 일어나는 일에는 관여하지 않겠습니다. 다만 우리 조선 수군과 백성을 괴롭힌 자들만 군법에 따라 처벌하겠습니다. 제게 그 일을 허락해 주신다면 명나라 수군도 함부로 행패를 부리는 일은 없을 것입니다. 그렇게 된다면 진 도독의 엄명도 자연스럽게 지켜지지 않겠습니까?

게다가 진 도독의 손으로 자국의 군사를 처벌하지 않아도 되니, 진 도독께서는 군사들에게 욕먹을 일도 없게 됩니다. 오직 조선 수군과 조선 백성을 괴롭힌 사람을 조선 수군 대장이 처벌하는 것일 따름입니다. 처벌할 때는 명나라와 조선의 군법에 따라 공정하게 처벌할 테니 시빗거리가 생길 일도 없을 것입니다."

진린은 이순신의 말에 고개를 끄덕였다.

명나라 군사가 조선 군사와 백성을 해친 일을 판가름할 때는 진 도독도 사실 난감한 입장이었다. 이 일을 조선 대장 이순신이 맡아 한다면 자신에게도 해로울 게 없었다.

"이 노야! 이 시간 이후 명나라 군사들이 조선 군사와 백성을 괴롭힌다면, 이 노야께서 단호히 처벌해 주시오. 그것이 우리 명나라와 조선 두 나라의 군대가 승리하는 길이 아니겠소?"

진린이 이순신의 요청을 받아들인 뒤 진영은 안정을 찾아갔다. 그는 명나라 수군과 조선 수군을 차별하지 않았고, 이순신에게 처벌 권한을 주기로 한 약속을 지켰다. 이순신도 명나라 수군뿐 아니라 조선 수군에 대해서도 법을 어기는 자는 철저하고 공정하게 처벌했기에 명나라 군사들도 불만을 품지 않았다. 차차 군법을 어기는 군사들이 사라졌고, 수군은 질서를 되찾았다.

자존심 있는 외교가

1598년 9월 초, 이순신과 진린이 이끄는 조선·명나라 연합군은 순천 예교성으로 향했다. '왜교성'이라고도 불린 이곳은 1597년 일본군이 쌓은 성으로 고니시 유키나가가 머물고 있었다. 조명 연합군은 바다와 육지에서 합동으로 공격하기 위해 고금도에서 출항한 참이었다.

명나라 육군은 제독 유정劉綎■이 이끌었고, 수군은 명나라 수군 도독 진린과 조선의 통제사 이순신이 이끌었다. 조명 연합군은 9월 20일부터 10월 9일까지 육지와 바다에서 협공을 펼쳤지만 예교성을 함락시키지는 못했다.

■ 유정(?~1619)은 명나라 장수로 중국 장시성(江西省) 출신이다. 1593년 부총병으로 명나라 군사 5천 명을 이끌고 참전했다. 1597년 정유재란 때 남원성이 함락되자 다시 조선에 들어와 전세를 확인한 뒤 귀국했다가 1598년, 제독한토관병어왜총병관으로 조선에 다시 왔다. 순천 예교에서 일본군에게 패했고, 일본군이 철수한 뒤 귀국했다. 1619년 조선·명나라 연합군이 후금 군사와 싸운 부차 전투에서 전사했다. 이수광의 《지봉유설》에는 유정이 우리나라에 처음 들어올 때 그의 부대에는 피부가 검은 사람들인 '해귀(海鬼)'를 데리고 왔다고 한다. 풍산 김씨의 내력이 수록된 《세전서화첩》에도 해귀 네 명이 그려져 있다. 해귀는 포르투갈 출신의 흑인으로 추정된다.

11월 9일, 고니시 유키나가의 일본군이 본국으로 철수한다는 정보가 조명 연합 수군에 전해졌다. 앞선 8월 18일 도요토미 히데요시가 세상을 떠나면서 내려진 결정이었다. 조명 연합 수군은 일본군의 탈출을 막기 위해 순천 지역을 중심으로 해상 봉쇄 작전을 펼치기 시작했다.

　그런데 이때 고니시 유키나가는 명나라 제독 유정과 진린에게 뇌물을 주며 후퇴할 길을 열어 달라고 부탁했다. 진린은 도망치는 일본군과 굳이 힘들게 싸우고 싶지 않았다. 그래서 그는 유키나가에게 뇌물로 이순신을 달래 보라고 제안했다. 유키나가는 진린의 제안에 따라 이순신에게 조총과 칼 등 뇌물을 보냈다. 그러나 이순신은 이것을 물리치며 말했다.

　"나는 전쟁이 일어난 때부터 너희 일본군을 수없이 죽였다. 싸울 때마다 일본군을 이겼고, 그때마다 빼앗아 놓은 조총과 칼이 산더미보다 더 많다. 그런데 무엇이 더 필요하겠느냐? 나는 단 한 척의 배도 단 한 명의 일본군도 바다를 건너 돌아갈 수 없게 할 것이다. 너희가 우리 땅에 쳐들어와서 한 짓을, 침략한 대가를 반드시 받아 낼 것이다!"

　뇌물을 가지고 온 자는 아무 말도 못 하고 되돌아갔다. 그러자 유키나가는 다시 진린을 유혹했다.

　"진 도독, 당신은 남의 나라 전쟁에 온 사람입니다. 전쟁을 끝내고 돌아가려는 우리를 괜히 막고 싸워 피를 흘릴 이유가 무엇이 있습니까? 그저 우리가 조용히 돌아갈 수 있도록 길을 열어 주십시오. 길만 열어 주면 피 한 방울 흘리지 않고 전쟁이 끝나는 것입니다. 상국의 대장인 진 도독이 조선의 수군 대장 이순신에게 명령하면 당연히 그 명령을 따를 수밖에 없지 않겠습니까?"

　진린은 곰곰이 생각했다. 따지고 보면 이것은 명나라의 전쟁이 아니었다. 그의 말대로 굳이 조선과 일본 사이에 끼어 명군이 피를 볼 필요는 없었다. 게다가 유키나가는 진린에게 무려 2천 급의 머리와 섭섭지 않은 뇌물을 준다고 약속한 터였다. 그만하면 공로를 증명할 증거와 전리품으로 충분했다.

그러나 그동안 겪어 본 이순신의 성정을 미루어 볼 때 자신의 말을 결코 듣지 않을 것이 뻔했다. 그래서 진린은 이순신과 조선 수군만 남겨 두고 명군은 싸움에서 발을 빼기로 마음먹었다.

진린은 이순신을 찾아가 말했다.

"이제 전쟁을 일으킨 일본의 관백 히데요시도 죽었고 전쟁도 끝나가고 있소. 순천의 유키나가는 이 통제사가 맡으시오. 이 통제사의 능력이면 조선 수군만으로도 충분할 터이니, 나와 우리 명군은 남해로 가서 남은 적들을 토벌하겠소. 명나라와 조선의 수군이 다 여기에 있는 것은 낭비가 아니겠소?"

유키나가에게 뇌물을 받은 진린이 잔꾀를 써 일본군에게 탈출의 길을 열어 주려 한다는 사실을 눈치챈 이순신은 단호하게 항의했다.

"진 도독, 나는 조선 수군의 통제사입니다. 대장으로서 강화를 말할 수 없고, 원수를 풀어 주어 돌려보낼 수는 없습니다(대장불가언화 수적불가종견 大將不可言和 讎賊不可縱遣). 진 도독이 말씀하시는 남해의 적은 누구입니까? 그들은 전쟁이 일어난 후 일본군에 붙잡혀 억울하게 포로가 된 사람들입니다. 적이 아니라 우리 조선의 백성들이란 말입니다. 진 도독이 당장 눈앞에 있는 적을 뒤로하고 우리 백성을 죽이게 할 수는 없습니다. 저 앞에 있는 일본군을 함께 무찔러 없애는 것이 먼저가 아니겠습니까?"

진린이 다시 말했다.

"남해에 있는 사람들은 이미 적과 함께 지냈으니 적과 무엇이 다릅니까? 그들은 이 나라 백성이 아니라 그저 왜적과 같소. 그 적을 무찔러 없애는 것도 당연히 이 나라를 위한 일입니다."

진린의 말에 이순신의 눈에서 불꽃이 일었다.

"명나라 황제께서 진 도독을 보내신 것은 이 나라 백성을 죽음의 땅에서 구하라는 의미가 아닙니까? 그런데 그 백성을 구하기는커녕 죽인다면 황제의 명령을 거역하는 것입니다. 황제께서 이를 아신다면 진 도독을 어떻게 생각하시겠습니까? 또 도독께서 적의 뇌물을 받은 것을 아신다면 어찌 되겠습니까?"

진린은 뇌물을 받고 전투를 회피하려는 속마음을 들킨 데다 황제의 명령까지 들먹이며 비난하자 화가 치밀었다. 진린은 황제에게서 받은 칼을 내보이며 버럭 소리를 질렀다.

"나는 황제의 명령을 받고 온 몸이오! 그런데 소국의 장수가 어찌 감히 황제의 명령을 거론할 수 있소? 황제가 내게 이 장검을 준 이유는 누구라도 내 명령을 거역하는 자가 있다면, 목을 베어도 좋다는 의미라는 걸 모르오? 이 통제사도 예외가 아니오. 이 통제사도 이 검에 목을 베이고 싶소?"

그러나 이순신은 아랑곳하지 않았다. 소국의 장수를 운운하며 기세 좋게 겁박하는 진린에게 이순신은 또박또박 항변했다.

"한 번 죽는 것이 무엇이 아깝겠습니까(일사불족석一死不足惜)? 저는 죽는 것을 두려워한 적이 없습니다. 죽는 것을 슬퍼해 본 적도 없습니다. 제 명은 오직 하늘이 결정할 뿐입니다. 저는 그 결정에 따를 뿐입니다.

진 도독도, 황제도 저는 결코 두렵지 않습니다. 또 죽을 때가 되어 죽는다면 그뿐입니다. 저는 이 나라의 대장입니다. 저는 대장으로 적을 버리고 결코 우리나라 사람을 죽일 수 없습니다(아위대장 결불가사적이살아인야我爲大將 決不可舍賊而殺我人也)."

이순신의 목소리는 결의에 차 거침이 없었다.

"진 도독! 지금 당장 우리가 해야 할 일은 바로 저 예교성에 있는 적을 물리치는 것뿐입니다. 저는 단 한 척의 배도, 단 한 개의 노도, 단 한 명의 일본군도 살아서 이 바다를 건너가도록 둘 수 없습니다. 완전히 뿌리를 뽑아 두 번 다시 쳐들어올 생각을 못하게 만들 것입니다.

진 도독! 진 도독은 왜 이 머나먼 나라까지 오셨습니까? 저들의 목표가 조선이 아니라 명나라였던 것을 잊으셨습니까? 조선이 망하면 저들은 결국 명나라도 침략할 것입니다. 이를 막고자 오신 것이 아닙니까? 쉽게 돌려보낸다면, 저들은 언제 또다시 침략할지 모릅니다. 그리고 저들은 명나라를 우습게 볼 것입니다. 이를 황제가 아신다면 어떻게 대답하실 겁니까?"

진린은 이순신의 말에 대꾸할 말이 없었다. 그의 말은 다 옳았다.

이대로 본국으로 돌아간다면 일본군을 완전히 무찌르지 않았다는 이유로 곤란해질 수도 있었다. 또 무사히 돌아간 일본군이 다시 쳐들어오기라도 한다면 그것도 큰 문제였다.

진린은 이순신의 말을 받아들일 수밖에 없었다.

한동안 고개를 떨구었던 진린은 힘없이 말문을 열었다.

"이 노야! 내가 잠시 잘못 생각했소. 우리 명나라를 침략하려던 놈들이었는데, 내가 조선에서 싸우다 보니 이를 잊었구려. 함께 힘을 합쳐 예교성에 남아 있는 일본군을 무찌릅시다."

훗날 이순신이 노량에서 전사한 뒤 진린은 선조에게 이렇게 말했다.

(통제사 이순신은) 하늘과 땅을 경영하고 다스릴 수 있는 뛰어난 능력이 있었고, 위태로운 세상을 구하고 위급한 시절을 이겨 낸 위대한 공로가 있었습니다(경천위지재 보천욕일지공 經天緯地之才 補天浴日之功).

이 말에서 미루어 보듯, 진린은 비록 상국 명나라의 도독으로 조선에 왔지만 차차 이순신에 감복하여 후에는 진심으로 그를 존경하게 되었다.

불패의 명장 이순신

이순신은 옥포해전을 시작으로 7년의 전쟁 동안 패하거나 일본군에게 기습을 당한 적이 단 한 번도 없다. 해군사관학교의 제장명 교수에 따르면, 이순신의 전투 기록은 45전 40승 5무이다. 이마저도 5무는 이순신이 직접 지휘한 전투가 아니므로 40전 40승이라고 봐야 할 것이다. 유성룡이 이순신을 군신, 즉 전쟁의 신이라고 표현한 것은 결코 과장이 아니다.

사라진 장수별

노량해전이 일어나기 이틀 전 밤이었다. 청명한 겨울의 밤하늘은 매서운 바닷바람에도 빛나는 별들로 가득했다.

명나라 수군 도독 진린은 출렁이는 물결 위에서 밤하늘을 올려다보고 있었다. 그는 하늘의 기운을 읽을 수 있었다. 《삼국지연의》속의 제갈공명과 사마중달이 임박한 전투를 예견하고자 하늘의 기운을 살폈던 것처럼 그는 별자리와 별들을 하나하나 살펴보고 있었다.

그러던 그의 눈에 별 하나가 보였다. 그 별은 조선에 출병하기 전부터 보았던 별이었다. 조선의 하늘에 떠 있던 유난히 밝은 별, 명나라에 있을 때도 보았던 조선의 장수별이었다. 명나라의 하늘에서는 찾을 수 없는 또렷한 별, 온 하늘에 또렷한 밝기를 빛내는 밤하늘의 대장별이었다.

진린은 조선에 간다면 꼭 그 대장별의 주인공을 만나 보리라 소원했다. 조선은 명나라에 비해 작은 나라이지만 수나라와 당나라를 물리친 고구려의 후예였다. 위대한 인물과 명장을 많이 배출한 나라였다. 이런 조선에 분명히 장수별의 주인공이 있을 것이라고 진린은 기대했다.

그런데 실제로 조선에 들어와 보니, 그 어디서도 장수별다운 인물을 만나 볼 수 없었다. 한강 뱃길을 거쳐 한양 도성에 들어가 만난 임금도, 명나라까지 이름이 알려진 고위 관료와 장수들도 들었던 명성과는 사뭇 달랐다. 선조 임금은 일본군에 잔뜩 겁을 먹었고, 조정의 관리들은 명에 아첨하기를 부끄러워하지 않는 범인에 불과했다. 전쟁 중에도 문관이 무관을 무시했고, 백성이 죽어 나가는데도 말과 글만 앞세우며 탁상공론에만 몰두했다. 대장별의 주인공은 좀처럼 보이지 않았다.

진린이 서해를 거쳐 남쪽 바다까지 내려오는 동안에도 조선의 장수별은 여전히 휘황한 빛을 내뿜으며 밤하늘을 압도하고 있었다.

그리고 이순신을 처음 만난 날, 별빛을 받으며 잔치를 벌이던 그 순간에 진린은 장수별의 주인공이 누구인지 비로소 알 수 있었다.

조선의 삼도수군통제사 이순신은 어느 별보다 빛났다. 13척으로 열 배가 넘는 적선을 물리친 바다의 명장! 이순신은 부하들에게 신망이 두터웠고, 백성에게는 충성과 사랑을 받는 지도자였다. 조선 백성의 별이자 바다의 별이었다. 진린이 명나라에 있을 때나 조선에 와 이순신과 함께 있을 때도 이 별은 늘 이순신과 함께 떠 있었다.

그런데 이날 밤, 평소와 다르게 장수별의 빛이 아주 흐렸다. 진린은 다시 눈을 씻고 장수별을 바라보았다. 장수별은 예전과 다르게 점점 빛을 잃어 가고 있었다. 진린은 이삼일 내에 벌어질 전투에 대해 불길한 예감이 드는 것을 막을 수 없었다.

'그토록 빛나던 조선의 장수별이 빛을 잃어 가다니, 이것은 불길한

징조가 아닌가?'

　　1598년 11월 18일 밤 10시, 진린은 다시 밤하늘을 바라보았다. 이날 저녁, 이순신 장군과 출전 약속을 다진 뒤였다. 불안한 마음으로 하늘을 예리하게 관찰하던 진린의 눈에 장수별이 보였다. 장수별은 마지막 불꽃을 태우는 듯 갑자기 엄청나게 밝아지더니 이내 사라졌다. 장수별이 있던 자리에는 컴컴한 밤하늘만 남아 있었다.

　　진린의 심장은 쿵쾅거렸다. 그는 놀란 가슴을 부여잡고 급히 노를 저어 조선 수군 진영으로 갔다. 바다 한가운데 자리한 조선 수군 진영은 배 곳곳에 횃불을 밝혀 놓았기에 아주 밝았다. 그러나 출렁이는 파도 소리와 갈매기들의 울음소리 말고는 들리지 않았다. 군사들의 말소리도 들리지 않았다. 이날은 전에 없이 파도도 갈매기도 슬프게 우는 듯했다.

　　진린은 대장선에 다가가 배를 붙들어 매고 건너갔다. 평소라면 조선 수군과 이순신이 모두 나와 반갑게 맞아들였을 텐데 이날은 누구도 나오지 않았다. 이순신의 맏아들 회와 부하 장수 송희립만이 나와 조용히 진린을 맞아들였다.

　　회가 말했다.

　　"도독님, 아버님은 지금 하늘에 제사를 지낼 준비를 하고 계십니다. 곧 자정이 되면 제사가 시작됩니다. 아버님께서는 내일 있을 전투가 어쩌면 7년 전쟁을 끝내는 마지막 전투일지도 모른다고 하셨습니다. 지난 7년 동안 이 땅의 수많은 백성을 무참히 죽인 일본군을 응징할 최후의 기회이니, 하늘에 호소하는 제사를 드린다고 하셨습니다."

　　진린은 회와 송희립을 따라 제사상이 차려진 뱃머리로 갔다. 그러고는 조용히 북두칠성을 바라보며 자정이 오기를 기다렸다. 잠시 후 국자 모양의 북두칠성이 누워 자정을 알리는 위치로 옮겨 갔다.

곧 판옥선의 뜸집에서 조선의 수군 대장 이순신이 큰 체구와 여윈 얼굴을 드러내며 성큼 걸어 나왔다. 이순신은 진린과 두 손을 맞잡고 가볍게 목례를 한 뒤, 제사상이 차려진 뱃머리로 다가가 하늘에 절하고 꿇어앉았다. 그 순간 바람과 파도는 물론이고 갈매기마저 침묵했다. 언제 피웠는지 모를 향 연기가 하늘을 향해 올라가고 있었다. 차분하고도 간절한 목소리가 고요한 조선의 남해 바다에 울려 퍼졌다.

총탄과 화살이 빗발치던 전쟁터에서 언제나 한 치의 두려움 없이 맨 앞으로 나서서 호령하던 목소리가 아니었다.

"하늘이시여! 조선 수군 통제사 이순신이 간절히 기도하옵니다. 원수를 무찔러 이 지옥 같은 전쟁을 끝낼 수만 있다면, 단 한 척의 적선을 일본 땅으로 돌려보내지 않을 수만 있다면, 단 한 명의 적군도 살아서 돌아가지 못하게 할 수만 있다면, 이 땅에 저를 보내 주신 하늘에 이 목숨을 바치겠나이다.

하늘이시여! 반드시 이 원수들을 무찌르게 해 주소서. 두 번 다시 이 땅이 일본군에게 침략당하지 않도록 철저하게 응징할 수 있게 해 주소서. 그렇게만 할 수 있다면 제 한목숨은 아깝지 않습니다. 이 한 몸 던져 그렇게만 할 수 있다면, 하늘이시여! 이 몸을 거두어 가소서. 적을 물리치는 날, 신은 죽음으로써 나라에 보답하겠습니다(적퇴지일 신이사보국 *賊退之日 臣以死報國*)."

한 맺힌 절규처럼 먹먹하고 울음기가 섞인 기도 소리가 잦아들었다. 배 안의 장수들과 군사들의 시선은 어느 순간부터 기도하던 대장 이순신이 아니라 그가 바라보고 기도하는 동방의 하늘을 향했다. 그들은 모두 같은 소원을 빌고 있었다.

하늘이 이순신의 기도에 응답이라도 하듯, 불과 몇 시간 전에 흔적조차 없이 사라져 볼 수 없었던 장수별이 다시 밤하늘에 나타났다. 장수별은 다시 한 번 하늘을 가득 밝히더니, 긴 불꽃을 일으키며 동쪽 바다로 서서히 떨어졌다. 별이 떨어진 바다는 잠시 붉게 물들다가 다시 칠흑같이 어두워졌다.

이순신의 기도문

이순신은 1598년, 7년 전쟁의 종지부를 찍을 노량해전을 앞두고 기도를 올렸다.

이 원수를 무찌를 수만 있다면, 이 몸이 죽을지라도 하늘에 그 어떤 서운함도 없을 것입니다(차수약제 사즉무감 此讐若除 死卽無憾).

— 이분, 《이충무공행록》

원컨대 하늘이시여! 반드시 이 적들을 다 죽여 주시옵소서(금일고결사 원천필섬차적 今日固決死 願天必殲此賊).

— 이항복, 〈고 통제사 이공 유사〉

이 원수를 무찌를 수만 있다면, 이 몸이 죽는다 해도 하늘에 그 어떤 서운함도 없을 것입니다(차수약제 사차무감 此讐若除 死且無憾).

— 최유해, 《〈이충무공〉 행장》

원컨대 하늘이시여! 이 적들을 빨리 무찌를 수 있도록 해 주시옵소서. 적을 물리치는 날, 신은 죽음으로써 나라에 보답하겠습니다(원천속멸차적 적퇴지일신이사보국 願天速滅此賊 賊退之日臣以死報國).

— 윤휴, 〈통제사 이충무공 유사〉

하늘로 돌아간 지상의 별

기도가 끝나자 새날이 되었다. 1598년 11월 19일(양력 12월 16일) 새벽 1시, 아직 바다는 칠흑처럼 깜깜했다. 이순신과 진린이 이끄는 조명 연합군은 노량을 향해 출발했다. 노량에는 마침 순천에 고립되어 몰래 탈출하려던 고니시 유키나가를 구출하기 위해 남해와 부산에서 출발한 일본군 전선 5백 척이 몰려오고 있었다. 이순신은 명나라 수군 부총병 등자룡과 함께 조선 판옥선 70여 척을 이끌고 선봉으로 떠났다. 진린은 명나라 수군의 크고 작은 전선 4백여 척을 이끌고 이순신을 뒤따랐다.

　7년이나 조선을 짓밟으며 백성을 능욕했으면서도 양심의 가책도 없이 도망치려던 일본군과 그들이 두 번 다시는 침략할 엄두를 내지 못하도록 전멸시키려는 조선 수군의 마지막 결전이 시작되려 하고 있었다. 평상시 같으면 별빛과 달빛만 가득했을 밤바다가 불타오르기 시작했다.

　막다른 골목에 몰린 쥐와 같은 꼴이 된 일본군은 살아서 도망치기 위해 조선과 명나라 수군에 총탄을 소나기처럼 퍼부었다. 조선과 명나라 수군은 단 한 척의 일본 배도 돌려보내지 않으려고 대장군전, 장군전, 조란환과 화살을 태풍이 몰아치듯 쏘아 댔다.

싸움이 한창인 노량의 밤바다는 한낮보다 더 밝았다. 불타는 배들이 횃불이 되어 밤바다를 대낮으로 만들었다. 총소리, 대포 쏘는 소리, 울부짖는 소리, 명령을 내리고 지시하는 고함 소리, 군사들의 함성이 뒤섞여 바다를 흔들었다. 환한 불빛 속에 비친 바닷물은 침략자의 핏물로 붉게 물들었다. 번득이는 칼날 사이로 피가 튀어 배까지 붉게 물들었다. 무참히 부서진 일본군 전선과 시체가 바다 위를 가득 메웠다. 노량 관음포■는 지옥 그림에나 나올 법한 곳으로 변해 갔다.

시간이 흐르고 동녘 하늘이 밝아 오기 시작했다. 이순신의 대장선도 일본군이 쏜 총탄 자국에 뒤덮였고, 총에 맞아 죽은 군사들의 시체와 부상당한 군사들의 비명으로 가득했다. 그러나 이순신은 밤새 치고 있는 북채를 놓지 않았다.

"둥! 둥! 둥!"

그 사이에 총알은 이순신의 귓가를 스치거나 북을 세워 놓은 나무틀에 날아와 박혔다. 그러나 전투가 시작되면서 울렸던 북소리는 해가 밝아오는 시간까지도 똑같이 들렸다.

"퍽!"

그때였다.

무엇인가 이순신의 가슴을 치는 소리가 나더니 북채가 바닥으로 떨

■ 《고려사절요》에 따르면 남해 관음포는 고려 우왕 9년(1383년) 5월에 해도원수 정지가 전함 47척으로 왜구 배 120척을 추격해 대파한 곳이다. 왜구는 대선 20척마다 140명씩 태워 선봉으로 삼았는데 정지가 화포로 공격해 이를 대파하고 17척을 불태웠다.

© 문화재청 현충사관리소

노량해전에서 불멸의 장군 이순신은 하늘로 돌아갔다. 노량해전을 그린 〈십경도〉

어졌다. 총탄에 맞은 이순신은 가슴을 움켜쥔 채 힘없이 주저앉았다.

갑작스럽게 멈춘 북소리에 이순신의 곁에서 명령을 전달하고 군사들을 지휘하던 아들 회와 부하장수 송희립이 이순신을 바라보았다.

"아버님!"

"장군님!"

이회와 송희립은 재빨리 다가가 쓰러진 이순신을 방패로 가렸다. 이순신의 얼굴은 평온했지만, 숨소리는 힘을 잃어 가고 있었다. 누워 하늘을 응시하는 그의 눈빛은 맑았다. 놀란 이회와 송희립은 어쩔 줄 모르며 손을 덜덜 떨었다.

이순신은 사랑하는 아들과 오랫동안 자신과 함께 남해와 서해를 누비며 싸운 부하를 따뜻하게 바라보았다. 그리고 마지막 힘을 모아 입술을 조금씩 움직였다. 그는 천천히, 그러나 죽어 가는 사람이라고는 믿을 수 없을 만큼 단호한 목소리로 명령했다.

"이 싸움이 더 급하구나. 지금 당장 내가 죽어도 죽었다는 말을 결코 하지 마라(전방급 신물언아사 戰方急 慎勿言我死). 오직 싸워라. 나 대신 북을 더 힘차게 쳐라. 군사들이 더 열심히 싸울 수 있도록 큰 소리로 응원해라. 한 척의 적선도, 노 한 개도, 한 놈도 살려서 돌려보내지 마라. 두 번 다시 이 땅에 쳐들어올 생각을 하지 못하게 하라."

간곡한 당부가 끝나자, 이순신의 고요한 눈빛은 하늘을 향했다. 곧 아들 회의 얼굴을 감쌌던 이순신의 손이 툭 떨어졌다.

1598년 11월 19일, 노량 관음포에서 불패의 명장 이순신은 그렇게 하늘로 돌아갔다.

이순신이 목숨을 바쳐 싸운 이 전투에서 조선 수군과 명나라 수군은 일본 전선 2백여 척을 파괴했고, 1백여 척을 사로잡았다. 죽고 다친 일본군이 수천 명에 달했다. 노량 바다는 일본군의 시체와 부서진 배의 파편으로 가득 차 물길이 막힐 정도였고, 바닷물은 핏빛으로 넘실댔다. 조선 수군과 명나라 수군은 각각 전선 4척과 2척을 잃었다. 완전한 승리였다.

일본군은 장수 36명이 전사했다. 선봉에 섰던 조선 수군의 인명 피해도 아주 컸다. 대장 이순신과 낙안군수 방덕룡, 흥양현감 고득장, 원균의 막하 장수였으나 전쟁 초기부터 이순신과 늘 같이 호흡했던 가리포첨사 이영남 등 장수 10여 명이 전사했다. 18세기 말에 기록된《호남절의록》에 따르면, 이날 노량해전에서 조선 장수는 22명이 목숨을 잃었다. 조선 수군과 함께 선봉에 섰던 명나라 수군 부총병 등자룡과 부장 도명재도 이날 전사했다.

이순신은 마지막까지 온 힘을 다해 싸웠다.

단재 신채호 선생은 이순신을 이렇게 평가했다.

'나의 명은 저기(하늘)에 있다(아명재피我命在彼)'고 하던 그 말 한마디에 (이순신의 정신이) 있다. 죽고 사는 것을 하늘에 맡기기 때문에 칼날이라도 능히 밟을 수 있고, 물과 불 속이라도 능히 들어갈 수 있으며, 호랑이 굴속이라도 능히 들어갈 수 있었던 것이다.

이순신은 자신에게 주어진 소명에 따라 살았고, 하늘은 소명을 다한 그를 데려갔다. 자신의 삶을 불굴의 도전 의식으로 스스로 개척하고 삶의 주인공으로 한세상을 살다 간 그는, 하늘로 올라가 이 땅의 역사에 영원히 기억되는 별이 되었다.

　　1598년 12월 23일, 7년 동안 온 산하를 피로 물들였던 침략자의 마지막 군대는 조금의 반성도 없이 당당히 부산을 떠났다.

이순신의 장례

이순신의 시신은 약 3일 동안 현재의 남해 충렬사 부근에 임시로 안치되었다가 삼도수군통제영이 있던 고금도로 운구되었다. 그리고 다시 육로를 통해 12월 중순경에 아산 본가로 옮겨졌다.

조선 시대 4품 이상 관료들의 장례 관습에 따라 3개월 동안 장례를 치른 뒤, 1599년 2월 11일 충청남도 아산 금성산에 안장되었다. 이후 15년이 지난 1614년 현재의 아산 어라산 묘소에 이장되었다.

충남 아산에 있는 이순신 장군 묘소

더 알고 싶은 이야기

불멸의 명장 이순신은 어떻게 싸웠을까?

이순신은 동서양을 넘어 위대한 인물로 꼽힌다. 그가 단순히 조선이라는 나라만을 구한 것이 아니라 중국, 인도까지 정복하려고 했던 도요토미 히데요시의 헛된 꿈을 물거품으로 만들어 세계사의 흐름을 바꾸어 놓았기 때문이다. 조선에서 치른 7년 전쟁을 패전으로 마치면서 일본 제국의 꿈은 3백 년 이상 미루어졌다. 많은 외국 학자도 이순신을 세계사를 바꾼 위대한 인물로 평가한다.

이들의 말과 기록에는 이순신의 위대하고도 인간적인 면모가 잘 드러나 있다.

> 일본군은 열심히 싸웠지만 이순신에게는 대항할 수 없었다. 조선은 바다에서 승리했고, 그로 인해 도요토미의 육지 공격은 마비될 수밖에 없었다.
> ─ 버나드 로 몽고메리(제2차 세계대전 시 영국 육군 원수 겸 연합군 사령관)

현충사 정문 앞에 놓여 있는 비석. '필사즉생 필생즉사(必死則生 必生則死)'가 새겨져 있다.

백범 김구 선생이 1946년 진해를 방문해 이순신 장군의 유적지를 돌아보고, 장군이 지은 '서해어룡동 맹산초목지 (誓海魚龍動 盟山草木知)-바다에 맹서하니 용과 물고기가 감동하고 산에 맹세하니 나무와 풀도 알아주는구나' 를 친필로 남겼다. 1947년 김구 선생의 친필을 돌에 새기고 세워 놓았다.

1598년 12월 16일, 조보를 보니 흉악한 왜적이 이미 모두 바다를 건너갔는데 명나라 수군과 우리 수군이 뒤쫓아 가서 무찔러 많은 수를 베었다고 한다. 그러나 통제사 이순신이 탄환에 맞아 죽었고, 수령 및 첨사·만호로 죽은 사람이 10여 명이니, 군사로서 죽은 자가 반드시 많을 것이다. 한탄스러운 일이다. 명나라 장수 등 총병 자통도 탄환을 맞고 죽었다고 한다. 이순신은 우의정에 추증되었다. 전쟁이 일어난 시작부터 호남의 보장이었는데, 지금은 왜적의 탄환에 죽었으니 안타깝다.

— 오희문, 《쇄미록》

무술년(1598년)의 싸움에서 불행히도 탄환에 맞았다. 장차 죽음에 이를 때, 그의 아들

화를 불러 다음과 같이 말했다. "여러 배의 눈과 귀가 내 깃발과 북소리를 주목하고 있다. 내가 비록 이미 끝이 났으나, 절대로 죽었다고 말하지 마라. 깃발을 휘두르는 것이 멈추고, 북소리가 끊어질 것이다. 모두들 힘내고 분노해, 나라의 은혜에 보답하고 아버지의 원수를 갚는 데, 너는 네 있는 힘을 다해라." 아들은 그의 명령을 따랐고, 큰 승리를 거두었다.

— 고상안, 《태촌선생문집》

공(이순신)이 도독과 함께 밤 2경에 출전하면서 하늘에 기원 드리며 말하기를, "이 원수를 없앨 수 있다면 죽어도 여한이 없을 것입니다"라고 하자, 갑자기 큰 별이 바다 속으로 떨어졌다. 이를 본 사람들은 모두 놀라 이상하게 생각했다.

— 김육, 《잠곡유고》

이순신이 죽은 뒤 남쪽 사람들로 고기 먹는 사람이 없었고, 흰 옷을 안 입은 사람이 없었다. 그것이 풍속이 되어 결혼식 때가 아니면 색깔이 있는 옷을 입지 않았다.

— 《호남기문》

이순신으로 인해 일본의 동아시아 정복이 3백 년 동안 미루어졌다.

— 조지 해거만(미국 해군 역사가)

도요토미 히데요시가 이끄는 일본군이 패하게 된 것은 조선의 육군도, 명나라의 원군도 아닌 조선의 해군 때문이었다. 바로 조선의 수군 제독이었던 성웅 이순신 장군을 바다에서 맞닥뜨렸던 것이다. …… 이 조선의 장군은 획기적인 전투함 거북선을 손수 고안했다. 도고 헤이하치로는 그와는 달리 영국산 전함으로 자신의 함대를 꾸렸다.

— 아서 코티넬(영국 역사가)

> **더 알고 싶은 이야기**

이순신의 마지막 가는 길

안중근 의사는 사형당하기 직전 이런 말을 남겼다.

> 국가의 존망은 사나이에게 책임이 있다(국가존망 필부유책國家存亡 必夫有責).

1805년 트라팔가해전에서 프랑스·스페인 연합함대를 격파하고 전사하기 직전 영국의 넬슨 제독은 이런 말을 남겼다.

> 하느님 감사합니다. 제 임무를 이제 다 마쳤습니다.

역사 속 위대한 인물들이 살아남은 이들에게 남긴 말은 당대의 시대정신을 뚜렷이 반영한다. 불패의 신화를 이룩한 조선 최고의 명장 이순신의 마지막 말 역시 역사적 유산으로 남아 자주와 용기, 정의와 위민爲民으로 후대에 길이 기억되고 있다. 이순신이 전사한 날에 관한 기록과 마지막으로 남긴 말은 주변 인물들의 기록으로 살펴볼 수 있다.

> 지금 싸움이 급하구나. 절대로 내가 죽었다는 말을 하지 마라(전방급 신물언아사戰方急 愼勿言我死).
> ─유성룡,《징비록》·이분,《이충무공행록》·김육,《잠곡유고》,〈통제사 이충무공 신도비명〉

> 왜적과 진陣을 마주하고 있다. 내가 죽었다고 절대로 발표하지 마라(여적대진, 신물발상 與賊對陣, 愼勿發喪).
> ─이원익,《승정원일기》, 인조 9년(1631년) 4월 5일

> 여러 배의 눈과 귀가 내 깃발과 북소리를 주목하고 있다. 내가 비록 이미 끝이 났으나 절대로 죽었다고 말하지 마라. 깃발을 휘두르는 것이 멈추고, 북소리가 끊어질 것이다. 모두들 힘내고 분노해, 나라의 은혜에 보답하고 아버지의 원수를 갚는 데 너는 네 있는 힘을 다해라(제선이목 재오기고 아수이 신물거애 기불철휘 고불절성 병력제분 칙국은가보 부수가부 이기면지 諸船耳目 在吾旗鼓 我雖已矣 愼勿擧哀 旗不輟麾 鼓不絶聲 竝力齊憤 則國恩可報 父讎可復 爾其勉之).
> ─고상안,《태촌선생문집》,〈정약포위상신구리통제鄭藥圃爲相伸救李統制〉

이순신, 지금 우리가 원하는

지금 싸움이 급하구나. 절대로 내가 죽었다는 말을 하지 마라. 군사들을 놀라게 하지 마라(전방급 신물언아사 무령경군 戰方急 愼勿言我死 毋令驚軍). ―신경, 《재조번방지》

사료명	전사 장소	시간	피격 상황	피격 후 처리 담당	이순신의 유언
《선조실록》	노량도·노량해상·노량	기시(巳時, 09~11시)	- 진린/이덕형: 철환을 맞음 - 사신: 가슴에 적의 철환을 맞음(賊丸中胸)	- 이문욱(손문욱)(1598년 11월 27일) - 손문욱(1598년 12월 18일) - 송희립이 주도, 손문욱은 곁에 있었음(1599년 2월 8일)	-
《선조수정실록》	남해 경계	-	가슴에 철환을 맞음	조카 이완(1598년 11월 1일)	"지금 싸움이 급하구나. 내가 죽었다는 말을 절대로 하지 마라(戰方急 愼勿言我死)."
《징비록》(유성룡)	남해 지역	-	철환이 가슴을 맞히고 등으로 나감	이순신 조카 완(莞)	戰方急 愼勿言我死
《이충무공행록》(이분)	노량	동틀 무렵(黎明)	철환에 맞음	아들 회와 조카 완, 노비 금이가 있었고, 회와 완 중의 한 사람이 기를 휘두름	戰方急 愼勿言我死
《백사집》(이항복)	노량	동틀 무렵(黎明)	철환에 맞아 넘어짐	-	오히려 공은 사람들에게 경계하여, 죽음을 말하지 못하게 하면서 말하기를, "우리 군사들의 사기가 꺾일까 두렵구나(猶戒衆諱言死曰 恐我師熸也)." 《통제사 이공 노량 비명(統制使李公露梁碑銘)》
		사경(四更)			"내 죽음을 숨겨 군중을 놀라게 하지 마라(諱言我死 勿令驚軍)." 〈고 통제사 이공 유사〉
《난중잡록》(조경남)	관음포	날이 밝았을 무렵(日已明矣)	철환을 맞고 인사불성(中丸不省人事)	아들 회	-
《백호집》(윤휴)	-	-	이마를 관통	조카 완	"지금 싸움이 급하니, 내가 죽었다는 말을 하지 마라(戰方急 勿言我死)."
《은봉전서》(안방준)	관음포	날이 밝기 전	철환이 가슴 아래를 관통	부하 장수 몇 사람과 아들 회, 송희립이 알았고, 송희립이 주도	-
《고대일록》(정경운)	-	-	철환을 머리에 맞아 전사	아들 아무개	-
《선묘중흥지》	관음포	-	왼쪽 겨드랑이	부하 장병들	-
《상촌집》(신흠)	관음포	25일	철환에 맞아 죽음	휘하 군사들	-
《성호전집》(이익)					"내 죽음을 숨겨 군중을 놀라게 하지 마라(諱言我死 勿令驚軍)."

> **더 알고 싶은 이야기**

이순신은 자살했다?

이순신의 삶이나 삶과 죽음을 대하는 자세, 사료들을 살펴보면, 자살설은 근거가 거의 희박하다. 특히 노량해전 전사자 중에는 이순신은 물론 명나라 부총병 등자룡도 있고, 이순신과 가까웠던 이영남 장군 등 부하 장수들도 23명 이상이나 있었다. 그만큼 치열했고 사상자도 컸다.

자살설의 근거로 흔히 언급되는 기록은 숙종 때의 문신 이민서李敏敍(1633~1688)가 쓴 의병장 김덕령金德齡(1567~1596)의 전기 《김충장공유사金忠壯公遺事》 중에 나오는 구절과 관련 있다.
그는 전쟁 중 김덕령이 반란죄에 연루되어 억울하게 죽은 것과 관련해 "의병장 김덕령이 감옥에서 죽자 장수들과 사람들이 스스로 생명을 지킬 수 없다고 생각하게 되었다. 곽재우는 군대를 벗어나 생식을 하며 화를 피했고, 이순신은 싸움 중에 갑옷을 벗었기에李舜臣方戰免冑 적탄에 맞아 죽었다"고 했다.

그러나 이순신이 노량해전 때 고의로 '갑옷을 벗었다免冑'는 기록은 노량해전 당시는 물론 그 후에도 전혀 나오지 않는다. 이민서가 말한 '갑옷을 벗는다'는 免冑(면주)는 본래 《춘추좌전》에 나오는 말로, 전투 중에 용감하게 앞장선다는 뜻을 담은 말일 뿐이다. 이민서가 이순신의 죽음을 안타깝게 여겨 표현한 것이다.

● 연표로 보는 이순신의 불꽃같은 삶

연도	나이	월일	주요 내용
1545년		(음) 3월 8일 (양) 4월 28일	한양 건천동(오늘날 서울 중구 인현동 1가 근처)에서 태어남
1565년	21세	8월	보성군수 방진의 딸, 상주 방씨와 결혼함
1566년	22세	10월	장인 방진의 영향으로 무과를 준비하기 시작함
1567년	23세	2월	맏아들 회 태어남
1571년	27세	2월	둘째 아들 열 태어남
1572년	28세	8월	훈련원 별과 시험에 응시했으나 시험 중 말에서 떨어져 낙방함
1574년	30세		소실 해주 오씨에게서 서자 훈이 태어남
1576년	32세	2월	식년시 무과의 병과에 합격함(29명 중 12등)
		12월	함경도 동구비보권관(종9품)에 임명됨
1577년	33세	2월	셋째 아들 면 태어남
1579년	35세	2월	한양 훈련원봉사(종8품)로 임명됨
		10월	충청병마절도사의 군관으로 임명됨
1580년	36세	7월	전라좌수영 관할 발포수군만호(종4품)에 임명됨
1582년	38세	1월	수군만호 파직됨
		5월	한양 훈련원봉사(종8품)로 복직됨
1583년	39세	7월	함경남도병마절도사 이용의 군관으로 임명됨
		10월	함경남도 건원보권관으로 임명됨 여진족 울지내를 유인해 격퇴함
		11월	한양 훈련원참군(정7품)으로 임명됨
		11월 15일	아버지 이정 사망함
1584년	40세		아산에서 삼년상을 치름
1586년	42세	1월	한양 사복시주부(종6품)로 임명됨 함경도 조산보만호(종4품)로 임명됨
1587년	43세	8월	함경도 녹둔도둔전관을 겸임함
		9월	여진족의 기습을 격퇴함 함경북도병마절도사 이일의 책임 전가로 파직되고 백의종군함
1588년	44세	1월	여진족 부락 '시전부락' 공격 작전에 참전함 공로로 백의종군 해제됨
		윤6월	아산으로 낙향함 조정의 인재 선발 계획에 추천되었으나 임용되지 않음
1589년	45세	2월	전라관찰사의 조방장으로 임명됨
		11월	선전관으로 임명됨
		12월	전라도 정읍현감 겸 태인현감(종6품)으로 임명됨

1590년	46세	7월	평안도 고사리진병마첨절제사(종3품)로 임명됐으나 취소됨
		8월	평안도 만포진수군첨절제사(종3품)로 임명됐으나 취소됨
1591년	47세	2월	전라도 진도군수(종4품)로 임명됨 가리포수군첨절제사(종3품)로 임명됨 전라좌수사(종3품)로 임명됨
1592년	48세	4월 12일	거북선 최종 점검을 완료함
		4월 13일	임진왜란이 일어남
		5월 4일	전선 24척 이끌고 경상도 해역으로 1차 출전함
		5월 7일	옥포해전(26척 격파), 합포해전(5척 격파)
		5월 8일	적진포해전(11척 격파) 가선대부(종2품)로 임명됨
		5월 29일	2차 출전, 사천해전(거북선 첫 출전. 13척 격파)
		6월 2일	당포해전(21척 격파)
		6월 5일	당항포해전(30척 격파)
		6월 7일	율포해전(8척 격파) 자헌대부(정2품)로 임명됨
		7월 8일	3차 출전, 한산대첩(59척 격파) 정헌대부(정2품)로 임명됨
		7월 10일	안골포해전(42척 척 격파)
		8월 26일	4차 출전, 부산포 공격(134척 이상)
1593년	49세	1월 22일	영남 피난민 2백여 가구를 돌산도에서 농사짓게 함
		2월 6일	5차 출전
		2월 10일~3월 6일	웅포 지역에서 왜적 격파함(의병과 승병 부대를 상륙시켜 수륙 합동 공격)
		5월 7일	6차 출전
		5월 10일	충청 수군이 지원을 요청함
		6월 1일	충청 수군에 합류함
		6월 23일	한산도로 진영을 옮김
		7월 15일	한산도 두을포에 전진 기지 설치하고 주둔함
		8월 15일	삼도수군통제사로 임명됨(임명장은 10월 9일 받음)
		9월	둔전을 관리하고 소금을 제조함 조선의 조총인 정철총통 제작에 성공함
		10월	각 섬의 목장과 미개척지를 둔전으로 활용할 수 있도록 조정에 요청함
		12월	한산도에서 무과 시험을 볼 수 있도록 요청함
1594년	50세	1월	전염병으로 4백여 명의 장졸 사망함
		3월 4일~5일	당항포해전(31척 격파)
		3월 12일	명나라 선유도사 담종인의 〈일본군 토벌 금지 패문〉을 받고, 그에 대한 항의 답서를 작성해 올림
		4월	한산도에서 진중 과거를 실시함
		9월 29일~10월 8일	장문포 수륙 합동 공격을 펼침(권율, 곽재우, 김덕령 등이 참전함)

연도	나이	월/일	내용
1595년	51세	2월	원균과 불화로 사직서를 제출함 이순신은 유임되고 원균은 충청병사로 전출됨
		2월	둔전과 우수영을 점검함
		5월	소금을 구워 팔아 곡식을 마련하는 등 군진을 관리함
1596년	52세	5월	전쟁 소강기로 군진을 관리함
1597년	53세	1월	정유재란 발발
		2월 26일	부산포 출전 문제로 왕명 거부죄로 파직되어 한양으로 압송됨 • 원균이 삼도수군통제사로 임명됨 • 명나라가 조선에 지원군을 파병하기로 결정함
		3월 4일	의금부 감옥에 갇힘
		4월 1일	특사로 석방 및 백의종군 처벌받음
		4월 13일	어머니가 사망함
		7월 15일	원균이 칠천량해전에서 패배함
		8월 3일	삼도수군통제사로 재임명됨
		8월 18일	배설이 지휘하던 남은 전선 12척을 수습함
		8월 20일	이진으로 진영을 옮김
		8월 24일	어란포로 진영을 옮김
		8월 29일	진도 벽파진으로 진영을 옮김
		9월 16일	명량해전(31척 격파), 해전 직후 당사도로 진영을 옮김
		9월 21일	고군산도로 진영을 옮김
		10월 11일	안편(발음도)으로 진영을 옮김 • 9월 말~10월 초, 셋째 아들 면이 사망함
		10월 29일	목포 고하도로 진영을 옮김
		11월 28일	장흥해전(16척 격파)
1598년	54세	2월 17일	고금도로 진영을 옮김
		7월 16일	명나라 수군 도독 진린과 명나라 수군 5천 명이 이순신 부대에 합류함
		7월 24일	고흥 절이도해전(6척 격파) • 8월 18일 도요토미 히데요시 사망
		9월 20일~10월 9일	명군과 순천 왜교성을 수륙 합동 공격함
		11월 9일	명군과 순천 지역 해상 봉쇄 작전 시작함
		11월 19일	노량해전 중 전사함
		11월 21일	고금도로 유해 이동
		12월 4일	우의정 추증
		12월	유성룡 관직 삭탈 • 1598년 12월 23일 일본군의 마지막 군대가 일본으로 돌아감
1599년		2월	유해를 고금도에서 아산 금성산으로 옮기고 11일 유해를 안장함
1614년			이순신의 묘소를 아산 어라산으로 이장함
1643년		3월	이순신에게 시호 '충무'가 내려짐
1706년			아산 현충사 건립
1795년		9월	정조의 명령으로 《이충무공전서》 발간

환경·과학

생각하는 십대를 위한 환경 교과서
지구가 뿔났다
지구를 지켜라

★ 환경부 우수환경도서
★ 한국출판문화산업진흥원 청소년권장도서
★ 한국과학창의재단 우수과학도서

환경·과학

생각하는 십대를 위한 환경 교과서
에코 사전

과학에서 찾은 일상의 기원
친절한 과학책

★ 세종도서 교양부문 선정도서

실용

십대부터 성인까지 손글씨 완전 정복
반듯하고 멋진 손글씨 15일 완성

차준안 지음 | 144쪽 | 11,800원

글씨 전문가의 특별 노하우로
악필 탈출 오늘부터 시작!

청소년 진로

십대를 위한 롤모델 시리즈
이순신 이야기
빌 게이츠 이야기
유일한 이야기

책을 통해 만나는 십대와 롤모델

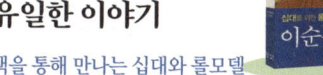

사회

아름다운 공존을 위한 다문화 이야기
다른 게 나쁜 건 아니잖아요
나는 어느 나라 사람인가요?

★ 전라북도교육청 추천도서
★ 한국인권재단 추천도서
★ (사)행복한아침독서 추천도서

청소년 인문

공자와 십대가 나누는 30가지 인성 이야기
공자는 어떻게 내 마음을 알까?

김미성 선생님과 제자들 지음 | 280쪽 | 13,800원

《논어》 속에 십대에게 필요한
인성이 있다!

★ 울산광역시 교육감 김복만 추천

청소년 인문

십대가 꼭 지녀야 할 12가지 인성
인성, 영화로 배우다

라제기·백승찬·이형석 지음 | 남동윤 그림 | 216쪽 | 13,800원

조화롭고 행복한 삶을 위해 영화로 만나는
12가지 인성 이야기

청소년 인문

현직 교사가 들려주는 10가지 인성 이야기
십대를 위한 인성 콘서트

권순이·김현주·오흥빈·은혜정 지음 | 180쪽 | 12,800원

모든 교육의 궁극적인 목표는 올바른 인성이다!

★ 현직 교사들의 경험과 학생들의 고민이 생생하게 녹아 있는 책
★ 인성 교육 현장에 있는 학생과 학부모, 교사 모두를 위한 책

청소년 인문

거북이는 왜 달리기 경주를 했을까?
펭귄은 왜 바다로 갔을까?

국립어린이청소년도서관
최고의 인문학 강연

★ 한국출판문화산업진흥원 청소년권장도서
★ 대한출판문화협회 올해의청소년도서

청소년 인문

생각하는 십대를 위한 철학 교과서
나

고규홍·김경집·김봉규 지음 | 264쪽 | 13,800원

십대를 위한 15가지 철학적인 질문

★ 한국출판문화산업진흥원 청소년권장도서
★ 대한출판문화협회 올해의청소년도서

청소년 인문

나를 성장시키는 열 권의 고전
고전 멘토

이은정·한수영 지음 | 김정진 그림 | 230쪽 | 14,800원

고전 속 주인공이 전하는
기쁨, 슬픔, 성장의 이야기

★ 시인 이승하 추천

청소년 인문

생각하는 / 질문하는 / 소통하는
십대를 위한 고전 콘서트

최고의 석학들이 들려주는 고전

★ 한국출판문화산업진흥원 청소년권장도서
★ 학교도서관저널 추천도서

꿈결 도서목록 2017

서울시
영등포구 당산로 50길 3
꿈을담는빌딩 6F
Tel 1544-6533
Fax 02-749-4151

주식회사 꿈결은 (주)꿈을담는틀의
자매회사입니다.

🎓 청소년 자기 계발

꿈과 끼를 찾는 십대를 위한 글쓰기의 모든 것

중학생 글쓰기를 부탁해

한경화 지음 | 유영근 그림 | 280쪽 | 14,800원

창의적 글쓰기와
자유학기제 수업을 위한 필독서!

★ 서울개원중학교 수석교사 정미선 추천

⚓ 청소년 진로

나만의 길을 걷는 13인의 직업인 이야기

고졸 전성시대

양인숙·은혜정 지음 | 남동윤 그림 | 228쪽 | 13,800원

학벌보다 내 일을, 성공보다 행복을 찾은
열세 명 직업인의 이야기

★ 서울진로진학상담교사협의회장 오장원 추천

📚 인문

공부하는 엄마가 세상을 바꾼다!

엄마 인문학

김경집 지음 | 296쪽 | 14,800원

역사·예술·철학·정치·경제·문학의
프리즘으로 세상을 바라보다

★ KBS1 《TV 책을 보다》 방송 도서

✍ 문학

꿈결 클래식 시리즈

데미안 / 햄릿 / 젊은 베르터의 고뇌
도련님 / 변신 / 노인과 바다

최고의 번역으로 만나는 고전
올컬러 일러스트, 전문가의 상세한 해제 수록

★ 노벨문학상, 퓰리처상 등에 빛나는 대표 고전 선정
★ 《햄릿》 완결판 출간 기념 Lucia(심규선) 콜라보레이션 음원 발매!

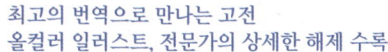

⚓ 청소년 진로

유럽의 직업체험 현장부터 한국의 자유학기제까지

꿈과 끼를 찾는 자유학기제의 모든 것

양소영 지음 | 248쪽 | 15,800원

자유학기제로 꿈을 찾는 아이들을 만나다!

★ 충청남도 교육감 김지철 추천

⚓ 청소년 진로

국제 무대에서 꿈을 펼쳐라!

조명진의 글로벌 진로 멘토링

조명진 지음 | 196쪽 | 13,800원

글로벌 커리어를 갖추고 싶은 이들을 위한
정보와 글로벌 마인드 이야기

★ 유럽연합(EU) 최초의 한국인 조명진 박사의 국제기구 이야기

📚 에세이

홀로코스트에서 피어난 기적

나무 상자 위의 소년

리언 레이슨 지음 | 박성규 옮김 | 212쪽 | 12,800원

《안네의 일기》를 뛰어넘는 감동 실화

★ 스티븐 스필버그 감독 강력 추천!

⚓ 청소년 진로

꿈결 잡JOB 시리즈

간호사 / 치과의사
외교관·국제기구 종사자 / 의사 / 요리사

현직 직업인, 관련 학과 학생, 직업 전문가가 들려주는
생생하고 전문적인 직업 이야기

★ 서울특별시 간호사회 출간 도움
★ 해외 요리 학교 사례와 《마스터셰프 코리아》 김소희 셰프 인터뷰 수록
★ 각 직업별 관련 학과 합격생 자기소개서 수록

⚓ 청소년 진로

꿈을 찾아 주고, 길을 열어 줄게!

진로 멘토

전국 진로진학상담교사 38인 지음 | 280쪽 | 14,800원

전국 진로진학상담교사 38인이 직접 쓴
진로 상담 이야기

★ 전국진로진학상담교사협의회장 김종우 추천

📚 에세이

추억·시간·의미·철학이 담긴 21개의 특별한 삶과 공간

나는 그곳에서 행복을 만납니다

홍상만·주우미·박신하 지음 | 295쪽 | 14,800원

나눔과 어울림을 실천하고
삶의 참된 의미를 찾는 사람들의 이야기

★ 대한출판문화협회 올해의청소년도서
★ 국립중앙도서관 사서 추천도서

✍ 청소년 소설

십대가 알아야 할 탈핵 이야기

세상이 멈춘 시간, 11시 2분

박은진 지음 | 신슬기 그림 | 176쪽 | 12,800원

아무도 들려주지 않은
그날의 기억 속으로 떠나는 여행

★ 前 독립기념관장 김삼웅 추천

🎓 청소년 학습

고전시가를 한눈에 이해하고 싶다면 이 책을 읽어라!

만화로 읽는 수능 고전시가

이가영 지음 | 276쪽 | 18,800원

한 번 보면 이해가 쏙쏙 되는
신개념 만화 학습서

★ 네이버 웹툰 《고시생툰》의 Seri 작가 작품

🌐 사회

역사 지도자 8인이 알려주는 진정한 개혁의 리더십

역사에서 찾는 지도자의 자격

김경록 외 7인 지음 | 남경태 진행 | 344쪽 | 13,800원

우리에게 필요한 지도자는 누구인가?
역사는 답을 알고 있다!

★ 문화체육관광부 우수교양도서

✍ 청소년 소설

벅찬 감동을 선사하는 성장 소설

사실은 외로워서 그랬던 거야

기타바야시 우카 지음 | 조찬희 옮김 | 강부효 그림 | 152쪽 | 9,800원

"어느날, 엄마가 사라졌다."
"전학 간 학교에서 누구도 내게 말을 걸지 않아."

★ 제1회 '아리가토 대상' 대상 수상작

청소년 인문

지금 내게 필요한 사랑과 성 이야기
십대를 위한 사랑학개론
정연희 · 최규영 지음 | 박경호 그림 | 232쪽 | 13,800원

현직 보건교사가 전하는
십대들의 솔직한 사랑과 성 이야기

★ 한국출판문화산업진흥원 청소년권장도서

청소년 인문

시대가 던진 질문의 답을 찾다
무엇을 어떻게 읽을 것인가
권희정 지음 | 368쪽 | 14,800원

EBS 〈최고의 교사〉 권희정의 고전으로 읽는 철학
역사 속에 던져진 최초의 질문과 생각의 여정

★ 대한출판문화협회 올해의청소년도서

청소년 인문

20가지 이야기로 만나는 마음 멘토링
나를 찾는 인성 여행
김진락 지음 | 안호성 그림 | 200쪽 | 13,800원

100만 독자의 생각을 키워준 〈작은 철학자〉의
김진락 작가가 십대를 위해 펼치는 인성 콘서트

★ 학익고등학교 교장 김수남 추천

청소년 인문

꿈결 맞짱 토론 시리즈
사회 교과서 맞짱 토론
윤용아 지음 | 유영근 그림 | 252쪽 | 14,800원

교과 심화 학습을 위한 토론 수업의 바이블
교과서 속 12가지 핵심 이슈 정복

★ 도표 등 풍부한 읽기 자료 수록

자녀 교육

초등 독서 전도사 심영면 교장 선생님이 알려 주는
초등 독서의 모든 것
심영면 지음 | 296쪽 | 15,800원

당신의 아이, 제대로 읽고 있습니까?
심영면 교장 선생님이 알려 주는 '초등 독서법'

★ 문화체육관광부 우수교양도서
★ (사)행복한아침독서 추천도서

사회

장례 전문가와 상속 전문 변호사가 들려주는
장례와 상속의 모든 것
임준화 · 홍순기 지음 | 296쪽 | 14,800원

합리적인 장례와 분쟁 없는 상속을 위한
최고 전문가들의 조언!

★ KBS 〈아침마당〉, MBN 〈알토란〉 출연

사회

가슴으로 써 내려간 아름다운 통일 이야기
그래도 우린 다시 만나야 한다
이성림 지음 | 360쪽 | 14,800원

30년 차 통일부 공무원이
생생하게 기록한 남북 교류의 현장 기록

★ 시인 고은, 前 문화재청장 유홍준 추천

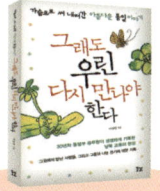

사회

범죄 유발성 형법과 법의 유통 권력자들
당신을 위한 법은 없다
박영규 · 류어해 지음 | 296쪽 | 13,800원

상식과 원칙이 사라진 대한민국 법의
불편한 진실

★ 문화체육관광부 우수교양도서
★ 前 검찰총장 임채진, 국회의원 박상은 추천

초등 학습

계산의 신 - 초등 1~6학년 (전 12권) 송명진 · 박종하 지음 | 각 권 9,000원

KAIST 출신 수학 선생님이 직접 쓴 초등 계산법의 모든 것!

초등 학습

심영면, 임세훈 교장 선생님과 함께 온종일 책놀이
얘들아, 책이랑 놀자! - 초등 1학년 1 · 2학기, 2학년 1 · 2학기
심영면 · 임세훈 지음 | 이명진 그림 | 각 권 60쪽 | 각 권 6,000원

청소년 역사

한국사과 세계사를 통째로 읽는다!
통 역사 신문 (전 5권) 김상훈 지음 | 김정진 · 조금희 그림 | 각 권 264쪽 | 각 권 17,600원

한국사와 세계사를 종횡무진 탐험하는
아주 특별한 역사 여행

★ 누적 판매 부수 15만 부 《통 세계사》의
   저자 김상훈이 쓴 역사 완결판
★ 다양한 특집 기사, 가상 광고, 칼럼,
   퍼즐, 연표 수록

청소년 진로

특별한 내 일을 만드는 첫걸음
꿈 찾는 십대를 위한 직업 멘토
박소정 지음 | 임성구 그림 | 232쪽 | 13,800원

범죄심리학자, 아나운서, 국제공무원!
꿈을 현실로 만든 14인의 삶과 직업 이야기

★ 국립어린이청소년도서관 사서 추천도서

청소년 진로

가슴 뛰는 내 일의 발견
십대를 위한 직업 백과
이랑 지음 | 신동민 그림 | 464쪽 | 16,800원

내 꿈을 열어 주는 직업을 만나다!
두근두근 가슴 뛰는 일을 찾는 이야기

★ 한국출판문화산업진흥원 청소년권장도서
★ 경남 독서한마당 선정도서

청소년 인문

꿈결 토론 시리즈
생각하는 십대를 위한 토론 콘서트
(사회 / 문화 / 환경 / 과학 / 한국사 / 윤리 / 문학 / 경제 / 예술)

★ 한국출판문화산업진흥원 청소년권장도서
★ 환경부 우수환경도서

청소년 진로

행복한 꿈을 찾는 진로 교과서
십대를 위한 진로 콘서트
권순이·오흥빈·은혜정 지음 | 이정민 그림 | 240쪽 | 12,800원

현직 진로진학상담교사가 들려주는
진로 이야기

★ 세종도서 교양부문 선정도서
★ 한국대학입학사정관협의회장 이미경 추천

청소년 진로

이공계에서 미래를 찾아라
십대를 위한
이공계 진로 콘서트

★ 십대, 학부모, 교사를 위한
이공계 진로진학 가이드북

청소년 진로

십대, 책에게 진로를 묻다
내 꿈을 열어 주는 진로 독서
임성미 지음 | 392쪽 | 14,800원

진로 독서 전문가가 들려주는
책과 진로 이야기

★ 문화체육관광부 우수교양도서
★ 정독도서관 추천도서

청소년 진로

중학교 자유학기제 맞춤형 워크북
꿈 찾는 십대를 위한 진로 노트
권순이·김현주·오흥빈·은혜정 지음 | 144쪽 | 11,000원

나는 어떤 사람일까?
무엇을 하며 살아가야 할까?

★ 현직 진로진학상담교사와 함께하는
단계별 맞춤형 진로 활동

청소년 진로

행복한 꿈을 찾는 직업 교과서
십대를 위한 직업 콘서트 이랑 지음 | 김정진 그림 | 352쪽 | 13,800원
미래 유망 직업 콘서트 고정민 지음 | 이명진 그림 | 284쪽 | 13,800원

십대 선호 직업 및
유망 직업 수록

★ 전라북도교육청 추천도서
★ 학교도서관저널 추천도서

청소년 진로

재미있는 게임으로 직업의 세계를 이해하는
십대를 위한 직업 카드
십대를 위한 미래 유망 직업 카드

십대 선호 직업 및 유망 직업 수록

★ 《학생용 활동지》 별도 판매
  20,000원(10권 묶음)
★ 카드 활용 워크숍 개최
★ 보드게임, 활동지로 다양한 활동 가능

청소년 진로

다르게 생각하는 힘을 길러 주는 십대들의 진로 필독서
꿈을 디자인하라
임경묵 지음 | 252쪽 | 13,800원

EBS 〈최고의 교사〉 임경묵의
창의력 계발 여행

★ 세종도서 교양부문 선정도서
★ 한국출판문화산업진흥원 청소년권장도서

청소년 학습

서울대 합격생에게 배우는 선택과 집중 전략!
서울대 합격생 공부법
서울대 합격생 노트 정리법
서울대 합격생 방학 공부법
서울대 합격생 독서법

청소년 학습

EBS에 소개된 상위 1% 공부 비법!
중학생/고등학생 SKY 최고의 공부법

서울대·고려대·연세대 합격생이 들려주는
중·고등학생 공부법의
모든 것

청소년 진학

입학사정관이 직접 들려주는 학생부종합전형의 모든 것
학생부 자소서 하나하나 알기 쉽게
처음 시작하는 학생부 A~Z

청소년 학습

중학교 성적이 대학을 좌우한다
중학생 공부법의 모든 것
박소정 지음 | 유영근 그림 | 272쪽 | 14,800원

과목별 내신 관리법, 시간 관리법,
비교과 활동, 특목고 입시까지
중학생이 알아야 할 모든 정보를 한 권에!

청소년 진학

과제연구부터 학생부종합전형까지
소논문을 부탁해
김혜영·정훈 지음 | 236쪽 | 15,800원

과학고·민사고·북일고 소논문 지도교사의 TIP
서울대·고려대·연세대·카이스트 합격생
인터뷰 수록

청소년 진학

학생부·자소서·면접을 위한 모든 기록을 한 권에
나만 알고 싶은 학생부 워크북
꿈과가치컨설팅 지음 | 244쪽 | 14,800원

수시 끝판왕이 되고 싶다면
당장 학생부 워크북을 펼쳐라!

청소년 학습

중학영문법
하나하나 알기 쉽게

고교영문법
하나하나 알기 쉽게

고교영어독해기술
하나하나 알기 쉽게